国家卫生健康委员会"十四五"规划教材

全国中等卫生职业教育教材

供护理专业用

病理学基础

第4版

主 编 黄晓红 周士珍

副主编 蔺媛媛 曹冬霞

编 者（以姓氏笔画为序）

于 琨（淄博市中心医院）

周士珍（安徽省淮南卫生学校）

赵 鸿（长治卫生学校）

夏慧慧（吕梁市卫生学校）

徐威威（山东省莱阳卫生学校）（兼秘书）

郭 静（牡丹江市卫生学校）

黄晓红（山东省莱阳卫生学校）

曹冬霞（云南省临沧卫生学校）

崔丽萍（山东省烟台护士学校）

蔺媛媛（秦皇岛市卫生学校）

樊 欣（梧州市卫生学校）

人民卫生出版社

·北 京·

图书在版编目（CIP）数据

病理学基础 / 黄晓红，周士珍主编. — 4 版. — 北京：人民卫生出版社，2022.12（2024.10 重印）
ISBN 978-7-117-34061-8

Ⅰ.①病… Ⅱ.①黄…②周… Ⅲ.①病理学–中等专业学校–教材 Ⅳ.①R36

中国版本图书馆 CIP 数据核字（2022）第 219026 号

人卫智网	www.ipmph.com	医学教育、学术、考试、健康，购书智慧智能综合服务平台
人卫官网	www.pmph.com	人卫官方资讯发布平台

病理学基础
Binglixue Jichu
第 4 版

主　　编：黄晓红　周士珍
出版发行：人民卫生出版社（中继线 010-59780011）
地　　址：北京市朝阳区潘家园南里 19 号
邮　　编：100021
E - mail：pmph @ pmph.com
购书热线：010-59787592　010-59787584　010-65264830
印　　刷：三河市宏达印刷有限公司
经　　销：新华书店
开　　本：889×1194　1/16　　印张：17
字　　数：362 千字
版　　次：2002 年 1 月第 1 版　　2022 年 12 月第 4 版
印　　次：2024 年 10 月第 4 次印刷
标准书号：ISBN 978-7-117-34061-8
定　　价：65.00 元
打击盗版举报电话：010-59787491　E-mail：WQ @ pmph.com
质量问题联系电话：010-59787234　E-mail：zhiliang @ pmph.com
数字融合服务电话：4001118166　E-mail：zengzhi @ pmph.com

修订说明

　　为服务卫生健康事业高质量发展，满足高素质技术技能人才的培养需求，人民卫生出版社在教育部、国家卫生健康委员会的领导和支持下，按照新修订的《中华人民共和国职业教育法》实施要求，紧紧围绕落实立德树人根本任务，依据最新版《职业教育专业目录》和《中等职业学校专业教学标准》，由全国卫生健康职业教育教学指导委员会指导，经过广泛的调研论证，启动了全国中等卫生职业教育护理、医学检验技术、医学影像技术、康复技术等专业第四轮规划教材修订工作。

　　第四轮修订坚持以习近平新时代中国特色社会主义思想为指导，全面落实党的二十大精神进教材和《习近平新时代中国特色社会主义思想进课程教材指南》《"党的领导"相关内容进大中小学课程教材指南》等要求，突出育人宗旨、就业导向，强调德技并修、知行合一，注重中高衔接、立体建设。坚持一体化设计，提升信息化水平，精选教材内容，反映课程思政实践成果，落实岗课赛证融通综合育人，体现新知识、新技术、新工艺和新方法。

　　第四轮教材按照《儿童青少年学习用品近视防控卫生要求》（GB 40070—2021）进行整体设计，纸张、印刷质量以及正文用字、行空等均达到要求，更有利于学生用眼卫生和健康学习。

前　言

病理学基础是重要的专业基础课程。第4版《病理学基础》主要适用于全国中等卫生职业教育护理专业，教材全面落实党的二十大精神进教材要求，贯彻新修订的《中华人民共和国职业教育法》精神，落实以"德育为先、能力为重、全面发展"的中等职业教育理念，积极推进融合教材建设，以就业和升学为导向，以岗位需求为标准，以实用、好用、够用为尺度。

本教材在充分把握思想性、科学性、先进性、启发性、适用性的基础上，突出体现病理学基础的基本知识、基本理论、基本技能。针对中等卫生职业教育护理专业的特定目标、特定对象、特定学制，力求做到贴近学生、贴近临床、贴近岗位、贴近社会，使本教材既能传授知识，又能发挥培养能力、提高素质的作用。

与第3版教材相比，第4版教材在传承的基础上有所发展、有所创新，旨在满足学生专业基础知识的需求，并为后续学习专业课程打下坚实基础。第4版教材主要进行了如下调整：①原疾病概论内容从导论中独立出来成章，原导论改为绪论。②病理生理学与病理解剖学相关内容衔接编写。③常见疾病内容按系统分章编写。④在病理解剖学各论中增加一些常见病、多发病，如呼吸、消化、泌尿系统肿瘤，传染病中的流行性脑脊髓膜炎、流行性乙型脑炎等。⑤补充现代医学生应知应会的内容，如性传播疾病、手足口病等。⑥删除了与病理学基础教学内容不相适应的原附录。

本教材是纸数融合教材，使病理学基础的教与学更加形象化、生动化、可视化、情景化和生活化，以满足学生线上、线下学习需求。教材设置数字内容，学生在学习纸质教材的同时，可通过扫描纸质教材章首二维码进行数字内容的同步观看和学习。数字内容包括课件、典型图片、动画、微课及自测题等。

本教材的特点及创新：①教材严格按照护理专业病理学基础的课程标准和护士执业资格考试大纲编写。②根据中职学生的认知特点和能力，每章设置工作情景与任务，用于教学；设置知识链接、章末小结、思考与练习等，增加本教材的知识性、适用性和趣味性。③紧密联系临床，紧扣护理专业，将每一种病理变化与临床表现和护理技术操作规范联系起来。④注重病理学基础与前期医学基础学科和后续护理专业课程之间的联系。⑤准确、合理地应用各种图表，尤其是彩图，做到图文并茂、深入浅出。⑥数字内容选取了自制的动画和微课，以便于学生进行灵活多样的线上学习。⑦为力求使本教材活泼生动、易学易会，实验内容中增加了数字扫描切片。典型、优质的教学切片，以数字扫描切片的形式用于纸数融合教材和实验课的课堂教学,供学生对各种常见病变进行观察和学习,实现优质资源共享,旨在为全国中等职业教育病理学基础实验课质量的提升提供坚实的保障。

本教材得到了全体参编院校、医院领导的大力支持。全体编者在本教材的编写过程中,付出了大量的心血、精力和时间,在此表示衷心的感谢。同时,由于时间紧张和水平所限,本教材中难免有不尽如人意或不当之处,敬请老师和同学们批评指正,以便及时进行修订。

黄晓红　周士珍

2023 年 9 月

目 录

绪 论

绪论

绪论 数字内容

学习目标

1. 培养敬佑生命、救死扶伤的大无畏精神。
2. 掌握病理学的常用研究方法及意义。
3. 熟悉病理学的概念、任务、地位、内容及常用的观察方法。
4. 了解病理学的学习方法。
5. 能应用本章所学知识,指导患者选取正确的病理学检查方法。

工作情景与任务

导入情景

患者,男,16岁,高中生,平素身体强健。某日体育课上,他突然晕倒在地上,很快不省人事,由"120"送入急诊。入院查体:呼吸、心跳停止,血压测不到,大动脉搏动消失,心电图呈直线,经抢救无效死亡。尸体解剖检查发现:死者心包腔内充满了血液,抽出血液约1 400ml后,发现死者升主动脉、主动脉弓及降主动脉上有夹层动脉瘤形成,并于主动脉根部破裂,大量血液涌入心包腔,致急性心脏压塞死亡。

工作任务:

1. 上述案例中对死者进行了何种病理学检查方法?
2. 该检查方法有何临床意义和价值?
3. 如果你在检查现场有何感想?

一、病理学的概念及任务

病理学(pathology)属于医学基础学科,是一门研究疾病发生、发展规律的学科。

其主要任务包括研究疾病发生的原因与条件，发生机制，疾病过程中机体在形态、结构、功能、代谢出现的各种病理变化，病变与临床表现之间的相互关系，疾病的经过和转归；揭示疾病发生、发展过程中的基本规律和本质，为临床诊治和预防疾病提供科学的理论依据。

二、病理学在医学中的地位

病理学在医学中具有重要的地位，主要体现在以下三个方面：

1. 病理学在医学教育中的桥梁作用　病理学是医学基础学科之一，与其他医学基础学科之间关系非常密切，学习病理学必须以正常人体解剖学、病原微生物学、医学免疫学、生理学、生物化学、医学遗传学、分子生物学等医学基础学科为基础；同时，病理学又是学习临床各学科的基础，所以病理学是一门介于医学基础学科与临床学科之间的桥梁学科，将医学基础学科与临床学科有机地联系在一起，起到了承前启后的桥梁和纽带作用。

2. 病理学是临床诊治疾病的可靠依据　病理学以其独特的诊断技术直接参与疾病的诊治和预防工作，为临床诊治和预防疾病提供可靠的理论依据。其中，病理诊断作为疾病的最终诊断，不仅可以明确疾病的性质、判断肿瘤的组织起源，还可推断预后、判断疗效。目前，虽然实验室检查、内镜检查、影像学诊断技术等有了突飞猛进的发展，但是很多疾病的最终确诊仍需依靠病理学检查。

3. 病理学为医学研究提供重要的保证　随着医学研究的不断深入，病理学越来越多地参与并深入到医学基础学科和医学临床学科的研究工作中，为各项医学研究、观察、检查提供正确的诊断，为医学研究的科学性、准确性、可靠性提供重要的保证。尤其是迅速崛起的分子病理学，已成为医学研究领域中一门重要的新兴分支学科。

三、病理学的内容及范围

病理学包括病理解剖学和病理生理学两部分内容。病理解剖学侧重于从形态、结构变化的角度来研究疾病发生、发展规律，病理生理学则侧重于从功能、代谢变化的角度来研究疾病发生、发展规律，二者是密切相关、不可分割的。

病理解剖学又可分为总论（包括局部血液循环障碍，组织细胞的适应、损伤与修复、炎症、肿瘤等）和各论（包括呼吸系统疾病、心血管系统疾病、消化系统疾病、泌尿系统疾病、传染病等）两部分内容。总论是研究各个疾病之间普遍存在的共同性规律，各论则是研究各个疾病之间的特殊性规律。

病理生理学包括疾病概论、基本病理过程（如发热、水肿、休克、缺氧等）和系统病理生理学三部分内容。疾病概论是研究疾病过程中普遍性的共同规律，基本病理过程是研究疾病过程中成套、成系列出现的基本规律。因此,疾病概论、基本病理过程均属于病理生理学的总论部分。而系统病理生理学主要是研究各系统(如呼吸系统、心血管系统、消化系统、泌尿系统等)疾病发展到晚期形成的一个共同的病理生理学改变,即"四大衰竭",包括呼吸衰竭、心力衰竭、肝衰竭、肾衰竭。

无论是病理解剖学,还是病理生理学,其总论和各论都是相辅相成、缺一不可的。总论是学习各论的基础,各论是总论的具体体现,学习各论时常常会运用到总论的知识,故二者要统筹兼顾。

四、病理学的常用研究方法

随着医学科学的不断发展,病理学的研究方法越来越多、越来越先进。病理解剖学与病理生理学的常用研究方法有相同的,也有不同的,即使是同一种研究方法,二者研究的侧重点也不完全相同。

1. 尸体解剖检查 尸体解剖检查简称为尸检,是对死者的遗体进行全面系统的解剖检查和组织学检查,最终作出死亡原因诊断的检查方法。此方法是病理学传统的研究方法,能沿用至今是因为尸体解剖检查在临床病理和法医病理案件中具有重要的意义。①明确死亡原因。②提高临床的诊治水平。③尸体解剖检查结果在法医案件中发挥着重要作用,是解决医疗纠纷的依据。④能及时发现某些传染病、地方病、少见病,为疾病的诊断和防治提供可靠的理论依据。⑤能积累丰富的教学标本和组织切片,不断丰富病理学的教学资源。

2. 活体组织检查 活体组织检查简称为活检,是通过穿刺吸取、局部切取、内镜钳取或手术切除等方法,从患者体内取出病变组织,制成组织切片,在显微镜或电镜下观察,作出病理诊断的检查方法。此方法是目前临床病理应用最多、最广泛的研究方法。其临床意义:①明确诊断。②提高临床诊治水平。③定期活体组织检查可了解病情发展状况,推断预后,判断疗效。

3. 脱落细胞学检查 脱落细胞学检查是采用刮取、吸取、穿刺抽吸等方法,采集病变表面脱落的细胞或体腔液、分泌物、排泄物中沉淀的脱落细胞,制成涂片,经光学显微镜观察,作出细胞学诊断的检查方法。其优点:①操作简便易行。②患者痛苦小,易于接受。③无须高精尖的大型仪器设备,经济实惠。④诊断快速,短时间内即可形成初步诊断,符合临床快速诊断的需求。⑤对肿瘤的普查和早期发现某些病变有重要意义。如阴道涂片或宫颈刮片的脱落细胞学检查有助于早期宫颈癌的诊断。但该检查方法也有一定的局限性,仅能查见细胞形态变化,看不到组织结构的变化。

4. 动物实验 动物实验是用人工的方法在动物体内复制各种疾病模型,来研究疾病发生发展规律、检测药物疗效及影响的方法。其优点:①可根据研究内容的需要,控制或改变实验条件和影响因素。②可定期在动物体内取活体组织检查或对猝死动物进行尸体解剖检查,以动态观察病变的发生、发展和变化。③可在动物体内反复多次进行重复实验。但值得注意的是,动物实验要遵循医学伦理学原则;人与动物之间有物种差异,通过动物实验得出的结果和数据不能直接应用于人体,必须通过临床实践验证后,方可用于人体。

5. 组织和细胞培养 组织和细胞培养是从人体或动物体内取出病变的组织或细胞,放入适宜的培养基内,进行体外培养,通过改变培养基内、外环境,研究组织细胞病变的形成及发展规律。此方法多用于病理学的科研工作中,对于研究细胞修复、肿瘤生长、细胞癌变、基因改变等有重要意义。其优点:①作用因素容易分离,减轻各因素间的干扰。②致病条件相对单一,易于控制。③结论相对准确,有利于结果的分析。其缺点:①组织和细胞培养是独立于体外环境进行的,与复杂的体内环境差别较大,故不能将其研究结果直接等同于人体。②组织和细胞培养需时间较长,不能满足临床病理快速诊断的需求。

6. 临床观察 病理学在研究某些疾病的经过、转归、疗效时,常需要进行密切的临床观察和实验室检查,必要时还需进行临床定期的随访观察。

7. 流行病学调查 病理学在研究某些疾病的原因、发生机制时,常需要对某些群体、个体、当地空气、水土及微量元素等进行流行病学调查。

五、病理学的常用观察方法

随着现代医学高科技的推广和应用,病理学的观察方法得到了迅速的发展。病理学常用的观察方法:

1. 大体观察 大体观察又称为肉眼观察,是运用我们的眼睛,辅助以手的感觉、放大镜、尺、秤等,来观察被检组织的大小、数量、形状、质地、颜色、重量、包膜等方面的变化,通过观察、触摸、称量等手段,获得被检组织的信息,在一定程度上有助于对病变性质的认定。

2. 组织细胞学观察 组织细胞学观察又称为显微镜下观察,是将病变组织或细胞制备成病理组织切片或细胞涂片,在光学显微镜下观察细胞形态、组织结构和间质的变化。因组织学观察是应用光学显微镜,将组织细胞放大了几十倍到几百倍,所以对细胞膜、细胞质、细胞核的观察较清晰,一般多能作出正确的病理诊断。大体观察和组织细胞学观察目前仍然是病理学诊断和研究的最基本、最可靠的观察方法。

3. 超微结构观察 超微结构观察是将病变组织或细胞制成超薄切片,用扫描和透射电镜来观察细胞内部和表面的超微结构,从亚细胞或分子水平了解细胞的病变。但由于扫描和透射电镜放大倍率过高,观察范围小,难以观察到整个细胞或组织的全貌,这是超微结构观察的局限性。故超微结构观察常需与大体观察和组织细胞学观察相结合。

4. 组织细胞化学观察 组织细胞化学观察又称为特殊染色观察,是利用某些染色剂与组织细胞中的某些化学成分(如蛋白质、糖原、脂肪、核酸、酶类等)具有高度亲和的特性,对组织切片或细胞涂片进行染色,呈现出不同的颜色,便于显微镜下观察病变组织细胞化学成分的改变。如苏丹Ⅲ染色可显示细胞内脂滴、过碘酸希夫染色(periodic acid Schiff stain,PAS stain)可显示细胞内黏液等。此观察法的优势:将组织细胞的形态、结构变化与功能、代谢变化相结合,用以诊断某些代谢性疾病,或对某些病变进行鉴别诊断,均有重要的参考价值。

5. 免疫组织化学观察　免疫组织化学观察是利用免疫学和组织化学原理,对组织或细胞中的某些抗原成分进行染色,通过显微镜下观察,对抗原成分进行定位、定性、定量的检查方法。此方法已被广泛推广和应用,在病理诊断和鉴别诊断中发挥着重要作用。

 知识链接

免疫组织化学的应用范围及优点

目前,免疫组织化学应用范围包括提高病理诊断的准确性;评价肿瘤细胞的增生程度及其生物学行为;确定肿瘤的分期;指导临床的治疗;判断肿瘤的预后及疗效;癌基因蛋白的检测;发现微小转移灶;检测某些病原体和对免疫性疾病的辅助诊断。其优点:特异性强,敏感性高,方法统一,定位准确,可将形态、结构的研究与功能、代谢的研究相结合。

随着医学科学技术的飞速发展,病理学新的研究技术也层出不穷,如流式细胞术、图像分析、数字扫描切片、免疫荧光、脱氧核糖核酸(deoxyribonucleic acid,DNA)重组、原位分子杂交、多聚合酶链式反应、DNA测序等技术也在病理学研究中得到了广泛的应用。

六、病理学发展史

从古至今,病理学经历了器官病理学、解剖病理学、组织病理学、细胞病理学、超微结构病理学、免疫病理学、分子病理学、遗传病理学、定量病理学等发展阶段。

1761年,意大利医生经过700多例尸体解剖之后,发现不同的疾病是由相应器官的病变引起的,由此提出了器官病理学(organ pathology),促进了医学的发展。19世纪中叶,随着显微镜的发明和使用,人们可通过应用光学显微镜来研究病变细胞的形态变化。直到1821—1902年,德国病理学家创立了细胞病理学(cytopathology),这不但对病理学而且对整个医学的发展作出了划时代的贡献。此后,经过120多年的探索,逐渐形成并完善了目前的病理学学科体系。用肉眼观察病变器官大体变化,被称为解剖病理学(anatomical pathology);借助显微镜进行组织学或细胞学研究,被称为组织病理学(histopathology)或细胞病理学(cytopathology);用电子显微镜观察病变细胞的超微结构变化,被称为超微结构病理学(ultrastructural pathology)。

近 30 年，免疫学、细胞生物学、分子生物学，以及免疫组织化学、流式细胞术、图像分析等理论和技术的应用，极大地推动了传统病理学的发展。特别是学科间的互相渗透，使病理学这门传统学科出现了许多新的分支学科，如免疫病理学（immunopathology）、分子病理学、遗传病理学（genetic pathology）和定量病理学（quantitative pathology）等，对疾病的研究从器官、组织、细胞和亚细胞水平深入到分子水平，使形态学观察结果从定位、定性走向定量，更具客观性、重复性和可比性。同时，对疾病的观察和研究还从个体向群体、社会发展，并与环境相结合，出现了地理病理学、社会病理学等新的分支。这些新技术的迅速崛起，不仅加深了对疾病本质的认识，同时也为许多疾病的防治开辟了新的途径。

七、病理学的学习方法

病理学常用的学习方法：

1. 应用辩证唯物主义观点认识疾病　随着医学模式的转化，人们越来越深刻地认识到疾病的发生、发展是一个非常复杂的过程，并受到诸多因素的影响。这就要求学生在学习病理学的过程中，要以辩证唯物主义观点为指导，用运动的、发展的观点，正确认识疾病的全过程。

2. 正确处理好总论与各论的关系　总论是各论的基础，各论是总论的具体应用，故在病理学学习过程中，既要重视总论的学习，同时也要重视各论的学习，做到统筹兼顾。

3. 正确认识局部与整体的关系　有时疾病在局部，但可伴有严重的全身反应；有时疾病是全身性的，但却在某一个局部表现得非常明显。所以学习病理学，既要重视局部的变化，又不能忽视整体的变化；既要认识疾病各阶段的变化，又要掌握它们连续的动态发展过程；充分认识疾病发生和发展过程中出现的共性、个性及相互间的影响。

4. 密切理论与实践的联系　病理学是一门实践性很强的形态学科，在病理学的学习过程中，既要重视理论课的学习，又要重视实验课的学习，通过实验课大体标本和组织切片的观察，加深对理论课所学知识的理解和记忆，而不要死记硬背。

5. 注重病理学与临床及护理的联系　病理变化与临床症状、体征是密切相关的，不同的疾病，因病理变化不同，会出现不同的临床症状和体征。护理专业的学生应在学会病理变化的基础上，运用病理变化来解释临床的症状和体征，并根据相应的临床症状和体征，采取不同的护理措施。

6. 注意形态、结构与功能、代谢之间的联系　发病时，机体在形态、结构上的变化属病理解剖学的研究范畴，而在功能、代谢上的变化属病理生理学的研究范畴，病理解剖学和病理生理学是密切相关、不可分割的两部分。代谢的变化是功能和形态、结构变化的物质基础，而形态、结构的变化又可导致功能和代谢的改变，因此，在学习病理学时，一定要把形态、结构与功能、代谢紧密联系起来。

本章主要讲解了病理学概念及任务、地位、内容及范围、常用研究方法、常用观察方法、发展史及学习方法。其中病理学的概念、任务、地位、内容及常用研究方法是重点内容,病理学的常用研究方法和观察方法是教学难点。关于病理学的学习方法,本章仅提供了几种常用的学习方法,供同学们参考。

（黄晓红）

思考与练习

一、简答题

1. 简述病理学的概念及任务。
2. 简述病理学的内容及其在医学中的地位。
3. 简述病理学常用研究方法及意义。
4. 简述病理学常用观察方法。

二、案例分析题

患者,男,31 岁。患者近几日感觉胃不舒服,有时胀闷、烧灼,有时隐隐作痛,严重时感觉恶心,到医院做胃镜检查。胃镜室大夫从患者胃内钳取了 4 块小组织,送病理科进行检查。3d 后,病理报告提示:急性糜烂性胃炎。

请思考：

1. 从患者胃内取出的 4 块小组织,送病理科做什么检查?
2. 该检查方法有何临床意义?

第一章 | 疾病概论

01章 数字内容

学习目标

1. 培养关注健康、关爱生命的全民健康意识。
2. 掌握疾病发展过程中的一般规律(共同规律)、疾病的经过和转归。
3. 熟悉死亡新概念、脑死亡的概念、脑死亡的判断标准及其临床意义。
4. 了解健康、疾病的概念;常见病因;疾病的发生机制。
5. 能正确应用疾病过程中的一般规律,解释和分析疾病的经过和转归。

 工作情景与任务

导入情景

患者,男,32 岁。患者 1 个月前饮酒后与他人发生口角时突然倒地,口吐白沫并伴有呕吐,呕吐物为胃内容物,随之意识丧失,呼之不应。入院查体:体温 36.5℃,脉搏 112 次 /min,呼吸 21 次 /min,血压 74/55mmHg。颅脑计算机体层摄影(computed tomography, CT)检查:左侧颅内占位性病变,范围 3cm×2.5cm×1cm。术前患者突然出现血压测不到,呼吸、心跳明显减弱,脑神经反射消失,瞳孔散大。立即行开颅手术,术后患者意识逐渐恢复,于术后 20d 康复出院。

工作任务:

患者术前处于什么状态? 该状态有何症状、体征?

第一节　健康与疾病

一、健康的概念

医学模式已由单纯的生物因素医学模式转变为生物 - 心理 - 社会医学模式。世界卫生组织指出：健康不仅是躯体没有任何疾病或病痛，而且在精神上、心理上和社会上处于完好状态。所以健康不仅是身体没有任何疾病，而且应具有良好的精神状态、健康的心理、较强的社会适应能力，并能进行有效的劳动和工作。

健康的标准不是绝对的、一成不变的。不同的群体、不同的地域、不同的个体或同一个体的不同年龄阶段，健康的标准是不同的。随着人们对新的医学模式认识的不断深入和发展，健康的内涵、标准和水平也有新的发展。

二、疾病的概念

疾病是在一定的病因作用下，机体因自稳调节紊乱而发生的异常生命活动过程。在此过程中，机体组织细胞在形态、结构、功能、代谢上发生一系列变化，从而出现相应的临床症状体征、社会行为的异常、社会适应能力和劳动能力的降低或丧失。

症状：指患者主观上能够感受到的异常，如头痛、头晕、恶心、呕吐等。

体征：指患病时，医生通过查体，客观上可以检查到的异常变化，如肺部啰音、心脏杂音、肝大等。

社会行为：指参与社会劳动或交往等一切作为社会成员的活动。发病时，因组织细胞在形态、结构、功能、代谢上发生一系列变化，均可不同程度地影响人们的劳动能力和社会适应能力。

三、亚健康的概念

亚健康是介于健康和疾病之间的一种状态。它既可发展成为各种疾病，又可恢复到健康状态。其表现是复杂多样、轻重不等的：有的表现为情绪低落、心情烦躁、食欲降低、失眠等；有的表现出头痛、头晕、胸闷、心悸、乏力等；还可表现为机体抵抗力的降低或免疫功能的低下。导致亚健康的因素很多，如生物因素、理化性因素、营养性因素、内分泌性因素、生活习惯、工作压力、精神因素、社会因素及社会行为等。在亚健康时，机体是向健康还是向疾病发展，取决于机体与致病因素之间的相互作用。如能从生物、心理、社会、行为、生活方式及工作压力等各个环节及早采取预防措施，克服不良的生活习惯，调整好个人心态、情绪，提高心理承受能力和社会适应能力，及时消除疲劳，积极参与锻炼和运动,提高自身的抵抗力和免疫力,就能阻止亚健康向疾病方向发展。

第二节 病 因 学

病因学是一门研究疾病发生的原因和条件的学科。

一、原因和条件

1. 原因 原因指能引起某一疾病,并决定该疾病特异性的必不可缺少的因素。疾病可由一种原因引起,也可由多种原因同时作用或先后作用引起。一般来说没有原因就不能引起相关的疾病。

2. 条件 条件指在原因的作用下,能够影响疾病发生、发展的因素。其中能促进疾病发生、发展的因素,通常又称为诱因。

3. 原因与条件的关系 有些疾病原因与条件很明确。如结核分枝杆菌感染是引起结核病的原因,但有结核分枝杆菌感染,不一定都能引起结核病,只有在机体抵抗力降低、营养不良、饥饿、寒冷等条件存在的情况下,才能引起结核病。而有些疾病原因和条件是不易区分开来的,或有些疾病只有原因,而无须条件存在,如机械性力引起的创伤。另外,同一因素在不同的疾病过程中作用是不同的,如某一因素对某一疾病来说是原因,而对另一种疾病来说又是条件。如寒冷是冻伤的原因,但寒冷又是感冒、肺炎等疾病发生的条件。因此,原因和条件是相对的,不是一成不变的,在一定情况下是可以互相转化的。因此,在临床工作中,一定要根据疾病的具体情况具体分析。通常我们可将原因和条件统称为病因,病因是引起疾病的各种因素总和,又可称为致病因素。

二、常见的病因

1. 生物因素 生物因素是最常见的致病因素,由生物因素引起的疾病通常又可称为“感染”。生物因素主要包括各种病原体(如细菌、病毒、真菌、支原体、立克次体、螺旋体等)和寄生虫(如绦虫、血吸虫、阿米巴原虫等)。其致病特点:①具有一定的生命力。②一定的侵入途径或部位。③能在人体内生长繁殖。④不同的病原体引起的疾病有其独特的病理变化和临床特点。生物因素侵入人体后能否致病,还取决于其数量、毒力及机体的免疫状态。

2. 物理因素 物理因素包括机械力、电流、电离辐射、温度、大气压、各种放射线、同位素等。物理因素能否致病主要取决于作用强度和作用时间。当物理因素达到一定的作用强度或作用时间方能致病。

3. 化学因素 化学因素包括某些无机物、有机物及体内外各种毒物。无机物主要指强酸、强碱、重金属等。有机物主要指甲醇、四氯化碳等。毒物包括：①体内代谢产物，肌酸、尿素等。②外源性毒物，一氧化碳、有机磷农药等。③生物性毒物，蛇毒、蜂毒等。其致病特点：①需达到一定的剂量或浓度。②对组织、细胞具有一定的选择性毒性作用。如一氧化碳选择性作用于血红蛋白、有机磷农药选择性破坏乙酰胆碱酯酶、四氯化碳主要损害肝等。

4. 营养因素　营养因素包括营养缺乏和营养过剩两大类。营养缺乏可引起疾病，如维生素 D 缺乏可引起佝偻病、碘缺乏可引起甲状腺肿等。营养过剩同样也可引起疾病，如长期高脂肪、高能量饮食，可引起肥胖症、高脂血症和动脉粥样硬化等。

5. 遗传因素　遗传因素是由于遗传物质的改变，通过亲代生殖细胞将变化的遗传物质遗传给下一代，使其下一代发生某些疾病。由遗传因素引起的疾病主要有两大类。①直接遗传性疾病：通过亲代遗传物质（基因的突变或染色体畸变）直接遗传给下一代，致下一代发病，如血友病、唐氏综合征、白化病等。②遗传易感性疾病：是由于某些遗传物质的改变，将其易患某种疾病的特性遗传给下一代，使其下一代在某些特定环境中即可发病。如原发性高血压、糖尿病、消化性溃疡等均属于多基因遗传易感性疾病。

6. 先天因素　先天因素指能够影响胎儿生长、发育的有害因素。由先天因素引起的疾病，称为先天性疾病。如妇女在妊娠早期，若感染了风疹病毒，风疹病毒可通过胎盘屏障进入胎儿体内，影响胎儿的心脏发育，可引起先天性心脏病。此外，某些药物、放射线、同位素等也可影响胎儿的生长和发育，引起先天性疾病。

7. 免疫因素　免疫因素指某些个体由于免疫系统功能异常，对某些抗原刺激发生异常反应，导致组织细胞损伤和功能障碍，而引起的疾病。由该因素引起的疾病主要有三大类。①免疫缺陷性疾病：指机体的免疫功能严重不足或完全缺乏，如肿瘤、艾滋病等。②变态反应性疾病：指机体的免疫系统对某些物质过度敏感或异常反应，如支气管哮喘、荨麻疹、对青霉素或花粉过敏等。③自身免疫性疾病：指机体的免疫系统对某些自身物质产生免疫反应，通过自身免疫反应引起组织细胞损伤，形成疾病，如肾小球肾炎、系统性红斑狼疮、风湿病等。

8. 精神、心理、社会因素　精神、心理、社会因素与某些疾病的发生、发展和转归有密切的关系。长期精神因素的刺激，可引起某些疾病，如原发性高血压、精神分裂症、抑郁症等。长期不良心理因素的影响，可引起心理障碍、焦虑、抑郁、精神分裂等，也可引起原发性高血压、神经官能症等。社会因素包括社会环境和生活、劳动、卫生条件等，对人类某些疾病的发生也有着不可忽视的影响，如肺硅沉着病等。

9. 年龄和性别　不同年龄的人群，某些疾病发病率是不同的。如老年人易患癌，青少年易患肉瘤。性别不同，某些疾病发病率也不一样。如乳腺癌多见于女性，男性很少见。妇女在绝经期前，动脉粥样硬化发病率明显低于同龄男性；绝经后，男、女动脉粥样硬化发病率无明显差异。

第三节 发 病 学

发病学是研究疾病发生、发展过程中的一般规律（共同规律）和发生机制的一门学科。

一、疾病发展过程中的一般规律

虽然疾病的种类很多，其发生、发展过程也有许多不同之处，但均存在着许多一般规律或共同规律。

1. 自稳调节紊乱　机体通过自稳调节机制来维持各系统功能和代谢，保持其相对稳定状态，称为内环境的自稳态。任何疾病的发生都是因内环境自稳态被破坏引起的。疾病时，在致病因素作用下，自稳态的某些方面发生紊乱，引起相应的病变和功能障碍；随着病变进一步发展，使内环境的自稳态的其他方面相继发生紊乱，从而引起更为严重的生命活动障碍。如某些原因的作用，导致胰岛素分泌不足，引起血糖升高，最终导致糖尿病；由于糖代谢紊乱，又可导致脂肪、蛋白质及水、电解质代谢紊乱。

2. 因果转化规律　指在原始病因的作用下，机体发生某种损伤性变化，前者为因，后者为果。这种损伤性变化又可作为一个新的原因，引起新的变化。原因与结果如此反复交替进行，形成一个链式的发展过程或恶性循

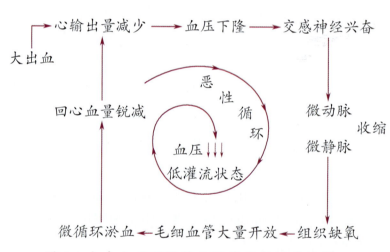

图 1-1 大出血时因果转化规律形成的恶性循环

环。临床上，预防和治疗疾病的基本原则，就是及时有效地阻断疾病过程中，由因果转化形成的链式发展过程或恶性循环。如不能及时有效地阻断这些链式发展过程或恶性循环，病情就会恶化，甚至死亡。以外伤大出血为例，说明其发展过程中因果转化形成的恶性循环见图 1-1。

3. 损伤与抗损伤反应　在各种致病因素作用下，机体组织细胞形态、结构、功能、代谢发生一系列改变，此为损伤反应。机体在受到致病因素作用的同时，可调节体内的各种防御、代偿能力来对抗致病因素的作用，此为抗损伤反应。损伤与抗损伤反应贯穿于疾病始终，并决定了疾病的转归。当损伤占优势或主导地位时，病情则恶化进展，甚至死亡；而抗损伤占优势或主导地位时，病情则好转愈合。损伤与抗损伤反应是可以互相转

化的。如休克早期前阻力血管(微动脉、中间微动脉、毛细血管前括约肌)收缩,有助于维持动脉血压,保证了心脏和脑的血液供应,具有抗损伤作用;但长时间前阻力血管收缩,可引起组织细胞缺血、缺氧等损伤性变化。

4. 局部与整体的规律　人体是由许许多多的局部构成的一个整体。有些疾病虽然发生在局部,但可通过神经和体液因素影响到全身,引起全身功能和代谢改变。有些疾病虽然是全身性改变,但它又可在某个部位或局部形成特殊的变化。如病毒性肝炎时,病变仅累及肝,表现为肝细胞变性、坏死,患者可有肝大、肝区疼痛等局部表现,但同时还可伴有发热、乏力、黄疸和食欲降低等全身症状。再如皮肤的疖、痈,是发生于皮肤毛囊局部的化脓性炎,炎症局部可有红、肿、热、痛、功能障碍等局部表现,但严重者可伴有发热、菌血症、毒血症、败血症、脓毒血症等全身反应。

二、疾病发生的基本机制

疾病发生的基本机制指参与许多疾病发病的共同机制,因此它不同于个别疾病的特殊机制。近年来医学基础理论飞速发展和各种新方法、新技术不断应用,疾病的基本机制的研究从系统水平、器官水平、细胞水平逐步深入到分子水平。目前认为疾病发生的基本机制主要有以下四个方面:

(一)神经机制

神经系统对人体生命活动的维持和调控起着主导作用。神经系统的变化与疾病的发生、发展密切相关,认为神经机制参与了疾病的发生、发展过程。有些致病因子可直接损害神经系统,如流行性乙型脑炎病毒,具有高度嗜神经细胞的特性,可直接损伤神经细胞;有些则可通过神经反射,引起相应组织和器官的功能、代谢变化;有些可抑制神经递质的合成、释放和分解;有些可减弱或阻断正常神经递质的作用等。人体如受长期精神紧张、压力过大、焦虑、抑郁、烦恼等因素刺激,可导致大脑皮质功能紊乱,皮质下中枢功能失调,可导致组织器官功能、代谢的变化。

(二)体液机制

体液是维持机体内环境相对稳定的重要因素。当致病因子引起体液质和量发生变化,内环境稳定性被破坏,即可引起疾病。体液调节紊乱常由各种体液因子(humoral factor)的数量或活性改变而引起。常见的体液因子包括全身性体液因子,如组胺、5-羟色胺、儿茶酚胺、前列腺素、激活的补体、活化的凝血因子及纤维蛋白溶解物质等;局部性体液因子,如内皮素、某些神经肽等;以及近年来提出的细胞因子(cytokine),如白细胞介素(interleukin,IL)、肿瘤坏死因子(tumor necrosis factor,TNF)等。

体液因子主要是通过三种方式作用于靶细胞的(图1-2)。①内分泌(endocrine):体内的某些内分泌细胞,分泌的各种化学介质如激素等,可通过血液循环输送到全身各部位,被远隔的靶细胞上受体识别,并发挥作用。②旁分泌(paracrine):某些内分泌细胞分泌的信息分子可很快被吸收或破坏,故只能对邻近的靶细胞发挥作用,如神经递质和部分血管活性物质(如一氧化氮、内皮素)等。③自分泌(autocrine):某些细胞能对它自身分泌的信息分子发生反应,即分泌细胞和靶细胞为同一细胞。

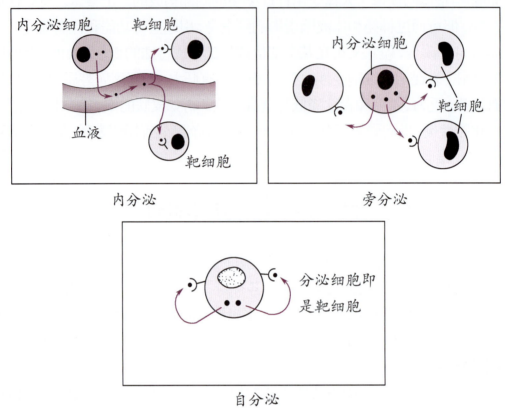

图 1-2　体液因子作用方式模式图

在疾病发生、发展过程中,神经机制与体液机制常常是同时作用、共同参与,故常称为神经体液机制。如长期的精神或心理因素刺激,引起大脑皮质和皮质下中枢(主要是下丘脑)功能紊乱,交感缩血管神经兴奋性增高,致全身细小动脉痉挛、收缩,血压升高;同时交感神经兴奋,儿茶酚胺类物质(肾上腺素、去甲肾上腺素等)分泌增多,引起全身细小动脉痉挛、收缩,心率加快,心输出量增加,血压升高;此外,因肾细小动脉痉挛、收缩,肾素分泌增多,血管紧张素-醛固酮系统被激活,也可使血压升高。上述神经体液机制共同作用,导致血压升高。

(三)细胞机制

某些致病因子可直接或间接作用于机体的组织细胞,造成组织细胞功能、代谢发生障碍,而引起疾病。有的致炎因子如外力、高温等,可直接无选择性地损伤组织细胞;而有的致炎因子可直接有选择性地损伤组织细胞,如肝炎病毒侵入肝细胞、疟原虫侵犯红细胞等。致病因子引起的组织细胞损伤,除直接的破坏作用外,还可引起细胞膜和细胞器功能障碍。

细胞膜功能障碍:如细胞膜上的钠钾泵,又称为钠钾 ATP 酶(Na^+, K^+-ATPase),即功能失调时，细胞内、外离子失衡，导致细胞内 Na^+ 积聚，引起细胞水肿，严重者可导致细胞死亡。细胞器功能障碍：最常见为线粒体功能障碍，能量生成不足，引起细胞功能障碍。此外，三磷酸腺苷（adenosine triphosphate，ATP）生成减少还可抑制环磷酸腺苷（cyclic adenosine monophosphate，cAMP）酶，影响 cAMP 生成，使依赖 cAMP 作为第二信使的激素，不能发挥其调节作用，最终导致细胞死亡。

细胞机制是导致组织器官功能障碍的重要机制。

（四）分子机制

细胞内含有蛋白质和核酸。蛋白质和核酸是机体生命现象的主要分子。生命的信息储存于核酸。构成生命过程的化学反应则是由蛋白质调节和控制的。

各种致病因子在引起疾病的过程中，都会以各种形式表现为分子水平上的异常，而分子水平的异常又会在不同程度上影响正常的生命活动过程。因此，近年来从分子水平上来研究生命现象和疾病的发生机制，引起了人们极大的重视。分子机制使我们对疾病本质的认识进入了一个新的阶段，这就是近年来提出的分子病理学。

分子病理学指在研究生命现象的分子基础上，探索疾病过程中出现的细胞生物学与分子生物学现象。分子病理学有广义和狭义之分。广义的分子病理学是研究所有疾病的分子机制，狭义的分子病理学是研究生物大分子物质（主要是核酸与蛋白质）在疾病发生机制中的作用。分子病（molecular disease）指由于 DNA 遗传性物质变异，引起的一类以蛋白质异常表达为特征的疾病。分子病主要包括以下四大类：

1. 酶缺陷所致的疾病　指由于 DNA 遗传物质的变异，引起酶蛋白异常所致的疾病。如 I 型糖原贮积病，是由于编码葡萄糖 -6- 磷酸脱氢酶的基因发生突变，造成该酶缺乏，因此葡萄糖 -6- 磷酸无法酶解为葡萄糖，而逆转为糖原贮积于肝。

2. 血浆蛋白和细胞蛋白缺陷所致的疾病　如镰状细胞贫血，是由于血红蛋白的珠蛋白分子中 β - 肽链氨基端第 6 位的谷氨酸被缬氨酸异常取代，由于谷氨酸具有亲水特征，而缬氨酸具有疏水性，因此发生异常取代后，使血红蛋白的亲水性降低，血红蛋白的稳定性破坏。当血氧分压降低时，异常血红蛋白连接形成棒状晶体，从而使红细胞扭曲呈镰刀状。

3. 受体病　由于受体基因突变，使受体缺失、减少或结构异常而致的疾病，称为受体病，可分为遗传性受体病（如家族性高胆固醇血症等）和自身免疫性受体病（如重症肌无力等）。

4. 膜转运障碍所致的疾病　膜转运障碍所致的疾病是由于基因突变，引起特异性载体蛋白缺陷，造成膜转运障碍的疾病。如胱氨酸尿症（cystinuria），是由于肾小管上皮细胞转运氨基酸的载体蛋白发生遗传性缺陷时，靠其转运的氨基酸（胱氨酸、精氨酸、鸟氨酸、赖氨酸）就不能被肾小管重吸收，随尿排出增多，形成胱氨酸尿症。

人体细胞中含有 23 对染色体、3×10^9 个碱基对，它们控制着细胞的各种功能、代谢变化，分析这些碱基对的序列、检测各种基因的位置、功能与破译人类遗传信息密切相关，这就是人类基因组计划（Human Genome Project，HGP）。近年来，某些疾病（如糖尿病、原发性高血压等）相关基因（related gene）或易感基因（susceptible gene）的寻找已取得重要进展，提出了基因病（genopathy）新概念。基因病是由于基因突变、缺失或其表达调控障碍，而引起的疾病。如果只由一个致病基因引起的基因病，称为单基因病（monogenic disease）。如多囊肾，主要是由常染色体 16p13.3 处存在有缺陷的等位基因 *PKD1* 所引起的显性遗传。如由多个基因共同控制其表型性状的疾病，称为多基因病（polygenic disease）。此时，多个基因的作用可以相加、协同或相互抑制。如原发性高血压、冠心病、糖尿病等均属此类疾病。

总之，基因组时代已经到来，基因学（genetics）、基因组学（genomics）及蛋白质组学（proteomics）的研究成果已广泛引用于疾病的研究中。因此从分子医学角度看，疾病时形态和功能的异常，是由于细胞核中相应基因对细胞受体和受体后信号转导失控，导致某些特定蛋白质合成、表达（结构或功能）异常，从而表现出相应的症状和体征。

第四节　疾病的经过和转归

一、经　　过

疾病的经过可分为四期。

（一）潜伏期

潜伏期指从致病因素作用于机体到出现最初症状之前的阶段。此期主要特点：①潜伏期长短不一，有的疾病潜伏期很短，数秒或几乎没有，如创伤等；有的疾病潜伏期较长，可数日、数月甚至更长，如麻风。②潜伏期内患者无任何症状。③传染病潜伏期内是有传染性的，因此正确认识疾病的潜伏期，对疾病（尤其是传染病）的预防具有重要的意义。

（二）前驱期

前驱期指从出现最初症状到出现该疾病典型症状之前的阶段。此期主要特点：①可出现全身不适、食欲减退、乏力、低热等非特异性症状，又可称为前驱症状。②前驱症状无特异性，故此期易被误诊，应高度警惕，避免误诊。③前驱期如能及时就诊，有利于疾病的早期诊断和早期治疗。

（三）症状明显期

症状明显期指该疾病典型症状相继出现的阶段，是疾病的高峰期。此期主要特点：①出现该疾病的典型症状和体征。②可明确诊断。③应抓紧时间积极抢救和治疗。

（四）转归期

转归期指疾病在高峰期之后的发展趋势和结局，是疾病的最后阶段。疾病是好转还是恶化，一方面取决于损伤与抗损伤反应谁占优势或主导地位；另一方面取决于是否得到正确、及时、有效的治疗，当抗损伤占优势或主导地位，并经过准确、及时、有效治疗，病情就会好转，否则病情就会恶化。

二、转　归

疾病的转归主要有两种。

（一）康复

康复包括完全康复和不完全康复。

1. 完全康复　完全康复指病因完全消失，各种症状和体征完全消失，受损的组织细胞在形态、结构、功能、代谢上完全恢复正常，劳动能力及社会适应能力完全恢复正常。

2. 不完全康复　不完全康复指病因得到了控制，主要症状和体征消失，可留有后遗症，受损的组织细胞在形态、结构、功能、代谢上不能完全恢复正常，机体某些功能的发挥，需通过机体代偿来完成，劳动能力及社会适应能力有所降低。

（二）死亡

死亡指生命活动终止，死亡的组织细胞代谢停止，功能丧失。

传统上认为死亡是一个渐进的发展过程，其标志是呼吸、心跳停止，可分为三个阶段。①濒死期：又称为临终状态。本期主要特点：脑干以上的中枢神经系统处于高度抑制状态，表现为表情淡漠，神志不清，意识模糊或丧失，反应迟钝或减弱，呼吸、循环功能降低等。②临床死亡期：主要特点是延髓以上的中枢神经系统处于高度抑制状态，表现为各种反射消失，呼吸、心跳停止，但组织器官细胞内仍存在着微弱的代谢活动，如能采取紧急抢救措施，有可能心肺复苏成功。③生物学死亡期：是死亡的最后阶段，机体各组织细胞代谢停止，是死亡的不可逆阶段，并逐渐出现尸冷、尸僵、尸斑、尸体腐败等死亡后的改变。

随着心肺复苏技术的普及和器官移植的开展，人们对死亡有了新的认识，认为死亡是机体作为一个整体功能的永久性消失，其标志是脑死亡。

脑死亡指全脑功能的永久性丧失。其诊断标准：①自主呼吸停止。②不可逆性深度昏迷。③脑神经反射消失：瞳孔对光反射、角膜反射、咳嗽反射、吞咽反射等消失。④瞳孔散大或固定。⑤脑电波消失：呈平直线。⑥脑血液循环完全停止。提出脑死亡有其重要的临床意义：如有助于判断死亡时间、为器官移植提供最佳取材时间等。

章末小结

　　本章主要学习了健康与疾病、病因学、发病学、疾病的经过和转归。其中疾病过程中的共同规律、疾病的经过和转归、死亡和脑死亡概念、脑死亡诊断标准是本章的重点教学内容。健康和疾病的概念、疾病过程中的共同规律、基本机制、脑死亡诊断标准是本章的教学难点。原因、条件、诱因的概念及常见病因是了解的内容。

（黄晓红）

思考与练习

一、简答题

1. 简述原因、条件及诱因的概念及常见的病因。

2. 简述疾病发生发展过程中的共同规律和发生机制。

3. 简述疾病的经过和转归。

4. 简述死亡和脑死亡的概念、脑死亡标准。

二、案例分析题

患者，男，28 岁。患者因车祸致脾破裂。入院查体：体温 36.5℃，脉搏 116 次 /min，呼吸 23 次 /min，血压 75/50mmHg。患者面色苍白，四肢湿冷，意识尚清。稍后血压进一步降低，意识模糊不清。

临床处理：①急症手术切除脾；②大量快速输血输液。术后患者恢复良好，于伤后第八日康复出院。

请思考：

1. 患者发病过程中存在哪些一般规律？

2. 试用这些一般规律解释疾病的发展过程及康复的原因。

第二章 | 组织细胞的适应、损伤与修复

02章
02章 数字内容

工作情景与任务

导入情景

患者，男，16岁。某日患者和其同学在户外骑单车，突然摔倒，致左下肢疼痛、活动障碍，遂入院。检查后，患者被诊断为左胫骨中下段骨折，给予石膏固定后，回家休养。卧床休息1个月后，患者发现自己的双下肢粗细不一样。第8周医生复查X线片后，将石膏拆除并告诉他"再过1个月就可以下床活动了"。半年后，他的双下肢恢复如初了。

工作任务：

1. 患者的左下肢发生了哪些变化？
2. 这些变化是如何形成的？
3. 日常生活中，我们应如何避免这些情况的发生？

人体组织细胞可以对内、外环境变化等刺激，作出不同程度的形态结构和功能代谢的适应性调整。在生理性负荷轻度变化或遇到轻度的病理性刺激时，组织细胞和器官可

表现为适应性变化。若上述刺激超过了组织细胞和器官的耐受及适应能力,则会出现损伤性变化。损伤的组织细胞代谢减弱,功能降低。大多数组织细胞损伤是可逆的,少数是难以恢复的,且严重的组织细胞损伤可发展为组织细胞坏死。

第一节　组织细胞的适应

适应(adaptation)是组织细胞和器官对体内、体外各种因素的刺激产生的应答反应。适应在形态学上一般表现为萎缩、肥大、增生和化生。(图2-1)

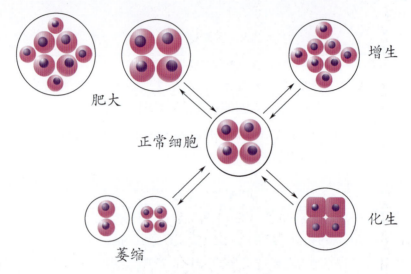

图 2-1　细胞和组织的适应

一、萎　缩

(一)概念

萎缩(atrophy)指发育正常的组织细胞和器官体积缩小。萎缩通常由实质细胞体积缩小和/或实质细胞数量减少所致。萎缩不同于组织器官未发育或发育不全,后者不属于萎缩的范畴。

(二)萎缩的原因及分类

萎缩分为生理性萎缩与病理性萎缩。前者指某些组织细胞和器官发育到一定阶段后,随着年龄的增长逐渐萎缩,如青春期后胸腺萎缩、女性绝经期后性腺萎缩、老年人的器官萎缩等。后者指病理状态下出现的萎缩。萎缩按其原因不同分为以下类型:

1. 营养不良性萎缩　营养不良性萎缩多因慢性消耗性疾病或蛋白质摄入、血液供应不足等营养不良引起。其分为:①全身营养不良性萎缩,如长期营养摄入不足、结核病、恶性肿瘤等引起的萎缩。②局部营养不良性萎缩,由于局部慢性缺血所致,如脑动脉粥样硬化引起的脑萎缩。

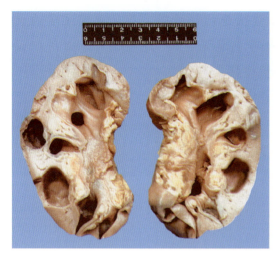

图 2-2　肾压迫性萎缩

2. 压迫性萎缩　压迫性萎缩因组织、器官长期受压迫所引起。如尿路梗阻时,因尿液长期潴留,导致肾盂积水,从而压迫肾实质,造成肾萎缩(图 2-2)。

3. 失用性萎缩　失用性萎缩因组织、器官长期工作负荷减少,功能、代谢低下引起。如久病卧床患者的下肢肌肉萎缩,骨折后因长期石膏、夹板固定的肢体肌肉萎缩。

4. 去神经性萎缩　去神经性萎缩因运动神经或轴突损害,所支配的效应器刺激减少引起。如脊髓灰质炎患者,因脊髓前角运动神经元变性坏死,致下肢肌肉、血管失去了神经调节、营养作用而发生的萎缩。

5. 内分泌性萎缩　内分泌性萎缩因内分泌器官功能低下,相应靶器官缺乏激素刺激引起。如垂体前叶功能减退时,甲状腺、肾上腺和性腺等都可发生萎缩。

(三)病理变化

肉眼观察:萎缩的组织、器官体积缩小,重量减轻,被膜皱缩,颜色变深。脑萎缩时可见脑回变窄、脑沟增宽、皮质变薄(图 2-3)。

镜下观察:实质细胞体积缩小或数量减少,细胞器减少甚至消失。心肌细胞和肝细胞等萎缩时,可在细胞核两端胞质内见到脂褐素颗粒。

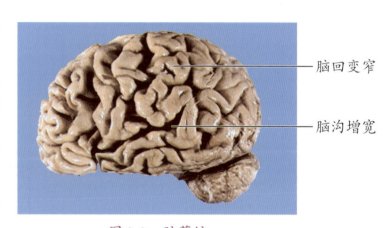

——脑回变窄

——脑沟增宽

图 2-3　脑萎缩

(四)影响及结局

萎缩的组织细胞和器官代谢减弱、功能低下,如脑萎缩致记忆力减退、肌肉萎缩致收缩力下降等。原因去除后,轻度的萎缩可恢复常态,但病变继续进展,萎缩细胞最终可死亡。

 知识链接

阿尔茨海默病

阿尔茨海默病又称为老年性痴呆,是一种渐进性大脑退行性疾病。目前在老年人群中死亡率仅次于心脏病、恶性肿瘤和脑卒中,其发病率随年龄增长而显著升高。阿尔茨海默病通常起病隐匿，表现为进行性病程，其核心症状是记忆障碍。病理改变主要为大脑皮质萎缩、神经元数量减少或丧失等。临床上除了药物治疗外，还强调对患者进行精神行为和社会心理治疗，并且强调生活护理、安全护理等。

二、肥 大

（一）概念

肥大（hypertrophy）指组织细胞和器官体积增大。肥大通常是因实质细胞的体积增大所致，常伴有实质细胞数目的增多。

（二）原因及分类

从性质上，肥大可分为生理性肥大和病理性肥大。从原因上，肥大可分为代偿性肥大和内分泌性肥大。因组织细胞和器官的功能负荷过重所致的肥大，称为代偿性肥大。因内分泌激素过多作用于效应器所致的肥大，称为内分泌性肥大。

1. 生理性肥大 生理性肥大指生理状态下因组织细胞、器官代谢和功能增强而发生的肥大，如妊娠时的子宫肥大和哺乳期的乳腺肥大。

2. 病理性肥大 病理性肥大指病理状态下引起组织细胞、器官代谢和功能增强而发生的肥大。①代偿性肥大：因疾病引起负荷增加导致，如原发性高血压引起的左心室心肌肥大（图2-4）。②替代性肥大：指成对器官一侧切除后，对

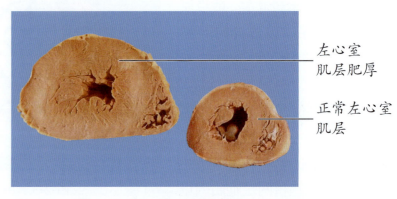

左心室肌层肥厚

正常左心室肌层

图2-4 左心室心肌肥大

侧器官因长时间功能增强而引起的肥大。如一侧肾摘除后对侧肾的肥大。③内分泌性肥大：因疾病引起激素增多而导致的肥大，如甲状腺功能亢进时，因甲状腺素分泌增多引起的甲状腺肥大。

（三）病理变化

肉眼观察：肥大的组织、器官体积增大。镜下观察：实质细胞体积增大，常伴有数量增多，细胞核肥大深染。

（四）影响及结局

肥大的组织细胞、器官代谢和功能增强，具有代偿意义；但过度肥大时，则失去代偿意义。如原发性高血压早期左心室向心性肥大，有重要的代偿意义，晚期出现左心衰竭，就失去了代偿意义。

三、增　生

（一）概念

增生（hyperplasia）指组织、器官内实质细胞的数量增多，常伴有组织或器官的体积增大和功能活跃，即增生常伴有肥大。因引起组织细胞和器官增生与肥大的原因类同，故二者常相伴随。

（二）原因及分类

从性质上，增生分为生理性增生和病理性增生。从原因上，增生分为代偿性增生和内分泌性增生。因组织细胞、器官的代谢和功能增强所致的增生，称为代偿性增生。因内分泌激素过多作用于效应器所致的增生，称为内分泌性增生。

1. 生理性增生　生理性增生指生理状态下，组织、器官代谢和功能增强而发生的增生，如女性青春期和哺乳期的乳腺增生、月经周期子宫内膜的增生等。

2. 病理性增生　病理性增生指病理状态下引起组织、器官代谢和功能增强而发生的增生。①代偿性增生：如肝叶切除后，切口处肝细胞的增生。②内分泌性增生：如缺碘时引起的甲状腺增生、雌激素增多时引起的子宫内膜增生。

（三）病理变化

肉眼观察：增生的组织、器官体积增大。镜下观察：实质细胞数量增多，细胞和细胞核的形态多正常或稍增大。

（四）影响及结局

增生是由于各种原因引起的细胞有丝分裂活动增强的结果，通常原因消除后可恢复。代偿性增生时，因细胞数目增多，增生的组织、器官功能增强，故对机体有重要代偿意义。但若细胞过度增生、失去控制，则可能演变为肿瘤性增生。

四、化　生

（一）概念

化生（metaplasia）是一种分化成熟的组织或细胞转化为另一种分化成熟的组织或细胞的过程。通常化生仅见于有再生能力的组织细胞。

（二）常见类型及病理变化

1. 鳞状上皮化生　被覆上皮组织的化生以鳞状上皮化生最常见。如吸烟者支气管假复层纤毛柱状上皮易发生鳞状上皮化生。

2. 肠上皮化生　肠上皮化生较常见。如慢性萎缩性胃炎时，胃黏膜上皮转变为含帕内特细胞（又称为潘氏细胞）和／或杯状细胞的肠黏膜上皮，称为肠上皮化生。肠上皮化生可分为小肠上皮化生和大肠上皮化生，其中大肠上皮化生癌变率较小肠上皮化生高。

3. 间叶组织化生　间叶组织中幼稚的成纤维细胞损伤后可转变为成骨细胞或成软骨细胞，形成骨化生或软骨化生。如骨骼肌反复外伤时，修复过程中可有骨化生。

（三）对机体的影响

上皮组织的化生在原因去除后可以恢复，但间叶组织化生大多不可逆。化生的生物学意义利弊兼有。如慢性支气管炎时，支气管黏膜上皮可发生鳞状上皮化生，增强了局部黏膜抵御和适应外界刺激的能力，但因失去了纤毛柱状上皮的纤毛结构，减弱了呼吸道黏膜的自净能力。此外，若引起化生的因素持续存在，化生的细胞可发生癌变。

第二节　组织细胞的损伤

当机体组织细胞遭受不能耐受的刺激时，即可出现损伤性变化。轻度损伤时，组织细胞形态学上表现为变性。变性的组织细胞代谢减弱，功能降低，原因消除后多数变性可恢复正常，又称为可逆性损伤。组织细胞损伤严重时，形态学上表现为坏死，为不可逆性改变，又称为不可逆性损伤。

一、变　　性

（一）变性的概念

变性（degeneration）指细胞或细胞间质受损伤后，由于物质代谢障碍，在细胞内或细胞间质出现异常物质或正常物质异常蓄积的一类形态学变化。

（二）变性的常见类型

1. 细胞水肿　细胞内水和钠离子积聚过多称为细胞水肿（cellular swelling），又可称为水变性（hydropic degeneration），是细胞损伤中出现最早的改变，常见于肝、肾、心等器官的实质细胞。

（1）原因及机制：当机体发生感染、缺氧、中毒、高热时，细胞内线粒体受损，ATP 生成减少，细胞膜钠钾泵功能障碍，导致细胞内水、Na^+ 潴留。

（2）病理变化

1）肉眼观察：病变组织、器官肿胀，体积增大，被膜紧张，边缘变钝，切面中央隆起，边缘外翻，颜色变淡、混浊、无光泽。

2）镜下观察：轻度水肿时，细胞体积增大，胞质疏松、淡染，呈空网状半透明，称为胞质疏松化；随着水肿进一步加重，细胞体积明显增大，胞质内可见大量粉染的细小颗粒，称为颗粒样变性；严重水肿时，细胞极度肿大变圆，胞质清亮或完全透明，如气球样，称为气球样变性（图2-5）。

（3）影响及结局：水肿的组织细胞、器官代谢减弱，功能降低。原因消除后，可恢复正常。但若因素持续作用，可发展为坏死。

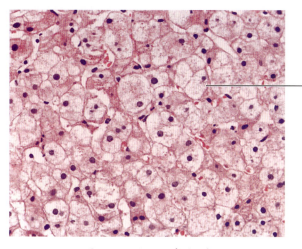

肝细胞质疏松、淡染，部分肝细胞肿胀如气球

图 2-5 肝细胞水肿

2. 脂肪变性 由于脂肪代谢障碍引起的中性脂肪蓄积于非脂肪细胞的胞质中，称为脂肪变性（fatty degeneration, steatosis）；常见于肝细胞、心肌细胞、肾小管上皮细胞等，尤以肝细胞最为常见。

（1）原因及机制：因长期贫血、严重感染、酗酒、缺氧、中毒、营养不良、糖尿病以及肥胖等，引起脂肪在体内运输、利用和转化的任何环节发生异常均可导致脂肪变性。

以肝脂肪变性的机制为例：①进入肝细胞的脂肪过多，如摄入过多、长时间饥饿或糖尿病时，中性脂肪合成增加，若超过肝细胞氧化利用或合成脂蛋白的能力，中性脂肪以脂滴的形式沉积于肝细胞内。②脂蛋白合成障碍，脂肪必须与载脂蛋白结合，形成脂蛋白后才可运出肝外，当合成脂蛋白的磷脂或组成磷脂的胆碱不足时，或酒精、四氯化碳等中毒时，脂蛋白合成障碍，中性脂肪输出受阻而堆积在肝细胞内。③脂肪酸的氧化障碍，感染、缺氧、中毒可使细胞线粒体受损，导致脂肪酸氧化受阻，对中性脂肪的利用下降，造成肝细胞内中性脂肪增多。

（2）病理变化

1）肉眼观察：组织、器官肿大，被膜紧张，颜色淡黄，质地变软，切面触之有油腻感。严重而弥漫的肝脂肪变性（图 2-6），又可称为脂肪肝。心肌细胞脂肪变性时，在左心室内膜下和乳头肌处出现平行的黄色条纹（脂肪变性的心肌细胞）和暗红色心肌细胞相间排列，状似虎皮斑纹，称为虎斑心。

2）镜下观察：细胞体积增大，胞质内出现大小不等的空

肝体积增大，颜色淡黄

肉眼观

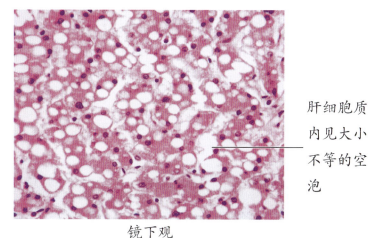

肝细胞质内见大小不等的空泡

镜下观

图 2-6 肝脂肪变性

泡，有的可充满整个细胞并将细胞核挤到一侧。快速冷冻切片特殊染色，可保存脂滴呈现特殊颜色，如苏丹Ⅲ染色可将脂滴染成橘红色，锇酸染色脂滴呈黑色。

（3）影响及结局：脂肪变性的组织细胞或器官，代谢减弱，功能降低。轻、中度脂肪变性在原因消除后，可恢复正常。严重的脂肪变性可发展成细胞坏死。如长期重度弥漫性脂肪肝时，肝细胞逐渐坏死，继发纤维化，最终发展为肝硬化。

 知识链接

饮食与脂肪肝

随着生活水平的提高，饮食过多、体重超重是近年来引起脂肪肝最常见的因素。由于食物中脂肪过量，进入肝的脂肪酸过多，合成中性脂肪增加并堆积于肝细胞内。针对这一病因，在预防与治疗脂肪肝时，应重在让患者树立自我保健意识，调整饮食方案，纠正营养失衡，并坚持锻炼，维持标准体重。

3. 玻璃样变性　在细胞内或间质中出现均质红染的半透明状的蛋白质蓄积，称为玻璃样变性（hyaline degeneration），又可称为透明变性。玻璃样变性是一组物理性状相同，但其化学成分和发生机制各异的病变，主要见于结缔组织、血管壁及部分细胞内。

（1）结缔组织玻璃样变性：结缔组织玻璃样变性常见于瘢痕组织、动脉粥样硬化的纤维性斑块等。肉眼观察可见组织呈灰白色，半透明，质地坚韧。镜下观察可见纤维细胞明显减少，胶原纤维增粗、融合，形成均匀红染的毛玻璃样物质。

（2）血管壁玻璃样变性：血管壁玻璃样变性常见于原发性高血压和糖尿病的肾、脑、脾及视网膜等的细动脉壁。因细动脉管壁持续痉挛、缺氧，血管内膜通透性增高，血浆蛋白渗入并沉积于管壁，凝固成均匀红染的半透明状物质。细动脉玻璃样变性使管壁增厚、变硬，弹性下降，脆性增加，管腔狭窄或闭塞，称为细动脉硬化。

（3）细胞内玻璃样变性：细胞内玻璃样变性是因细胞吞饮蛋白质或胞质内蛋白质凝固，在细胞内出现大小不等、均质红染的圆形小体。如肾小管上皮细胞重吸收原尿中的蛋白质，形成圆形红染的小滴；酒精性肝病时，肝细胞发生玻璃样变性，在肝细胞内形成均匀红染、半透明的玻璃样小体，又称为马洛里小体（Mallory body）。

二、细胞死亡

当细胞受到严重损伤时，便可引起细胞代谢停止、结构破坏和功能丧失的不可逆改变，即细胞死亡。细胞死亡分为坏死和凋亡两类。

（一）细胞坏死

坏死（necrosis）指活体内局部组织细胞的死亡。

1. 坏死的原因　坏死多数是由损伤逐渐发展而来，也可因致病因素作用较强直接导致。

2. 坏死组织局部基本病变　镜下观察：组织细胞坏死形态学上的变化包括细胞核、细胞质和间质的变化。

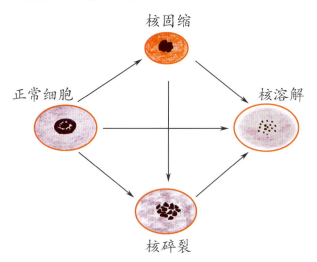

图 2-7　坏死时细胞核的变化

（1）细胞核的变化：细胞核的变化是细胞坏死的形态学标志（图 2-7）。①核固缩：细胞核体积缩小，染色质浓聚，核染色加深，核膜皱缩。②核碎裂：核膜破裂，核染色质崩解为小碎片，分散在胞质中。③核溶解：DNA 酶和蛋白酶激活，水解 DNA 和核蛋白，核染色变淡，甚至完全消失。

（2）细胞质的变化：胞质凝固，嗜酸性增强呈深红色，最终细胞膜溶解消失。

（3）间质的变化：胶原纤维肿胀、断裂、崩解，基质逐渐崩解液化，最后与崩解的细胞质融合成片状模糊的无结构物质。

通常坏死发生数小时后，才会出现上述病理改变。坏死早期或坏死组织范围较小时，肉眼是难以辨认的，但临床上将这种确实已经失去存活能力的组织，称为失活组织，须及时将其清除，以防止感染，才能愈合。失活组织肉眼观察：外观浑浊无光泽，组织弹性差，回缩不良，无血管搏动，切开后无新鲜血液流出，局部温度降低，丧失正常的感觉、运动功能等。

3. 坏死的类型　根据坏死的原因、发生条件及坏死组织的形态学变化，可将坏死分为以下几种类型：

（1）凝固性坏死：凝固性坏死多见于蛋白质含量丰富的实质性器官，如心、脾、肾等。坏死组织在蛋白凝固酶作用下，迅速发生凝固，形成固体状坏死物。肉眼观察：坏死区呈灰白或灰黄色，质实干燥，与周围组织分界清楚。镜下观察：坏死组织的细胞微细结构消失，但组织结构轮廓尚存，坏死组织周围形成炎症反应，有充血出血带。

干酪样坏死是由结核分枝杆菌引起的一种特殊类型的凝固性坏死。病灶中含脂质较多，微黄色，质地松软，状似奶酪，故称为干酪样坏死。肉眼观察：坏死组织呈颗粒状，颜色灰白或淡黄，质地松软、细腻（图 2-8）。镜下观察：坏

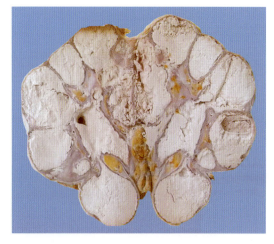

图 2-8　肾结核——干酪样坏死

死组织彻底崩解,不见原组织轮廓,呈一片红染无结构的颗粒状物质。

(2)液化性坏死:液化性坏死常见于蛋白质含量少、水和磷脂含量丰富或富含中性粒细胞的病灶中,如脑、脊髓等。坏死组织在蛋白水解酶作用下,迅速溶解液化,形成液态状坏死物或形成坏死腔。脑组织坏死后,溶解液化形成半流体状坏死物,称为脑软化。脓肿局部渗出的大量中性粒细胞崩解时,可释放蛋白水解酶,使坏死组织溶解液化,形成液态状坏死物,即脓液,故脓肿属于液化性坏死。

(3)坏疽:坏疽指较大范围的组织坏死,继发腐败菌的感染,使坏死组织呈现黑色或污秽绿色的一类特殊形态学变化。坏死组织被腐败菌分解,产生硫化氢气体,有臭味,其与血红蛋白分解的二价铁离子结合,形成黑色的不溶于水的硫化亚铁,沉淀于坏死组织中,使坏死组织呈现黑色的特殊颜色改变。坏疽分为干性坏疽、湿性坏疽和气性坏疽三种类型,各类型的形成原因、好发部位、病变特点及影响结局见表2-1。

表2-1 三种坏疽的比较

区别点	干性坏疽	湿性坏疽	气性坏疽
好发部位	四肢末端,多见于手、足	与外界相通的内脏,如肺、肠、子宫、阑尾	肌肉深部,开放性创伤
发生条件	动脉阻塞、静脉通畅	动、静脉均受阻	合并厌氧菌感染
病变特点	干燥、皱缩、黑色,边界清楚	湿润肿胀、污黑或暗绿,边界不清,有恶臭	肿胀、蜂窝状,按压气泡冒出边界不清,恶臭,按之有捻发感
影响结局	进展缓慢,中毒症状轻	感染严重,全身中毒症状较重,预后较差	全身中毒症状重,病变发展迅速,多因中毒性休克而死亡

1)干性坏疽:干性坏疽常见于动脉阻塞而静脉回流尚通畅的四肢末端,因水分蒸发,故坏疽局部干燥皱缩呈黑色,与正常组织分界清楚。因局部干燥,不利于腐败菌生长繁殖,故病情进展慢,全身中毒症状轻(图2-9)。

图2-9 足干性坏疽

糖 尿 病 足

糖尿病足是糖尿病慢性并发症之一。患者因周围神经病变、外周血管疾病及过高的机械压力,引起足部软组织及骨关节系统的破坏与畸形,导致下肢感染、溃疡形成。主要临床表现为足部溃疡和坏疽,严重者需要截肢,是糖尿病致残的主要原因之一。

护理原则:治疗原发病,控制血糖;抗感染;促进局部伤口处肉芽组织生长,加速创伤愈合。

2)湿性坏疽:湿性坏疽常发生于与外界相通的器官,如肺、肠、子宫、阑尾及胆囊等;也可发生于动脉阻塞且静脉回流受阻的肢体。坏疽局部水分较多,易于腐败菌生长、繁殖,故局部组织肿胀、呈污黑或暗绿色,与周围正常组织分界不清楚。腐败菌分解坏死组织,产生吲哚和粪臭素,常有恶臭。病变进展快,全身中毒症状重。

3)气性坏疽:气性坏疽属于湿性坏疽的特殊类型;常见于深达肌肉的开放性创伤,合并厌氧菌感染。厌氧菌分解坏死组织产生大量硫化氢气体,致局部肿胀,呈蜂窝状,暗棕色,有恶臭,按之有捻发感。患者可出现严重的中毒性休克,甚至死亡。

4.坏死组织的结局

(1)溶解吸收:较小坏死灶,在中性粒细胞及崩解细胞释放的蛋白水解酶作用下溶解、液化,经淋巴管或血管吸收,碎片由巨噬细胞吞噬消化。

(2)分离排出:坏死灶较大不易被完全溶解吸收时,坏死组织可被分离排出。皮肤或黏膜的坏死组织脱落,形成局部缺损,表浅的称为糜烂,较深的称为溃疡。深部坏死组织坏死脱落,经自然管道排出后,在原部位形成的空腔,称为空洞。如肺、肾等内脏器官的组织坏死脱落后,可经相应管道(气管、输尿管)排出体外,在肺、肾等内脏器官形成空洞。

(3)机化与包裹:由新生肉芽组织长入并取代坏死组织、血栓、血凝块、异物等的过程,称为机化。坏死组织范围较大,肉芽组织难以向中心部完全长入或取代,则由周围新生的肉芽组织将其包绕,称为包裹。机化和包裹的肉芽组织最终可形成纤维瘢痕。

(4)钙化:指陈旧的坏死组织中钙盐的沉积。

(二)细胞凋亡

凋亡是细胞死亡的另外一种形式,指活体内局部组织或器官内单个细胞的程序性死亡。

凋亡多见于生理情况下,也可见于病理情况下。凋亡是单个细胞与周围细胞分离,形成凋亡小体,凋亡细胞的细胞膜不破裂,不引起细胞自溶及周围组织炎症反应。凋亡在胚胎发育、细胞新老交替、生理退化、炎症、肿瘤及自身免疫性疾病中,都发挥着重要作用。

第三节　组织细胞的修复

修复(repair)指组织细胞损伤缺损后,由周围健康组织细胞进行修补恢复的过程。修复方式包括再生和纤维性修复两种。

一、再　　生

（一）再生的概念及类型

组织细胞损伤后，由周围健康的同种细胞通过分裂增殖来完成修复的过程，称为再生（regeneration）。再生分为生理性再生和病理性再生。生理性再生是在生理过程中，某些组织细胞不断衰老、死亡，由新生的同种细胞补充，以保持原有的结构和功能，如表皮、血细胞、子宫内膜的更新。病理性再生是在病理状态下，组织细胞损伤后发生的再生。

（二）各种组织的再生能力

机体各种组织细胞的再生能力是不同的。一般来说，分化低的幼稚组织细胞比分化高的组织细胞再生能力强；平常易受损伤的组织细胞及生理状态下经常更新的组织细胞再生能力强。再生按再生能力不同一般分为以下三类：

1. 不稳定细胞（labile cell）　不稳定细胞又称为持续分裂细胞，是再生能力很强的细胞。如表皮细胞、呼吸道和消化道黏膜上皮细胞、淋巴及造血细胞等。

2. 稳定细胞（stable cell）　稳定细胞又称为静止细胞，是具有潜在再生能力的细胞。在人体生长发育到一定阶段时，这些细胞再生能力不明显，当其受到损伤刺激后，细胞从静止期进入增殖期，表现出一定的再生能力。各种腺体或腺器官的实质细胞，如肝、胰、内分泌腺、肾小管上皮细胞等；还包括原始的间叶细胞及其衍生出来的各种细胞，如骨细胞、成纤维细胞等，损伤后可表现出较强的再生能力。而平滑肌细胞、软骨细胞也属于稳定细胞，但其损伤后再生能力较弱。

3. 永久性细胞（permanent cell）　永久性细胞又称为非分裂细胞，是几乎没有再生能力的细胞。一旦损伤后很难再生，如神经细胞、骨骼肌细胞及心肌细胞。

（三）各种组织的再生过程

1. 上皮组织的再生　鳞状上皮缺损后，由创缘或底部基底层细胞分裂增生，形成单层上皮覆盖，以后再增生分化成鳞状上皮。黏膜（如胃肠黏膜）上皮缺损后，由邻近的基底部细胞分裂增生来修补。腺上皮损伤后，再生情况因损伤程度而异。如果基底膜完整，可由残存细胞完全再生修复；如腺体结构被完全破坏，腺上皮细胞可完全再生，但腺体结构难以恢复正常。

2. 血管的再生

（1）毛细血管的再生：以生芽的方式来完成。先由内皮细胞分裂增生形成突起的幼芽，幼芽处的细胞不断增生、延长形成一条实心的细胞索，细胞索在血流的冲击下逐渐出现管腔，形成新生的毛细血管，以后彼此吻合构成毛细血管网（图 2-10）。为适应功能的需要，这些毛细血管不断改建，有的管壁逐渐增厚发展为小动脉、小静脉。

（2）大血管的修复：大血管断裂后通常需要手术吻合。吻合后两端的内皮细胞分裂增生，互相连接，恢复原来的内皮细胞结构。离断血管的肌层则由肉芽组织增生连接，形成瘢痕修复。

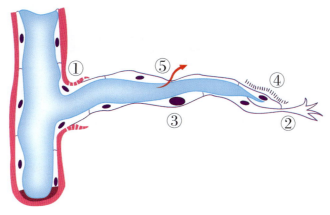

①基底膜溶解；②细胞移动和趋化；③细胞增生；
④细胞管腔形成、成熟及生长抑制；⑤细胞间通透性增加。

图 2-10　毛细血管再生模式图

3. 纤维组织的再生　在损伤的刺激下,受损处静止状态的纤维细胞和原始间叶细胞转变为成纤维细胞,成纤维细胞再进行分裂、增生,并逐渐成熟转变为纤维细胞,同时合成胶原纤维。

4. 神经组织的再生　脑和脊髓的神经细胞坏死后不能再生,由神经胶质细胞及其纤维修补,形成胶质瘢痕。神经纤维受损时,如与之相连的神经细胞依然存活,则可完全再生。首先,断处远侧端的神经纤维髓鞘及轴突全部崩解,并被吸收;近侧端的部分神经纤维也发生同样变化。然后,由两断端的神经鞘细胞增生,形成带状的鞘细胞,将断端连接。近端轴突以约 1mm/d 的速度逐渐向远端生长,穿过神经鞘细胞带,最后达到末梢鞘细胞,鞘细胞产生髓磷脂将轴索包绕形成髓鞘(图 2-11)。此再生过程常需数月以上才能完成。

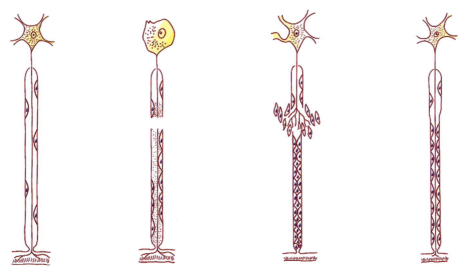

正常神经纤维　　神经纤维断离,远端　　神经鞘细胞增生,　　神经轴突达末端,
　　　　　　　　及近端的一部分髓鞘　　轴突生长　　　　　多余部分消失
　　　　　　　　及轴突崩解

图 2-11　神经纤维再生模式图

二、纤维性修复

机体通过肉芽组织增生并转化为瘢痕组织来完成的修复，称为纤维性修复（fibrous repair）。因最终形成瘢痕组织，又称为瘢痕修复（scar regeneration）。

（一）肉芽组织

肉芽组织（granulation tissue）是由新生的毛细血管和成纤维细胞组成的幼稚纤维结缔组织，其中含有多少不等的炎症细胞。

1. 肉芽组织的形态特点　肉眼观察：健康的肉芽组织表面呈鲜红色，颗粒状，柔软湿润，触之易出血，形似鲜嫩的肉芽，故而得名。镜下观察：①由大量增生的内皮细胞形成的实性细胞索及扩张的毛细血管，与创面垂直生长，在接近创面处毛细血管互相吻合形成襻状弯曲。②毛细血管周围有许多新生的成纤维细胞，呈圆形、椭圆形、短梭形或不规则形，核呈圆形、椭圆形，可见1~2个小核仁，胞质丰富淡染，有突起。③有多少不等的炎症细胞（图2-12）。

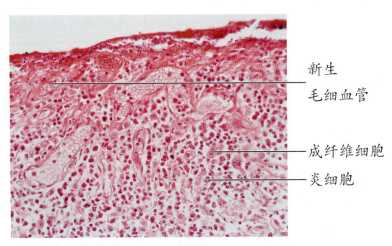

图2-12　肉芽组织

（图中标注：新生毛细血管、成纤维细胞、炎细胞）

生长不良或伴发感染的肉芽组织呈苍白或淡红色，水肿明显，表面颗粒不明显，松弛无弹性，触之不易出血，这种肉芽组织称为不健康肉芽组织，其生长缓慢，影响伤口愈合，需及时手术清除。

2. 肉芽组织的功能　肉芽组织在创伤愈合中非常重要。其主要功能：①抗感染保护创面。②填补伤口及缺损。③机化或包裹坏死组织、血栓、血凝块及其他异物等。

3. 肉芽组织的结局　肉芽组织形成后，1~2周逐渐成熟为瘢痕组织，其主要形态特点：间质水肿液逐渐吸收减少，炎症细胞逐渐减少并消失，毛细血管管腔闭塞，部分改建为小动脉或小静脉，成纤维细胞成熟为纤维细胞，并合成大量胶原纤维，形成瘢痕组织。随后，瘢痕组织内的胶原纤维可发生玻璃样变性。

（二）瘢痕组织

瘢痕（scar）组织是由肉芽组织成熟形成的纤维结缔组织。肉眼观察：局部呈苍白或灰白半透明，质地坚韧，缺乏弹性。镜下观察：由大量均质红染、致密的平行或交错分布的胶原纤维束构成。瘢痕组织对机体有利的一面：①把伤口或缺损填补并连接起来，维持组织器官的完整性。②其抗拉力比肉芽组织明显增强，一定程度能保持组织器官的牢固性。对机体不利的一面：①瘢痕收缩与粘连，引起器官变形及功能障碍，如十二指肠溃疡瘢痕可引起幽门梗阻。②瘢痕组织过度增生，若突出于体表并向周围不规则扩延称为瘢痕疙瘩。

三、创 伤 愈 合

创伤愈合（wound healing）指由外力作用引起组织出现离断或缺损后的愈合过程，包括细胞再生、肉芽组织增生和瘢痕形成的复杂过程。

（一）皮肤创伤愈合

1. 愈合的基本过程

（1）伤口局部炎症反应：伤口局部有不同程度的组织坏死和血管断裂出血，数小时内便出现炎症反应，局部红肿。

（2）伤口收缩：自损伤后第二日开始，创缘皮肤及皮下组织向中心移动，使伤口缩小，便于伤口愈合。

（3）肉芽组织增生和瘢痕形成：损伤后第二日，自伤口底部及边缘长出肉芽组织，填平伤口，肉芽组织自底部向表面成熟，形成瘢痕组织。

（4）表皮及其他组织再生：填平伤口后24h内，伤口边缘的基底细胞分裂增生，形成单层上皮，覆盖于肉芽组织表面，最终增生、分化为鳞状上皮。若伤口过大，再生表皮难以将伤口完全覆盖时，则需植皮。

2. 愈合的类型　根据损伤程度及有无感染，皮肤创伤愈合分为以下三种类型。

（1）一期愈合：一期愈合指组织缺损少、创缘整齐，对合严密，无感染。伤口只有少量血凝块，炎症反应轻微；愈合时间短；瘢痕小，如手术室无菌手术切口的愈合（图2-13）。

（2）二期愈合：二期愈合指组织缺损大，创缘不整齐，对合不严密，或伴有感染和异物的伤口。愈合的条件：由于坏死组织多，局部炎症反应明显，只有当感染被控制、坏死组织被彻底清除后，伤口才能愈合；且愈合时间较长，瘢痕大（图2-14）。

（3）痂下愈合：痂下愈合指皮肤的浅表擦伤，并伴有少量出血或血浆渗出。愈合的特点是伤口表面少量出血、炎性渗出物、坏死脱落的表皮、细菌等形成灰褐色结痂，覆盖于创面，创伤愈合在痂下进行，表皮再生完成后结痂可自行脱落。

（二）骨折愈合

骨组织属于稳定细胞，损伤后有较强的再生能力。骨折愈合的好坏、时间长短，与骨折的部位、性质、年龄、错位的程度等因素有关。一般来说，骨折后经过良好的复位、固定，几个月内便可完全愈合。骨折愈合过程分为四个阶段（图2-15）。

1. 血肿形成　骨折后1~2d，在骨折断端局部大量出血，形成血肿，数小时后血肿发生凝固，暂时黏合骨折断端。

2. 纤维性骨痂形成　自骨折后2~3d，骨外膜和骨内膜处的骨膜细胞、肉芽组织增生逐渐长入并取代血肿，此即血肿机化，2~3周，肉芽组织成熟变成瘢痕组织，形成纤维

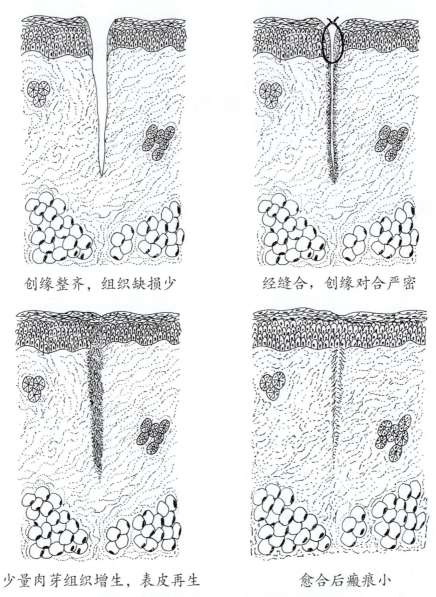

创缘整齐，组织缺损少　　　　　经缝合，创缘对合严密

少量肉芽组织增生，表皮再生　　　愈合后瘢痕小

图 2-13　皮肤创伤一期愈合模式图

性骨痂。因不牢固，无负重能力，又称为暂时性骨痂。

3. 骨性骨痂形成　骨折后第 3 周开始，纤维性骨痂内的骨母细胞成熟形成骨细胞，并分泌大量骨基质形成类骨组织，称为骨样骨痂形成，骨样骨痂可将骨折的断端较牢固地连接在一起，但因骨样骨痂内尚无钙盐沉积，故此时仍无负重能力。随着时间的延长，类骨组织内逐渐出现钙盐沉积，转变为编织骨，形成骨性骨痂。此时两断端已牢固结合，并有了负重能力。此阶段需 2~3 个月。

4. 骨痂改建或再塑　随着负重受力、适应运动，骨性骨痂逐渐改建为成熟的板层骨，皮质骨和骨髓腔的正常关系以及骨小梁的正常排列结构也重新恢复。此阶段约需几个月，甚至 1~2.5 年才能完成。

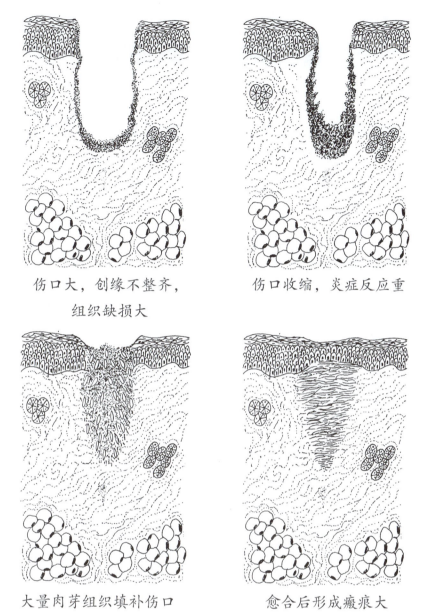

伤口大，创缘不整齐，　　　　伤口收缩，炎症反应重
　　组织缺损大

大量肉芽组织填补伤口　　　　愈合后形成瘢痕大

图 2-14　皮肤创伤二期愈合模式图

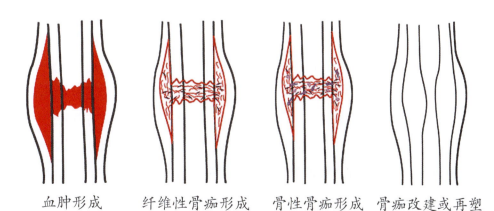

血肿形成　　纤维性骨痂形成　　骨性骨痂形成　　骨痂改建或再塑

图 2-15　骨折愈合过程模式图

四、影响创伤愈合的因素

（一）全身因素

1. 年龄　儿童、青少年的组织再生能力强，愈合快；老年人组织再生能力差，愈合慢。愈合慢与血管硬化、血液供应不足和代谢减弱等有关。

2. 营养　严重的蛋白质缺乏，尤其是含硫氨基酸（如甲硫氨酸、胱氨酸）缺乏时，肉芽组织及胶原形成不良，伤口愈合延缓。维生素C缺乏时胶原纤维难以形成，伤口愈合延迟。锌对创伤愈合有重要作用，手术后伤口愈合迟缓的患者，皮肤中锌的含量大多比愈合良好的患者低，因此补锌能促进伤口愈合。

3. 药物　如肾上腺皮质激素能抑制炎症反应、肉芽组织增生和胶原形成，使伤口愈合延缓。

（二）局部因素

1. 感染　感染对再生修复的影响甚大。许多化脓菌可产生毒素和酶，能引起组织坏死，溶解基质或胶原纤维，加重局部损伤，不利愈合。伤口感染时，渗出物可增加伤口张力，使正在愈合的伤口或已缝合的伤口裂开。因此感染伤口，不能缝合，应及早引流。

2. 异物　坏死组织及其他异物既妨碍愈合又易于感染。临床上对于创面较大、存有坏死组织或异物的伤口，且尚未发生明显感染时，应施行清创术，予以清除坏死组织及异物。

3. 局部血液循环　局部血液循环良好时，保证了组织再生所需的氧和营养，及时吸收坏死物质及渗出物，组织再生修复较为理想；反之，可使伤口愈合延缓。如伤口包扎过紧、缝合过紧或局部血管有动脉粥样硬化、静脉曲张等病变时，均可延迟愈合。

4. 神经支配　神经损伤引起所支配的局部组织神经性营养不良，影响再生。如麻风引起的溃疡不易愈合是神经受累的缘故。临床上清创时，应注意避免伤及神经，对有神经损伤的伤口，需进行缝合处理，促进神经纤维再生。

5. 电离辐射　电离辐射能破坏细胞，损伤小血管，抑制组织再生，影响创伤愈合。

章末小结　本章主要讲授了组织细胞的适应、损伤与修复。适应是机体组织细胞应对体内外环境的刺激，主动调整自身代谢、功能和形态的过程，表现为萎缩、肥大、增生及化生。其中化生的概念、类型及意义是本章的重点教学内容。如果刺激超过机体的代偿能力，就会导致损伤性变化。损伤包括可逆性损伤和不可逆性损伤。常见的变性有细胞水肿、脂肪变性、玻璃样变性等。细胞死亡分为坏死和凋亡两类。细胞核的改变是细胞坏死的主要形态学标志，表现为核固缩、核碎裂、核溶解。常见的坏死类型有凝固性坏死、液化性坏死、坏疽等。其中变性的概念、类型及各型病变特点，坏死局部基本病变、类型、结局是本章的重点教学内容。当组织细胞损伤缺损时,机体可通过组织细胞再生和纤维组织增生来完成修复。纤维性修复的基础是肉芽组织。肉芽组织具有抗感染保护创面、填补伤口及缺损、机化或包裹坏死组织、血栓、血凝块及其他异物的功能。创伤愈合就是通过各种组织再生、肉芽组织增生和瘢痕形成进行修复的。创伤愈合主要讲述了皮肤创伤愈合和骨折愈合。其中各种组织的再生能力,肉芽组织的概念、形态结构及功能,皮肤创伤愈合的类型,骨折愈合的过程是本章的重点教学内容。其他内容如各种组织再生过程、瘢痕组织的形态及影响、皮肤创伤愈合的过程、影响再生及创伤愈合的因素为熟悉或了解内容。

(夏慧慧)

 思考与练习

一、简答题

1. 简述化生的概念、类型及意义。

2. 简述变性的概念、常见类型及各型病变特点。

3. 简述坏死局部的基本病变、类型及坏死的结局。

4. 描述肉芽组织的概念、形态结构及其功能。

5. 简述皮肤创伤愈合的类型及各型特点。

6. 简述骨折愈合的过程。

二、案例分析题

1. 患者,女,65 岁,原发性高血压史 10 年。3d 前,患者感到心慌、胸闷来就诊。查体:体温 36.9℃,脉搏 76 次 /min,呼吸 18 次 /min,血压 160/100mmHg,左心界扩张。B 超显示左心室壁增厚,心功能正常。临床诊断:原发性高血压、高血压性心脏病。

请思考:

(1)左心室壁增厚属于哪种适应性变化?

(2)引起左心室壁增厚的原因是什么?

2. 患者,男,66 岁,糖尿病史 10 年,患者自述口服消渴丸,一次 5 粒,3 次 /d,规律用药;1 个月前感觉左脚脚趾发凉,温度下降,趾端干枯,麻木刺痛或感觉丧失;近日部分皮肤变黑坏死。来院就诊:主诉口渴、乏力。查空腹血糖 13.7mmol/L。

请思考:

(1)患者左脚部分皮肤变黑属于何种病理变化?

(2)发生此种病理变化的原因是什么?

第三章 ｜ 局部血液循环障碍

03章 数字内容

学习目标

1. 具有严肃认真的工作态度和关心、关爱、体贴患者的情怀。
2. 掌握淤血、血栓形成、栓塞、梗死的概念；淤血的原因、病变及后果；血栓的形成因素、结局；栓塞的类型及对机体的影响；梗死的类型及各型病变特点。
3. 熟悉出血、内出血、外出血的概念；出血的类型、原因及病变；血栓形成对机体的影响；栓子的运行途径及栓塞部位；梗死的原因、条件及对机体的影响。
4. 了解动脉性充血的原因、病变及后果；血栓形成的过程及类型。
5. 能应用局部血液循环障碍病理知识解释和分析相关疾病的临床表现。

 工作情景与任务

导入情景

患者，男，42岁。因皮肤大面积烧伤入院。住院期间从左侧股静脉反复多次输血、输液，历时42d。虽经积极抢救，终因治疗无效而死亡。

尸体解剖检查发现：死者左侧股静脉内查见一暗红色血块状物，长约5.5cm，直径约1.2cm。右侧肺组织内查见大小约2.2cm×1.9cm×1.6cm的近锥体形、暗红色病变区。

工作任务：

1. 患者左侧股静脉内暗红色血块状物是什么？如何形成的？
2. 右肺组织内近锥体形、暗红色区是何种病变？怎样形成的？

机体的血液循环障碍可分为全身性和局部性两大类。全身性血液循环障碍是由整个心血管系统结构和功能异常所致,常见于心力衰竭、休克等。局部血液循环障碍包括:①局部血管内血液含量改变引起的充血和缺血。②局部血管壁通透性增高引起的水肿、出血。③局部血管内血液性状改变引起的血栓形成和栓塞。④局部血管阻塞,血流中断引起的梗死。

第一节 充 血

一、充血的概念

机体局部组织或器官的血管内血液含量增多的状态,称为充血(hyperemia)。

二、充血的类型

充血可分为动脉性充血和静脉性充血(图3-1)。

正常　　　　　　　充血　　　　　　　淤血

图 3-1　正常与充血、淤血比较模式图

(一)动脉性充血

由于动脉血输入增多,导致局部组织或器官的血管内动脉血含量增多的状态,称为动脉性充血(arterial hyperemia),一般简称为充血。

1. 原因　动脉性充血多由小动脉扩张所致。当小动脉管壁上交感舒血管神经兴奋性增高或局部体液中舒血管物质(如K^+、血管活性胺等)增多,均可导致小动脉扩张,输入动脉血增多,形成动脉性充血。

2. 病理变化　肉眼观察:充血组织或器官体积增大,颜色鲜红,触之局部温度增高,代谢加快,功能增强。镜下观察:局部组织或器官的小动脉和毛细血管扩张,其内充满红细胞。

3. 影响及后果　动脉性充血多为暂时性的血管反应,原因消除后即可恢复正常,对机体影响不大。但在少数情况下,如在原发性高血压或动脉粥样硬化等疾病的基础上,发生动脉性充血,可导致动脉管壁破裂出血,引起大失血等严重后果。

4. 常见类型　动脉性充血既可见于生理状态下,也可见于病理状态下。

(1)生理性充血:生理性充血指组织或器官在生理状态下,为适应生理功能和代谢需要而发生的充血。如发生争吵时面红耳赤；运动时骨骼肌和饭后胃肠道的反应等。

（2）病理性充血：病理性充血指在某些病理状态下，引起的动脉性出血。

1）炎性充血：炎性充血较常见，指炎症早期，在某些致炎因子和炎症介质的作用下，引起舒血管神经兴奋增高和血管活性物质释放增多，使局部小动脉扩张，形成炎性充血，致炎症局部呈鲜红色。

2）减压后充血：减压后充血指组织或器官长期受压，局部小血管张力降低，当压力突然解除，受压的小动脉反射性扩张，引起的动脉性充血。如绷带包扎过紧或腹水、腹腔内巨大肿瘤长期压迫腹腔内器官，若突然解除绷带或一次性大量快速放腹水或摘除腹腔巨大肿瘤，因局部压力突然解除，可反射性引起受压组织或器官的小动脉扩张，形成动脉性充血。

3）侧支性充血：侧支性充血指当某一动脉发生堵塞或受压狭窄时，局部血液循环受阻，缺血组织周围的动脉吻合支发生扩张充血，通过建立侧支循环以补偿局部的供血不足。

（二）静脉性充血

1. 概念　由于静脉血回流受阻，血液淤积于小静脉和毛细血管内，导致局部组织或器官的血管内静脉血含量增多的状态，称为静脉性充血，简称为淤血（congestion）。

2. 原因

（1）静脉管腔阻塞：静脉管腔阻塞多见于静脉炎、静脉内血栓形成或栓塞时，由于静脉管腔狭窄或闭塞，导致静脉血回流受阻，引起淤血。

（2）静脉管壁受压：由于静脉管壁薄，当受到外力压迫时，可致管腔狭窄或闭塞，导致静脉血回流受阻，引起淤血。如肿瘤压迫局部静脉，引起周围组织淤血；妊娠时增大的子宫压迫髂总静脉，引起下肢淤血水肿；嵌顿疝、肠套叠、肠扭转时，压迫肠系膜静脉引起局部肠管淤血；过紧的绷带、止血带压迫局部静脉，引起相应部位淤血水肿。

（3）心力衰竭：如原发性高血压后期、风湿性心脏病、心肌梗死等引起左心衰竭时，由于肺静脉回流受阻，引起肺淤血；如各种慢性阻塞性肺疾病等，引起慢性肺源性心脏病，导致右心衰竭时，由于体循环静脉回流受阻，造成体循环静脉淤血，常表现为肝、脾、肾、胃肠道及双下肢淤血；全心衰竭时，肺循环和体循环都可发生淤血。

3. 病理变化　肉眼观察：淤血的组织和器官体积增大、重量增加，被膜紧张，颜色呈暗红或紫红色，切面湿润多血。淤血的组织或器官代谢减慢，产热减少，局部温度降低，功能减弱。皮肤黏膜淤血，因血液中的氧合血红蛋白减少而还原血红蛋白含量增加，可致局部皮肤黏膜呈紫蓝色，称为发绀（cyanosis）。镜下观察：淤血组织或器官的小静脉和毛细血管扩张，其内充满红细胞。

4. 影响及结局　淤血对机体的影响取决于淤血的部位、范围、程度和持续时间。短暂轻度淤血,对机体影响不大。长期严重淤血对机体影响较大。主要表现为:①淤血性水肿和出血。因长期严重淤血缺氧,使毛细血管内流体静压增高及管壁损伤通透性增加,血浆液体漏出血管外,形成淤血性水肿。严重时红细胞漏出血管外,形成淤血性出血。②组织细胞损伤。因淤血缺氧和营养供应不足,以及代谢产物的堆积,实质细胞可发生萎缩、变性,甚至坏死、消失。③淤血性硬化。长期慢性淤血,间质纤维组织增生,网状纤维胶原化,致淤血的组织、器官质地变硬,形成淤血性硬化。

5. 重要器官淤血

(1)慢性肺淤血:慢性肺淤血多见于左心衰竭时。主要临床表现为呼吸困难、缺氧、发绀,咳粉红色泡沫痰等。

肉眼观察:肺体积增大,重量增加,被膜紧张,边缘变钝,颜色暗红,质地变实,切割或挤压时可见有泡沫状液体溢出,溢出的泡沫状液体颜色与肺泡腔内漏出的红细胞数量有关。长期慢性肺淤血,肺间质纤维组织增生,大量含铁血黄素沉积,使肺组织质地变硬,颜色呈棕褐色,称为肺褐色硬化。镜下观察:①肺泡壁毛细血管和小静脉扩张,其内充满红细胞。②肺泡腔内见有多少不等的水肿液和红细胞漏出。③肺泡腔内的巨噬细胞吞噬红细胞后,可将血红蛋白分解形成含铁血黄色(棕黄-棕褐色),这种吞噬含铁血黄素颗粒的巨噬细胞,称为心衰细胞(图3-2)。

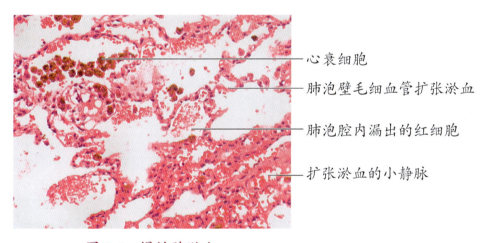

图3-2　慢性肺淤血

(2)慢性肝淤血:慢性肝淤血常见于右心衰竭时,由于体循环静脉回流受阻,引起肝淤血。主要临床表现为肝大,肝区疼痛或压痛。

肉眼观察:肝体积增大,重量增加,被膜紧张,肝表面及切面呈红(淤血区)黄(脂肪变性区)相间的花纹,似槟榔,称为槟榔肝。镜下观察:①小叶中央静脉和肝窦(中央区肝窦)扩张,其内充满红细胞。②小叶中央区肝细胞因扩张肝窦挤压和淤血缺氧严重,发生萎缩、变性、坏死消失;小叶周边区肝细胞因淤血程度轻,故可发生脂肪变性。③长期严重肝淤血可引起肝内间质纤维结缔组织增生,最终导致淤血性肝硬化(图3-3)。

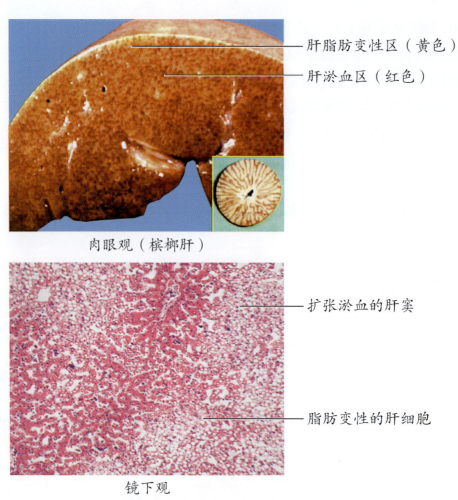

肝脂肪变性区（黄色）

肝淤血区（红色）

肉眼观（槟榔肝）

扩张淤血的肝窦

脂肪变性的肝细胞

镜下观

图 3-3　慢性肝淤血

第二节　出　血

一、出血的概念

血液自心腔或血管腔外出，到达组织间、体腔、体表的过程，称为出血（hemorrhage）。其中血液外出，到达组织间、体腔的称为内出血。到达体表的称为外出血。

二、出血的原因及类型

按出血的原因和机制不同，可将出血分为以下两种类型。

（一）破裂性出血

破裂性出血是由于心脏或血管壁破裂所致，一般出血量较多，对机体影响严重。常见原因：

1. 心脏破裂　心脏破裂如大面积心肌梗死、室壁瘤、刺刀伤、子弹伤等，均可致心脏破裂。

2. 动脉管壁破裂　动脉管壁破裂如动脉粥样硬化、动脉瘤、恶性肿瘤和消化性溃疡侵蚀血管壁等，均可导致动脉管壁破裂。

3. 静脉管壁破裂　静脉管壁破裂常见于肝硬化时食管下段静脉丛曲张，破裂出血。

4. 毛细血管破裂　毛细血管破裂多见于皮肤、黏膜表浅的机械性损伤。

（二）漏出性出血

漏出性出血指由于微血管壁通透性增高，血液从扩大的内皮细胞间隙和受损的基底膜漏出血管外。一般出血量较少，对机体影响较小。常见原因：

1. 血管壁损伤　血管壁损伤是较常见的原因。如缺氧、感染、中毒等因素，引起的血管壁受损，通透性增高；维生素 C 缺乏时，毛细血管脆性和通透性增加；过敏性紫癜时，免疫复合物沉着于血管壁引起变态反应性血管炎，致血管壁通透性增高。

2. 血小板减少或功能障碍　血小板数量和质量是维持血液黏滞度的重要因素。当血小板数量明显减少或功能障碍时，均可导致血液黏滞度降低，引起漏出性出血。如再生障碍性贫血、白血病、骨髓内广泛性肿瘤转移等，均可使血小板生成减少；原发性或继发性血小板减少性紫癜、弥散性血管内凝血（disseminated intravascular coagulation，DIC）等，均可使血小板破坏或消耗过多；细菌的内、外毒素也有破坏血小板的作用。当血小板数目明显减少时，即有出血倾向，易形成漏出性出血。

3. 凝血因子缺乏　如凝血因子Ⅷ（血友病 A）、Ⅸ（血友病 B）、纤维蛋白原及凝血酶原等因子的先天性缺乏；肝脏疾病如肝炎、肝硬化、肝癌时，凝血因子Ⅷ、凝血因子Ⅸ、凝血因子Ⅹ合成减少；DIC 时凝血因子消耗过多等，均可引起漏出性出血。

三、出血的病理变化

（一）内出血

血液积聚于体腔内称为体腔积血，如心包积血、胸腔积血、腹腔积血。在组织内局限性大量出血，称为血肿，如硬脑膜下血肿、皮下血肿、腹膜后血肿等。

（二）外出血

鼻黏膜出血时，血液自鼻腔流出体外称为鼻出血；呼吸道出血经口排出体外称为咯血，如肺结核空洞或支气管扩张症等出血；消化道出血经口排出体外称为呕血，如消化性溃疡或食管静脉丛曲张破裂等出血；消化道出血经肛门排出体外称为便血，如结直肠癌、痔疮等出血；尿道出血经尿排出体外称为尿血；皮肤、黏膜的出血称为瘀点（直径 1～2mm）、瘀斑（直径超过 2mm）或紫癜（直径 3～5mm）。

四、出血的后果及影响

出血对机体的影响取决于出血的类型、出血量、出血速度和出血部位。漏出性出血：

出血速度缓慢，出血量少，一般不会引起严重后果；若漏出性出血较广泛时，如肝硬化门静脉高压，引起胃肠道黏膜广泛性出血时，也可导致失血性休克。破裂性出血：出血迅速，出血量大，对机体影响严重，若在短时间内丧失循环血量的 20%～25%，即可导致失血性休克。发生于生命重要部位的出血，即使出血量不多，也可引起严重的后果，如心脏破裂出血、脑出血（尤其是脑干出血）均可导致死亡。局部组织或器官的出血，可导致相应组织或器官的功能障碍，如视网膜出血可引起视力减退或失明；慢性反复性出血可引起贫血。

第三节 血 栓 形 成

一、血栓形成的概念

在活体心血管内，血液成分发生析出、凝固，形成固体质块的过程，称为血栓形成（thrombosis）。在此过程中所形成的固体质块，称为血栓。

二、血栓形成的因素和机制

生理状态下，血液在心血管这个密闭系统内，周而复始地循环着。这种循环的维持需要有完整的心血管内皮细胞、正常的血流状态、正常的凝血和抗凝血系统。血液中的凝血系统和抗凝血系统功能是处于动态平衡的，一旦平衡被破坏，均可引起凝血反应而形成血栓。

（一）心血管内皮细胞的损伤

心血管内皮细胞的损伤是血栓形成最重要、最基本的原因。在病理情况下，如心肌梗死、动脉粥样硬化、创伤性或炎症性的动静脉损伤，以及 DIC 形成等，均可导致心血管内皮细胞损伤。其形成血栓的机制：①损伤局部粗糙，有利于血小板黏附、聚集。②聚集的血小板崩解，释放血栓素 A2 和二磷酸腺苷，促进更多的血小板黏附、聚集，形成血小板小丘、小梁。③内皮损伤脱落，内皮下胶原暴露，可通过表面接触，激活第Ⅻ因子，启动内源性凝血系统，使血液发生凝固，形成血栓。④内皮细胞崩解，释放组织因子（凝血因子Ⅲ），通过启动外源性凝血系统，使血液发生凝固形成血栓。

（二）血流状态的改变

血流状态的改变主要指血流速度减慢和涡流形成。生理状态下，血液中的细胞成分、血小板等有形成分位于血流的中央，称为轴流；而血浆液体位于轴流与血管壁之间，称为边流。轴流与边流的维持需要一定的流速。当血流速度减慢或有涡流形成时，轴流增宽或消失，血小板从轴流进入边流，黏附于内皮损伤处，有利于血栓形成；另外，血流速度减慢还可使局部已黏集的血小板和已激活的凝血因子不易被稀释和带走，有利于血栓的形成。临床上，常见于久病或术后长期卧床、静脉曲张、心力衰竭的患者。

（三）血液凝固性增高

血液凝固性增高指血液中血小板和凝血因子增多，或血液黏滞性增高，或纤维蛋白溶解系统活性降低而导致血液处于高凝状态。血液凝固性增高包括：①外源性凝血物质大量入血，如蛇毒、羊水等，进入人体血液循环，可迅速引起弥散性血管内凝血。②内源性凝血物质大量释放，如大面积烧伤、严重创伤、大手术后、产后大出血、恶性肿瘤广泛转移等，均可使骨髓产生大量新生红细胞和血小板释放入血，使血液黏滞度增高。③血液浓缩，如大面积烧伤、严重创伤、产后大出血等，因体液或血液大量丢失，使血液黏滞度增加。

上述血栓形成的因素可同时存在，共同作用，也可以其中某一个因素为主。如创伤或大手术后静脉内血栓形成：主要与创伤或大手术引起的血管内皮损伤、血液凝固性增高有关，但若创伤或大手术后卧床过久，则该血栓的形成还与长期卧床引起的血流速度减慢有关。

 知识链接

护理工作中应如何避免血栓形成

护理工作中为避免血栓形成应注意以下几个方面：①避免在同一部位反复多次进行静脉输液或穿刺，以防因血管内皮损伤引起血栓形成。②留置针使用时间不宜过长，一般不超过 3～5d，以防因长期使用留置针引起内皮细胞损伤和血流状态改变而形成血栓。③尽量避免长期卧床，对于产后或手术后的患者，在不影响伤口愈合的前提下，应尽早帮助和鼓励患者下床活动。④对于必须长期卧床的患者，应定期翻身、拍背、拍打双下肢，以防血栓形成。⑤定期适当使用适量抗凝剂。

三、血栓形成的过程和类型

（一）形成过程

静脉内血栓形成过程是最复杂、最完整的，其形成过程可分为三个阶段。①起始阶段：血小板析出、黏附并聚集，形成高起内膜的血小板小丘，小丘逐渐增大并呈珊瑚状分支，形成血小板小梁，即静脉内血栓的头部。②延续阶段：血小板小丘、小梁之间，血流速度减慢和涡流形成，凝血酶原被激活形成凝血酶，使纤维蛋白原转化为纤维蛋白，纤维蛋白交织成网，网罗大量血细胞，形成静脉内血栓的体部。③结尾阶段：血栓体积不断增大，阻塞静脉管腔，阻塞部位以下的静脉血液停止流动，血液发生凝固，形成静脉内血栓的尾部（图3-4）。

（二）类型

1. 白色血栓　白色血栓常见于血流速度较快的心瓣膜、心腔内、动脉内及静脉血栓的头部。如风湿性心内膜炎急性期，二尖瓣闭锁缘上形成的灰白色赘生物即为白色血栓。肉眼观察：血栓呈灰白色，质地坚实，小结节状或呈疣状赘生物，与瓣膜或血管壁黏附紧密，不易脱落。镜下观察：主要由血小板和少量纤维蛋白构成。

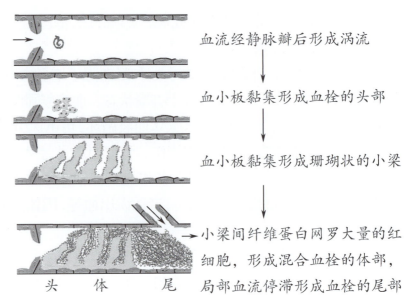

血流经静脉瓣后形成涡流

↓

血小板黏集形成血栓的头部

↓

血小板黏集形成珊瑚状的小梁

↓

小梁间纤维蛋白网罗大量的红细胞，形成混合血栓的体部，局部血流停滞形成血栓的尾部

头　体　尾

图 3-4　静脉内血栓形成示意图

2. 混合血栓　混合血栓多发生在血流缓慢或有涡流形成的静脉内，为静脉内血栓的体部。肉眼观察：血栓呈灰白色（血小板小丘、小梁）和红褐色（纤维蛋白网及网罗的血细胞）层状交替结构，又称为层状血栓。静脉内的混合血栓呈圆柱状，干燥、粗糙，与血管壁粘连（图 3-5）。

髂静脉内粗糙干燥圆柱状血栓，部分区域可见灰白与红褐色相间的条纹

肉眼观

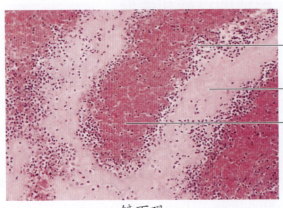

小梁边缘的白细胞

血小板凝集成小梁状

小梁之间血液凝固，充满大量纤维蛋白和红细胞

镜下观

图 3-5　静脉内混合血栓

发生于心腔内、粥样溃疡表面或动脉瘤内的混合血栓，又称为附壁血栓（图3-6）。发生于左心房内的血栓，由于心房的收缩和舒张，致心房内的附壁血栓呈球状。镜下观察：可见淡红色的血小板小梁，小梁边缘附着白细胞，小梁间为纤维蛋白网和充满于网中的红细胞。

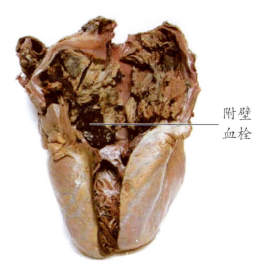

附壁血栓

3. 红色血栓　红色血栓主要见于静脉内，为静脉内血栓的尾部。肉眼观察：新鲜的红色血栓湿润，暗红色，有一定的弹性，与血管壁无粘连。经过一定时间后，红色血栓变得干燥、无弹性、质脆易碎，可脱落引起栓塞。镜下观察：主要成分为纤维蛋白网和红细胞。

图3-6　左心房附壁血栓

4. 透明血栓　透明血栓多见于微血管内，又称为微血栓。肉眼不能识别，只能在显微镜下观察到。镜下观察：由嗜酸性均质透明状的纤维蛋白构成，又称为纤维蛋白性血栓（图3-7）。

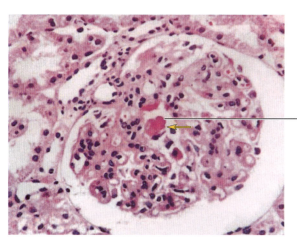

肾小球毛细血管内的均质红染的纤维蛋白性微血栓（黄色箭头所指）

图3-7　透明血栓

四、血栓形成的结局

（一）溶解吸收

新鲜的血栓，可被血栓内激活的纤维蛋白溶解酶和白细胞崩解释放的蛋白溶解酶，逐渐溶解，小的血栓可完全被溶解吸收。

（二）软化脱落

较大的血栓不能完全被溶解吸收，血栓与血管壁附着处软化溶解，在血流的冲击下，部分血栓碎片或整个血栓脱落，成为血栓栓子，随血流运行并阻塞于某个组织或器官的血管内，形成血栓栓塞。

（三）机化再通

1. 血栓机化　血栓形成后，经过一段时间，自血栓附着处的血管壁向血栓内长入新生的肉芽组织，并逐渐取代血栓的过程，称为血栓机化。机化后的血栓与血管壁粘连紧密，不易脱落（图3-8）。

2. 再通　在血栓机化过程中，由于水分被逐渐吸收，血栓干燥收缩，从而在血栓内部或血栓与血管壁之间出现裂隙，由新生的血管内皮细胞长入并覆盖于裂隙表面，形成新的血管腔，使原来阻塞的血管腔重新疏通，恢复血流，这一过程称为再通（图3-8）。

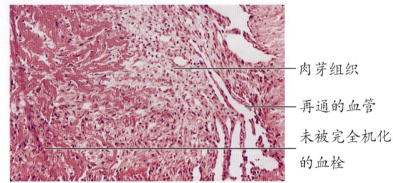

肉芽组织
再通的血管
未被完全机化的血栓

图3-8　血栓机化和再通

（四）钙化

若血栓未能被软化、溶解吸收、又未被完全机化，可发生钙盐沉积，称为钙化，致血栓质地变硬。静脉内血栓钙化称为静脉石，动脉内血栓钙化称为动脉石。

五、血栓形成对机体的影响

（一）有利的方面

有利的方面主要表现为：

1. 有止血和防止出血的作用　如血管壁破裂处形成血栓，可堵塞破裂口起到止血的作用；如胃溃疡底部和肺结核空洞内，小血管壁已受损伤，在损伤处形成血栓，阻塞血管腔，起到防止出血作用。

2. 可防止病原体及其毒素沿血管扩散　如炎症周围血管内血栓形成，则有防止感染蔓延的作用。

（二）不利的方面

1. 阻塞血管　血栓形成阻塞动脉管腔，可引起局部组织或器官缺血缺氧，进而引起实质细胞萎缩、变性，甚至坏死。如脑梗死、心肌梗死。血栓形成阻塞静脉管腔时，可引起局部淤血、水肿、出血等。

2. 栓塞　血栓部分或全部脱落成为血栓栓子，随血流运行，引起血栓栓塞。若栓子内含有细菌，可引起栓塞组织发生败血性梗死或小脓肿形成。

3. 心瓣膜病　风湿性心内膜炎和感染性心内膜炎时，心瓣膜上形成的白色血栓反复形成、机化，使瓣膜增厚、变硬、卷曲、缩短和瓣叶间粘连等，形成瓣膜口狭窄或关闭不全,导致心功能不全。

4. 广泛出血和休克 微血管内广泛的微血栓形成(DIC)时,消耗了大量的血小板和凝血因子,导致血液处于消耗性低凝状态,继发性全身广泛出血和休克,对机体产生严重的后果。

第四节 栓 塞

一、栓塞的概念

循环血液中出现不溶于血液的异常物质,随血流运行阻塞血管腔的现象,称为栓塞(embolism)。阻塞血管的异常物质称为栓子(embolus)。栓子的物理状态可以是固体、液体或气体。其中最常见的栓子为脱落的血栓,另外脂肪滴、羊水、空气、肿瘤细胞团等也可成为栓子。

二、栓子的运行途径及栓塞部位

栓子的运行途径与血流方向一致,最终栓塞于口径与其相当的血管内并阻断血流。根据栓子来源不同,栓子随血流运行的途径不同,主要有以下几种(图3-9):

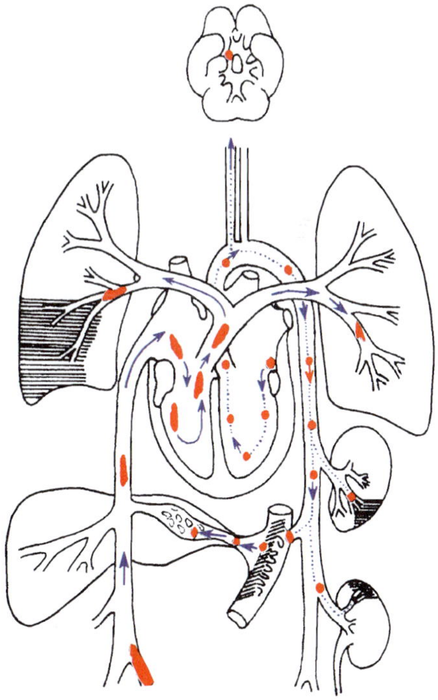

(一)来自体循环静脉系统和右心的栓子
来自体循环静脉系统和右心的栓子随血流运行,栓塞于肺动脉主干及其分支内。

(二)来自肺静脉、左心和体循环动脉系统的栓子
来自肺静脉、左心和体循环动脉系统的栓子随血流运行,栓塞于全身各组织器官的动脉及其分支内,常见于心、脾、肾、脑及四肢动脉。

(三)来自门静脉系统的栓子
来自门静脉系统的栓子随血流运行入肝,引起肝内门静脉分支的栓塞。

(四)逆向运行
栓子本身不具有动能或势能,故栓子不会逆血流而上。但在某些特殊情况下,如剧烈咳嗽、排便等,致胸、腹内压突然升高,可使大腿静脉内血液出现暂时性逆流入小腿静脉,在此段血液中的栓子即可随血液的逆流,发生逆向栓塞。

图 3-9 栓子运行途径与栓塞部位模式图

（五）交叉运行

交叉运行指有房、室间隔缺损的患者，进入心腔内的栓子，可通过缺损的房、室间隔，由压力高的一侧进入另一侧心腔，再沿血流运行，栓塞于相应组织器官的动脉及分支内。

三、栓塞的类型及对机体的影响

（一）血栓栓塞

血栓部分或全部脱落引起的栓塞，称为血栓栓塞（thromboembolism）。血栓栓塞是栓塞中最常见的类型，根据血栓的来源、大小和栓塞部位不同，对机体的影响也有所不同。

1. 肺动脉栓塞　引起肺动脉栓塞的血栓栓子绝大多数来自下肢深部静脉，尤其是腘静脉、股静脉和髂静脉，偶见来自盆腔静脉或右心附壁血栓。肺动脉栓塞的后果取决于栓子的大小、数量和栓塞部位。

（1）较大血栓：栓塞于肺动脉主干或主要分支内（图 3-10），可导致患者突然死亡，即猝死。猝死的原因：①较大血栓栓塞于肺动脉主干或主要分支，可反射性引起两肺小动脉和冠状动脉广泛性痉挛，导致急性右心衰竭。②较大血栓栓塞于肺动脉主干或主要分支，可反射性引起两肺支气管平滑肌痉挛，导致急性呼吸衰竭。由于急性呼吸、循环衰竭，患者可突然出现呼吸困难、缺氧、发绀、休克、死亡。

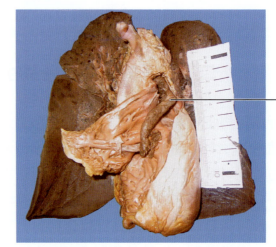

栓塞于肺动脉主干的长条状的混合血栓

图 3-10　肺动脉血栓栓塞

（2）较小血栓：栓塞于个别肺小动脉，可能影响不大；或可引起肺出血性梗死。因肺是双重血液循环器官，单纯阻塞个别肺小动脉，阻塞区的肺组织可通过支气管动脉供应血液，一般不会引起严重后果。但若栓塞前，肺组织已有严重淤血，局部毛细血管内压升高，高于支气管动脉内压，影响支气管动脉供血时，则可导致肺组织发生出血性梗死。

2. 体循环动脉栓塞　血栓栓子多来自左心，常见于心内膜上的附壁血栓、感染性心内膜炎心瓣膜上的赘生物脱落。栓塞的部位主要为体循环动脉，以下肢、脑、肠、肾和脾动脉为多见，栓塞的后果取决于栓子的大小、栓塞的部位、局部侧支循环建立的情况及组织细胞对缺氧的耐受性。当栓塞的动脉缺乏有效的侧支循环时，可引起局部组织细胞缺血性坏死（梗死）。

（二）脂肪栓塞

脂肪栓塞多见于长管状骨粉碎性骨折、脂肪组织严重挫伤或骨科手术等。脂肪滴通过破裂的血管入血,随血液运行,阻塞某处血管腔的现象,称为脂肪栓塞(fat embolism)。脂肪栓塞的部位是肺动脉及其分支。对机体的影响取决于入血脂滴的大小、数量及栓塞部位。①体积较大的脂滴:栓塞于肺动脉主干或主要分支内,可导致患者急性呼吸、循环衰竭而猝死。②体积较小的脂滴,但数量很多,广泛栓塞于肺小动脉,后果同前者,导致患者猝死。③若脂滴体积较小,且数量较少,栓塞于个别肺小动脉内,可影响不大或可引起肺出血性梗死。④小脂滴,且有弹性,可通过肺泡壁毛细血管到达肺静脉,再流回左心房、左心室,随主动脉血进入体循环动脉,栓塞于全身各器官动脉内,引起相应组织器官梗死。

(三)气体栓塞

气体栓塞主要包括外源性空气栓塞和内源性氮气栓塞。

1. 外源性空气栓塞　外源性空气栓塞常见于外伤、大手术致颈部或腹股沟大静脉损伤破裂,在胸、腹负压作用下,外界空气自破裂的大静脉入血,随血液流动到达右心房、右心室,栓塞于肺动脉主干及其分支内。外源性空气栓塞对机体的影响取决于进入空气的速度和空气量。①大量空气(约100ml)迅速进入静脉,随血流到达右心后,由于心脏的搏动,将空气与心腔内血液搅拌形成大量泡沫状血液(血气泡),充满心腔,致静脉血回流受阻,引起体循环静脉淤血。②进入右心的大量气泡,可直接栓塞于肺动脉主干或主要分支内,或广泛栓塞于肺小动脉内,均可引起急性呼吸、循环衰竭,导致患者出现呼吸困难、缺氧、发绀,重者可导致猝死。③少量空气入血,栓塞于个别肺小动脉内,可影响不大或引起肺出血性梗死。④小气泡亦可经过肺小动脉到达肺泡壁毛细血管,然后到达左心,随主动脉血进入体循环动脉,引起相应组织器官动脉栓塞,致栓塞部位以下组织细胞缺血坏死(梗死)。

2. 内源性氮气栓塞　内源性氮气栓塞又称为减压病、沉箱病或潜水员病。多见于飞行员从地面迅速升入高空或潜水员从深水迅速浮出水面时,因大气压突然降低,导致原溶解在血液中的氮气,从血液中重新析出、游离形成气泡,引起氮气栓塞。氮气栓塞可发生于全身各组织器官的动脉、静脉和毛细血管内,引起全身各组织器官缺血缺氧,尤其是冠状动脉、脑动脉内氮气栓塞,可引起严重的心肌梗死和急性脑组织缺血缺氧而猝死。

(四)羊水栓塞

羊水成分进入母体血液循环引起的栓塞,称为羊水栓塞。羊水中的黏液、胎儿脱落的角化上皮、胎脂、胎粪、毳毛等成分,均可引起栓塞。在分娩过程中或分娩后,因羊膜囊破裂、胎盘与子宫壁分离或胎儿阻塞产道时,子宫可发生强烈收缩,致宫内压增高,将羊水成分挤压入破裂的子宫壁静脉窦内,随血液循环进入右心,最终引起肺动脉及其分支栓塞。

羊水栓塞是分娩过程一种罕见的、十分危险的并发症,发病急,死亡率高。临床上常表现为分娩过程中或分娩后突然出现呼吸困难、缺氧、发绀、抽搐、休克、昏迷甚至死亡。其发生机制除与羊水引起肺动脉的机械性阻塞外,还与羊水成分引起的过敏性休克、形成 DIC 有关。

（五）其他栓塞

1. 肿瘤细胞栓塞　肿瘤细胞栓塞指恶性肿瘤细胞从原发部位侵入血管，随血流运行，在远隔组织器官的血管内栓塞并生长繁殖形成转移瘤，肿瘤细胞栓塞是恶性肿瘤转移的物质基础。

2. 细菌、寄生虫栓塞　细菌、寄生虫栓塞指细菌、寄生虫或虫卵从原发感染病灶内侵入血管，随血液流动，到达远处组织器官的血管内栓塞并生长繁殖，导致感染蔓延扩散。如肠道的细菌、寄生虫随门静脉血入肝，栓塞于肝内门静脉分支，导致炎症扩散至肝组织。

第五节　梗　　死

一、梗死的概念

由于动脉血供应中断，侧支循环又不能建立时，引起局部组织细胞缺血性坏死，称为梗死（infarct）。

二、梗死的原因和条件

能引起动脉供血中断，且侧支循环不能有效建立的因素，均可引起梗死。常见原因如下：

（一）动脉管腔阻塞

动脉内血栓形成和栓塞是引起梗死的最常见原因。多见于冠状动脉、脑动脉粥样硬化合并血栓形成时，导致冠状动脉及脑动脉阻塞，供血中断，引起急性心肌梗死和脑梗死；再如伴有血栓形成的足背动脉闭塞性脉管炎，也可引起足部梗死。

（二）动脉管壁受压闭塞

肠扭转、肠套叠和嵌顿疝时，肠系膜动脉受压闭塞，供血中断，可引起肠出血性梗死；卵巢囊肿蒂扭转时，也可致囊肿供血中断，发生缺血性坏死，即梗死。

（三）动脉管壁持久性痉挛

单纯的动脉管壁痉挛一般不引起梗死，但在动脉管壁已有病变、管腔部分狭窄的基础上，若再继发动脉管壁持久性痉挛，可导致动脉供应中断，即可引起梗死。如冠状动脉、脑动脉粥样硬化合并血管持续性痉挛，可引起心肌梗死和脑梗死。

三、梗死的类型及病变

梗死根据梗死区含血量的多少及有无合并细菌感染，分为贫血性梗死、出血性梗死和败血性梗死三种类型。

（一）贫血性梗死

1. 好发部位　贫血性梗死多发生于组织结构致密、侧支循环不丰富的实质器官，如心、脑、肾、脾等。

2. 发生机制　动脉阻塞，阻塞部位以下的小动脉痉挛收缩，将血液通过毛细血管、小静脉挤到周围组织中，故梗死区内含血量较少，称为贫血性梗死。

3. 病理变化　肉眼观察：梗死区呈灰白或灰黄色，干燥，质地坚实，梗死区与正常组织交界处有暗红色的充血出血带，故梗死区与周围组织分界清楚。梗死灶的形状与器官的血管分布有关。脾、肾贫血性梗死（图3-11）：梗死区形态呈锥体形，锥体尖指向脾门或肾门，锥体底朝向表面。切面呈楔形（扇形或三角形）。心、脑贫血性梗死：因冠状动脉、脑动脉的分支不规则，故梗死区呈不规

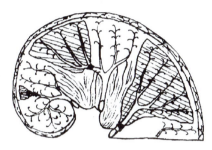

图 3-11　肾动脉分支栓塞及肾贫血性梗死模式图

则形或地图形。因脑组织含水和磷脂较多，故脑组织发生贫血性梗死后，迅速溶解液化，形成液化性坏死，可形成被神经胶质包围的囊腔，称为软化灶。镜下观察：梗死区内细胞结构消失，组织轮廓存在。

（二）出血性梗死

1. 好发部位　出血性梗死多发生于组织结构疏松、有双重血液循环或吻合支丰富的器官，如肺和肠。

2. 发生机制　条件：在动脉供血中断之前，组织已发生严重的淤血。由于淤血毛细血管内压升高，导致侧支循环不能建立，此时，再有动脉供血中断，才能引起出血性梗死。梗死后毛细血管壁坏死、破裂，淤积在毛细血管内的血液进入组织间，故梗死区内含血量较多。

3. 病理变化　肉眼观察：梗死区呈暗红色，梗死区与正常组织交界处也有暗红色的充血出血带，故与周围组织分界不清楚。梗死区的形态也与器官的血管分布有关：因肺血管呈树枝状分布，故肺出血性梗死区呈锥体形，锥体尖指向肺门，锥体底朝向表面，切面呈楔形（扇形或三角形）（图3-12）。因肠系膜血管呈扇形分布于肠壁，故肠出血性梗死区呈扇形（图3-13）。镜下观察：梗死区内细胞结构

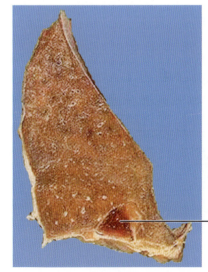

肺组织下部一三角形红色梗死灶

图 3-12　肺出血性梗死

消失,组织轮廓存在,组织间充满红细胞。

（三）败血性梗死

败血性梗死是由含细菌的栓子阻塞血管腔,梗死区内有大量细菌生长,引起明显的炎症反应,甚至化脓。如亚急性感染性心内膜炎时,心瓣膜上的赘生物脱落;产褥热及脓肿附近的血栓性静脉炎等。含菌栓子栓塞引起坏死并形成脓肿,临床上可有严重的中毒症状。

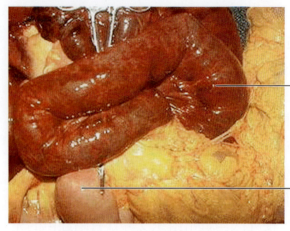

梗死灶呈暗红色、肿胀

正常的肠组织

图 3-13　肠出血性梗死

四、梗死对机体的影响

梗死对机体的影响取决于发生梗死的部位、范围以及有无细菌感染等因素。生命重要器官的梗死,即使范围较小,对机体影响也很大,甚至导致死亡。如急性心肌梗死可导致心功能不全或死亡、大面积脑梗死可导致偏瘫或死亡。器官(如脾、肾)梗死范围较小时,对机体的影响不大;梗死范围较大时,可出现相应的症状和体征。如肾梗死时,范围较小,可无任何症状体征;范围较大时,可出现腰痛和血尿。肺梗死范围较大时,可出现胸痛和咯血等。肠梗死除引起剧烈腹痛、血便外,还可导致腹膜炎,若治疗不及时,后果严重。肺、肠和四肢梗死,若继发腐败菌感染,可发生坏疽而后果严重。若含有化脓菌的栓子栓塞导致的梗死,梗死灶内可见脓肿。

<table>
<tr><td>章末小结</td><td>本章主要讲授了充血、出血、血栓形成、栓塞、梗死五节内容。其中淤血、血栓形成、栓塞、梗死的概念;淤血的原因、病变和后果;血栓形成的因素及结局;栓塞的类型及对机体的影响;梗死的类型及病变特点等内容为本章的重点教学内容。常见器官淤血、血栓形成机制及过程、栓塞对机体的影响是本章的教学难点。对于本章的教学重点可通过讲解、举例、小组讨论、PPT 展示、图片、动画等丰富多彩的教学手段,采用理实一体化、情景教学、案例教学等教学模式,加深学生对所学重点理论知识的理解和记忆。对于本章的教学难点可通过分析、思考、动画、视频等教学手段,突破教学难点。</td></tr>
</table>

（郭　静）

思考与练习

一、思考题

1. 简述淤血的概念、病理变化、结局及常见器官淤血的病变特点。

2. 简述血栓形成的因素及结局。

3. 简述栓塞的类型及对机体的影响。

4. 简述梗死的类型及各型病变特点。

二、案例分析题

1. 产妇，33岁，入院剖宫产下一名男婴后，突然出现烦躁不安、咳嗽、呕吐、面色苍白、抽搐、呼吸困难等症状，之后出现休克、昏迷，经医院全力抢救无效后死亡。尸体解剖：死者肺小动脉管腔内可见角化上皮及胎脂；心肌间质、脑组织水肿；肝、脾、肾等器官淤血。

请思考：

（1）产妇肺部的病理诊断是什么？

（2）产妇肺小动脉内的角化上皮及胎脂如何而来？解释其发生机制。

2. 患者，男，20岁，腹痛18h入院。查体：腹肌紧张、腹部压痛明显。手术探查：见距小肠十二指肠悬韧带[即屈氏韧带（ligament of Treitz）]4.5m处肠扭转，一段约7cm长的肠管发黑。临床诊断：肠扭转。治疗：手术切除坏死肠管。切除肠管肉眼观察：肠壁增厚呈暗红色，伴出血坏死，肠黏膜皱襞消失，肠腔内充满圆柱状血凝块，浆膜失去正常光泽。

请思考：

（1）患者肠病变的病理学诊断是什么？

（2）该病变是如何发生的？肉眼观察有何改变？

（3）若治疗不及时，可能会发生的后果是什么？

第四章 | 水 肿

04章 数字内容

1. 具有积极对待水肿患者的基本素质。
2. 掌握水肿的发生机制。
3. 熟悉水肿的概念及分类、常见类型水肿的临床特点及其发生机制、水肿的病理变化及对机体的影响。
4. 正确认识水肿相关疾病,应用病理生理知识分析、解释相关的临床表现问题。

 工作情景与任务

导入情景

患者,女,60岁。患慢性支气管炎咳嗽、咳痰30余年,近5年来心悸气短,活动后加剧;近1个月来出现咳嗽,呼吸困难,夜间不能平卧,双下肢水肿。查体:神清,发绀,颈静脉怒张,双肺可闻及少量干湿啰音,心率120次/min,律齐。

工作任务:

1. 根据所学的知识分析,患者的"慢性支气管炎"继发了什么改变?
2. 患者为何会双下肢水肿?

第一节 水肿的概念及分类

过多的液体在组织间隙或体腔中积聚的现象称为水肿(edema)。水肿不是独立的疾病,而是多种疾病共有的一种重要的病理过程。如水肿发生在体腔称为积水或积液,如腹水、胸腔积液、心包积液等。

　　水肿的分类：①根据波及的范围分为全身性水肿和局部性水肿；②按发生的原因分为心性水肿、肝性水肿、肾性水肿、炎性水肿、淋巴性水肿及营养不良性水肿等；③按发生的部位分为皮下水肿、肺水肿、脑水肿及喉头水肿等。

第二节　水肿的发生机制

　　正常时由于体内外液体交换和血管内外液体交换的平衡调节机制，机体的体液容量和组织液容量是相对恒定的，当这两个平衡失调，即可导致水肿的发生。

一、血管内外液体交换失平衡——组织间液生成大于回流

　　正常情况下组织间液和血浆之间不断进行液体交换，组织间液的生成与回流保持动态平衡。这种平衡有赖于有效流体静压、有效胶体渗透压和淋巴回流三个因素（图4-1）。在病理情况下，上述一个或多个因素发生问题，导致组织间液生成大于回流，均可引起水肿发生。

（一）毛细血管内压增高

　　毛细血管内压增高可导致有效流体静压增高，使有效滤过压增大，引起组织液生成

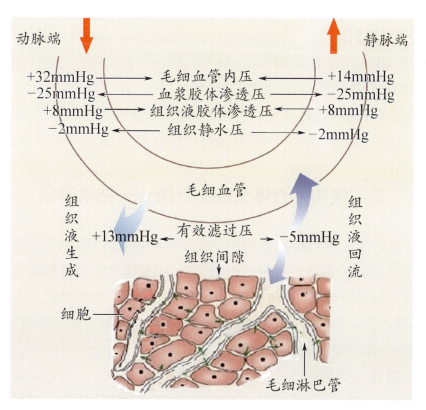

图4-1　血管内外液体交换示意图

增多，当超过淋巴回流的代偿能力时，便可引起水肿。毛细血管内压增高的原因主要是静脉压升高。充血性心力衰竭时静脉压升高可引起全身水肿；左心衰竭时肺毛细血管内压增高可引起肺水肿；肝硬化时门静脉压升高可引起腹水；静脉受压或静脉血栓形成可引起局部水肿；炎症时动脉充血，使毛细血管内压增高可引起炎性水肿。

（二）血浆胶体渗透压降低

血浆胶体渗透压主要取决于血浆白蛋白的含量。当血浆白蛋白减少时，血浆胶体渗透压下降，使有效滤过压增大，组织液生成增多，当超过淋巴回流的代偿能力时，可发生水肿。引起血浆白蛋白减少的原因：①蛋白质摄入不足：见于禁食，胃肠消化吸收功能障碍的患者。②蛋白质合成障碍：见于肝硬化和严重的营养不良。③蛋白质丢失过多：见于肾病综合征患者，大量蛋白质随尿排出。④蛋白质消耗增加：见于慢性消耗性疾病如结核病及恶性肿瘤等。

（三）微血管壁通透性增加

正常情况下，毛细血管只允许微量血浆蛋白滤出，因而血浆胶体渗透压远远高于组织液胶体渗透压。当微血管壁通透性增加时，血浆蛋白滤出增多，使血浆胶体渗透压降低而组织液胶体渗透压增高，导致组织间液生成增多而回流减少，发生水肿。常见于感染、烧伤、冻伤、化学伤及昆虫咬伤等各种炎症性疾病和缺氧及酸中毒等。

（四）组织间液渗透压增高

组织间液渗透压包括组织间液的流体静压和组织间胶体渗透压。当组织间液渗透压增高时，有效滤过压增大，液体滤出增多，组织间液生成增多，形成水肿。

（五）淋巴回流受阻

正常情况下，淋巴回流不仅能把组织液及其所含蛋白回收到血液循环，而且在组织液生成增多时还能代偿回流，具有重要的抗水肿作用。淋巴回流受阻时，含蛋白的水肿液在组织间隙积聚，形成淋巴性水肿。常见的原因：①恶性肿瘤细胞侵入并堵塞淋巴管，引起局部水肿。②丝虫病时主要的淋巴管道被成虫阻塞，引起下肢和阴囊的慢性水肿。

二、体内外液体交换失平衡——钠水潴留

正常人钠、水的摄入量和排出量处于动态平衡状态，从而保持体液量的相对恒定。这种平衡的维持依赖排泄器官的正常结构和功能，以及体内的容量和渗透压调节。肾在调节钠、水平衡中起重要作用，主要通过肾小球滤过和肾小管重吸收二者之间的动态平衡，即肾小球 - 肾小管平衡（简称为球 - 管平衡）来实现的。如果某些因素导致球 - 管平衡失调，可引起钠水潴留，发生水肿（图4-2）。

（一）肾小球滤过率降低

1. 广泛的肾小球病变　如急性肾小球肾炎时，肾小球因内皮细胞肿胀增生和炎性渗出物堆积，导致肾小球滤过率降低；慢性肾小球肾炎时，因肾单位破坏，肾小球滤过面积

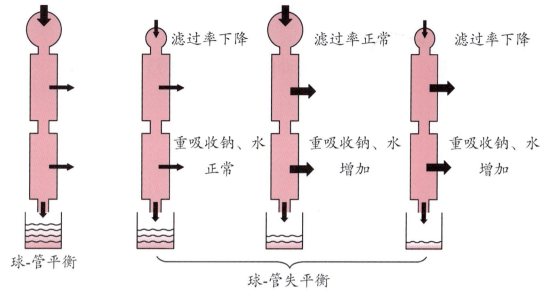

減少時，心房的牵张感受器兴奋性降

滤过率下降　滤过率正常　滤过率下降

重吸收钠、水　　重吸收钠、水　　重吸收钠、水
　正常　　　　　　增加　　　　　　增加

球-管平衡

球-管失平衡

图4-2　球-管失平衡基本形式示意图

减少,使肾小球滤过率降低。

2. 有效循环血量明显减少　如充血性心力衰竭及肾病综合征时,肾血流量下降,使
交感 - 肾上腺髓质系统和肾素 - 血管紧张素 - 醛固酮系统兴奋,引起入球小动脉收缩,肾
血流量进一步减少,肾小球滤过率降低。

（二）肾小管重吸收钠水增多

1. 近曲小管重吸收钠水增多

（1）肾小球滤过分数增加:充血性心力衰竭及肾病综合征时,肾血流量随有效循环血
量的减少而下降,由于儿茶酚胺和肾素 - 血管紧张素系统活性增强,可使肾出球小动脉比
入球小动脉收缩更明显,肾小球滤过率相对较高,肾小球滤过分数增加。因肾小球滤过
率升高,通过肾小球后,流入肾小管周围毛细血管的血液中蛋白和血浆胶体渗透压也相
应升高,使近曲小管重吸收钠水增多。

（2）心房钠尿肽分泌减少:心房钠尿肽可抑制近曲小管重吸收钠,并抑制醛固酮分
泌,有很强的利钠利尿作用。如有效循环血量明显减少时,心房的牵张感受器兴奋性降
低,心房钠尿肽分泌减少,使近曲小管对钠水的重吸收增多。

2. 远曲小管和集合管重吸收钠水增多

（1）醛固酮分泌增多或灭活减少:醛固酮可促进远曲小管和集合管重吸收钠水增
多。充血性心力衰竭、肝硬化腹水及肾病综合征等原因引起有效循环血量减少,激活肾
素 - 血管紧张素 - 醛固酮系统,使醛固酮分泌增加;肝硬化肝功能障碍,对醛固酮灭活功
能减弱。

（2）抗利尿激素分泌增多:抗利尿激素可促进远曲小管和集合管重吸钠水增多。有
效循环血量减少时,左心房和胸腔大血管的容量感受器受刺激减弱,反射性引起抗利尿
激素分泌增多;醛固酮增多时,促进肾小管对钠重吸收,使血浆晶体渗透压增高,刺激下

丘脑渗透压感受器,反射性引起抗利尿激素分泌增多。

第三节　常见类型水肿的临床特点及发生机制

一、心　性　水　肿

（一）临床特点

由心力衰竭引起的水肿称为心性水肿,分为左心衰竭引起的肺水肿和右心衰竭引起的全身性水肿。一般习惯上将右心衰竭引起的全身性水肿统称为心性水肿,其分布特点是首先出现在身体的低垂部位。

（二）发生机制

1. 心输出量减少　心力衰竭时,心泵功能减弱,心输出量减少,有效循环血量不足。这可导致:①肾血流量减少及肾血管收缩,肾小球滤过率随之下降并引起钠水潴留。②肾素-血管紧张素-醛固酮活性增加,肾远曲小管、集合管对钠水重吸收增加。③由于交感神经兴奋,肾内血液出现重新分布及肾小球滤过分数增加,促进近髓肾单位髓袢及近曲小管对钠水重吸收。

2. 静脉回流受阻　右心衰竭时体循环静脉回流障碍,引起静脉淤血、静脉流体静压增高和淋巴回流受阻,使组织间液的生成大于回流引起水肿。此外,当肝、胃肠道淤血,蛋白质合成减少,导致血浆胶体渗透压降低,也可引发水肿。

二、肝　性　水　肿

（一）临床特点

由严重的肝脏疾病引起的水肿称为肝性水肿。肝性水肿最常见于肝硬化,常以腹水为主要表现。

（二）发生机制

1. 门静脉高压　门静脉高压使肝血窦压力升高,肝淋巴液生成增加,超过淋巴回流的代偿能力时,淋巴液可从肝被膜直接漏入腹腔而形成腹水。门静脉高压可导致肠系膜静脉回流障碍,毛细血管流体静压升高,促使液体进入组织间隙并流进腹腔,形成腹水。

2. 血浆胶体渗透压降低　肝硬化时,肝合成白蛋白功能障碍,导致血浆胶体渗透压降低,促进腹水形成。另外,胃肠道黏膜淤血水肿使蛋白质吸收减少及蛋白质随腹水丢失等因素,进一步导致血浆蛋白浓度及胶体渗透压降低,加重腹水形成。

3. 钠水潴留　肝硬化时,肝功能障碍对醛固酮和抗利尿激素灭活能力降低,血中水平升高,导致钠水潴留。腹水的形成使有效循环血量减少,肾小球滤过率降低,导致球-管失衡。

三、肾性水肿

（一）临床特点

肾性水肿主要指肾原发性疾病引起的水肿，多见于肾病综合征、急性肾小球肾炎等。水肿首先出现于组织疏松的眼睑或颜面部。

（二）发生机制

1. 肾病综合征　机制主要是长期、大量的蛋白尿，引起血浆胶体渗透压降低，组织间液过多地进入组织间隙，导致水肿。

2. 急性肾小球肾炎　肾小球增生性病变使其滤过率下降，而引起钠水潴留。

四、脑水肿

（一）临床特点

过多的体液积聚在脑组织间隙和脑细胞内称为脑水肿。脑水肿引起脑容量增大，颅内压升高，患者可出现剧烈头痛、恶心呕吐和视神经盘水肿等症状；严重时可出现意识障碍甚至昏迷等；当发生脑疝时，易引起死亡。

（二）发生机制

根据脑水肿的发生原因、机制和不同的组织部位，可分为以下三类：

1. 血管源性脑水肿　血管源性脑水肿是最常见的类型，多见于脑出血、颅脑外伤、脑肿瘤等。上述疾病的致病因素使脑内毛细血管通透性增高，大量血浆蛋白进入组织间隙，使组织液胶体渗透压增高，引起水肿。

2. 细胞中毒性脑水肿　细胞中毒性脑水肿见于急性脑缺血、缺氧、中毒性脑病等。由于各种原因引起严重缺氧或代谢障碍使 ATP 生成减少，钠泵功能障碍，细胞内钠离子浓度增高，水进入细胞内增多。

3. 间质性脑水肿　间质性脑水肿主要由肿瘤压迫和炎性增生等原因导致的脑脊液回流通路受阻所致。

五、肺水肿

（一）临床特点

肺水肿指肺组织有过多的液体积聚。肺水肿根据水肿液积聚的部位，可分为间质性肺水肿与肺泡水肿；根据发生速度可分为急性肺水肿和慢性肺水肿。急性肺水肿常见于左心衰竭，患者突发呼吸困难，表现为端坐呼吸和心性哮喘，咳嗽、咳白色或粉红色泡沫样痰;慢性肺水肿表现不明显。

（二）发生机制

在不同的疾病过程中,肺水肿发生机制不尽相同。其主要发生机制:①肺静脉回流受阻,二尖瓣狭窄或左心衰竭时,肺泡毛细血管血压升高,组织间液生成增多。②肺血容量增多,当体循环血容量增多或短时间内过多过快输液时,可使肺微血管流体静压升高、血浆胶体渗透压下降而导致肺水肿。③肺微血管壁通透性增高,这与肺部炎症、吸入毒气、氧中毒、ARDS 等有关。④肺淋巴回流障碍,肺淋巴回流是一种重要的抗水肿因素。硅沉着病、肺癌等病变可引起肺淋巴回流障碍。

六、皮 肤 水 肿

（一）临床特点

皮下水肿是全身或局部水肿的重要体征。皮肤水肿时,皮肤肿胀光亮,皱纹变浅或消失,弹性降低,指压有凹陷,且凹陷不能迅速复平。根据皮肤水肿程度不同,可将其分为隐性水肿和显性水肿。

1. 隐性水肿　隐性水肿指皮肤水肿早期,皮下组织间液已增多,但增多量较少,不超过体重的 10%,增多的组织液可完全被皮下凝胶网状系统吸附,指压无凹陷,又称为非凹陷性水肿。

2. 显性水肿　显性水肿指皮肤水肿晚期,皮下组织间液明显增多,超过皮下凝胶网状系统的吸附能力,增多的组织液在组织间游离,指压时,游离的组织间液向四周移动形成凹陷,抬起手指时,游离的组织间液逐渐复位,故凹陷不能迅速复平。因此类皮肤水肿指压有凹陷,故又称为凹陷性水肿。

（二）发生机制

皮肤水肿的发生机制:局部性皮肤水肿主要与局部淤血,导致毛细血管内压增高、毛细血管壁通透性增加、组织间液渗透压增高、淋巴回流受阻有关;全身性皮肤水肿主要与血浆胶体渗透压降低和钠水潴留有关。

第四节　水肿的病理变化

1. 肉眼观察　发生水肿的器官或组织体积增大,被膜紧张,色泽苍白、弹性差,切开可有液体流出,切面有时呈胶冻样。皮肤水肿时用手指按压时可留下凹陷,称为凹陷性水肿。

2. 镜下观察　水肿镜下可见组织间隙增宽,水肿液积聚于细胞和纤维结缔组织之间或腔隙内,苏木精-伊红染色(又称为 HE 染色)时可因蛋白质含量多少而呈深红色、淡红色或透亮空白。

第五节　水肿对机体的影响

1. 有利意义　炎症时水肿液有利于稀释毒素、运输抗体、阻碍细菌扩散等；水肿时组织间液增多，有利于防止循环系统压力急剧上升，从而避免血管破裂和减轻急性心力衰竭。

2. 不利影响　水肿对机体的不利影响主要取决于水肿发生部位、程度、发生速度和水肿持续的时间等。组织间液增多使细胞与毛细血管间的距离增大，使细胞发生营养障碍；重要器官的水肿可引起严重后果，甚至危及生命，如脑水肿使颅内压增高，甚至形成脑疝；肺水肿可引起呼吸困难及缺氧甚至呼吸衰竭；喉头水肿可造成窒息。

> **章末小结**
>
> 本章主要讲述了水肿的概念、形成机制、水肿的分类、常见类型水肿的临床特点及其发生机制、水肿的病理变化及对机体的影响。其中水肿形成的机制是本章的重点也是本章的难点。水肿的发生主要与两大机制有关：①血管内外液体交换失平衡，使组织间液生成大于回流；②体内外液体交换失平衡，使体内钠水潴留。另外还要熟悉常见类型水肿：心性水肿、肝性水肿、肾性水肿、脑水肿及肺水肿，以及各型水肿的临床特点及其发生机制、水肿的病理变化及对机体的影响。

（赵　鸿）

❓ 思考与练习

一、简答题

1. 简述水肿的发生机制。
2. 简述心性水肿的特点及发生机制。
3. 简述肝性水肿的特点及发生机制。

二、案例分析题

患儿，女，10岁。患儿2周前急性扁桃体化脓；近几日眼睑和颜面部水肿明显，尿量减少。检查尿蛋白（++），血压140/90mmHg。

请思考：

该患儿发生水肿的主要原因和机制是什么？

第五章 | 炎 症

05章 数字内容

 工作情景与任务

导入情景

患儿,男,16 岁。患儿 3d 前晨跑时不慎摔倒,致左髋外侧皮肤擦伤,擦伤处疼痛并伴有少许渗出和出血,当时未做任何处理;今日晨起感觉乏力、头晕、浑身酸痛,发现左髋外伤处表面有少量黄白色脓性渗出物覆盖,伤口周围皮肤红肿,并感觉疼痛加重,影响关节活动,遂入院。查体:体温 38.1℃,白细胞总数 22×10^9/L,中性粒细胞占比 80%。切开左髋外侧皮肤损伤处,见有少量黄白色脓液流出。

工作任务:

1. 患儿左髋外侧损伤后形成什么病变?
2. 目前,损伤局部有何表现?全身有何反应?
3. 损伤局部为什么会出现这些表现?

机体的组织细胞或器官受到各种损伤因子作用时，局部和全身均可发生一系列复杂反应，以局限和消灭损伤因子，清除和吸收坏死组织，并完成损伤后的修复，机体的这一系列反应称为炎症（inflammation）反应。机体的炎症反应包括各种损伤因子引起的组织细胞损伤、机体调整自身的一系列反应对抗损伤因子的作用和局部组织细胞通过增生完成修复。因此，炎症是损伤、抗损伤和修复的统一体。炎症对机体既有重要的防御作用，同时也有不同程度的危害。

第一节　炎症的概念

炎症指具有血管系统的活体组织，对各种致炎因子引起的损伤所发生的以防御为主的反应。炎症不是一种独立的疾病，而是一种最常见的基本病理过程。不具备血管系统的单细胞和多细胞生物，对各种损伤因子引起的损伤，所发生的吞噬损伤因子、以细胞或细胞器肥大应对有害刺激的反应，不能称为炎症。因为以血管反应为中心环节或主要特征的渗出性病变，是炎症的重要标志。只有当生物进化到具有血管系统，形成以血管反应为中心环节或主要特征时，并同时具有吞噬和清除功能的复杂而完善的反应时，才可称为炎症反应。

第二节　炎症的原因

一、致炎因子的概念

凡能引起机体组织细胞损伤的因素都能引起炎症，通常将这些能引起炎症的损伤因素称为致炎因子。

二、常见的致炎因子

致炎因子种类繁多，主要包括以下几类：

1. 生物因素　生物因素是最常见的致炎因子，包括细菌、病毒、支原体、立克次体、螺旋体、真菌和寄生虫等各种病原体。由生物因素引起的炎症，通常称为感染（infection）。生物因素主要通过其代谢产物、释放毒素或某些抗原成分，引起组织细胞损伤而形成炎症。如细菌可通过释放内、外毒素及分泌某些酶引起炎症。病毒可通过在细胞内复制，致组织细胞损伤引起炎症。而某些病原体如寄生虫、结核分枝杆菌等，则可通过免疫反应损伤组织细胞，引起炎症。

2. 物理因素　物理因素包括温度、机械力、大气压、电流、电离辐射、紫外线、放射线和同位素等。物理因素必须达到一定的作用强度和作用时间，才能引起组织细胞损伤而引发炎症。如高温引起的烫伤、烧伤，低温所致的冻伤，电离辐射造成的放射性损伤，以及机械力导致的切割伤、挤压伤、挫裂伤等，均可伴有炎症反应。

3. 化学因素　化学因素包括外源性和内源性的某些化学物质。外源性化学物质如强酸、强碱、强氧化剂等。内源性化学物质包括坏死组织的分解产物、体内的某些代谢产物，如尿素、尿酸等。化学物质在体内蓄积达到一定的浓度和剂量时，即可引起组织细胞损伤，导致炎症。

4. 组织坏死　各种原因引起的组织细胞坏死，也是一种潜在的致炎因子。如缺血缺氧引起的梗死、肿瘤性坏死等，在坏死灶的周围均可出现血管扩张充血、炎症细胞渗出和浸润，这就是炎症性病变。

5. 免疫因素　当机体的免疫功能异常时，可通过免疫反应引起组织细胞损伤而引发炎症（变态反应性炎症），如过敏性鼻炎、荨麻疹、肾小球肾炎、乙型病毒性肝炎、系统性红斑狼疮和类风湿性关节炎等。

6. 异物刺激　残留于体内的手术缝线、木刺、虫卵、粉尘微粒或异物碎片等，均可导致炎症。

上述致炎因子作用于人体后，能否引起炎症，除与致炎因子的性质、强度和作用时间等因素有关外，还取决于机体的免疫功能和抵抗力。婴幼儿和老年人由于机体抵抗力和免疫功能低下，易发生细菌、病毒等感染，引起炎症性疾病如肺炎等。

第三节　炎症介质

一、炎症介质的概念和作用

炎症介质（inflammatory mediator）指能够参与或诱导炎症发生、发展的具有生物活性的化学物质。炎症介质在炎症的发生和发展过程中起着重要的介导作用。大多数炎症介质均可扩张小血管，增加血管壁通透性；此外，某些炎症介质还具有趋化作用，引起发热、疼痛、组织损伤和参与免疫反应等作用。

二、炎症介质的来源及类型

炎症介质可分为外源性和内源性两大类。外源性炎症介质指来源于细菌及其代谢产物的化学活性物质。内源性炎症介质根据其来源不同又可分为细胞源性和血浆源性两大类。

1. 来源于组织细胞的炎症介质　来源于组织细胞的炎症介质主要有血管活性胺（组织胺和 5- 羟色胺）、花生四烯酸、前列腺素（prostaglandin，PG）和白细胞三烯（leukotriene，LT）、溶酶体成分、淋巴因子等。来自组织细胞的炎症介质多以颗粒形式储存于细胞内(非活化状态),在某些致炎因子的作用下,通过脱颗粒的形式释放到细胞外(活化状态)或即刻合成,由非活化状态转变为活化状态,才能引起炎症反应。能合成和释放炎症介质的组织细胞主要有嗜酸性粒细胞、肥大细胞、中性粒细胞、淋巴细胞及单核细胞。

2. 来源于血浆的炎症介质 来源于血浆的炎症介质主要包括激肽系统(如激肽、缓激肽)、补体系统(C3a、C5a 和 C567 等)、凝血系统(凝血酶原、凝血酶、纤维蛋白原、纤维蛋白等)、纤维蛋白溶解系统(纤维蛋白溶解酶、纤维蛋白降解产物等)。

炎症介质的来源、种类及其主要作用见表5-1。

表5-1　炎症介质的来源、种类及其主要作用

来源		介质	扩张小血管	增加通透性	趋化作用	其他
细胞源性	嗜酸性粒细胞 肥大细胞	血管活性胺	组胺	+	+	+	
			5-羟色胺	+	+		
	细胞膜磷脂成分	花生四烯酸	前列腺素	+	+	+	发热、致痛
	白细胞、肥大细胞	代谢产物	白细胞三烯		+	+	
	中性粒细胞和 单核细胞	溶酶体成分	阳离子蛋白质		+	+(单核)	损伤组织
			中性蛋白酶		+	+(中性)	
	淋巴细胞		各种淋巴因子	+	+	+(中性) (巨噬)	参与免疫 损伤组织
血浆源性	激肽系统	血浆蛋白质	激肽、缓激肽	+	+		致痛
	补体系统	血浆蛋白质	补体 C3a、C5a	+	+	+	
	凝血系统		纤维蛋白原		+	+	
	纤维蛋白溶解系统		纤维蛋白降解物		+	+	

第四节　炎症局部的基本病理变化

虽然致炎因子种类很多,而且不同类型的致炎因子引起的炎症类型也不完全相同。但任何炎症局部均有不同程度的变质、渗出和增生三种基本病理变化。其中变质是以损伤为主的变化,而渗出和增生则是以抗损伤为主的反应。

一、变　　质

变质（alteration）指在某些致炎因子的作用下，炎症局部组织发生变性、坏死的过程。引起变质性病变的主要原因可以是致炎因子的直接损伤所致，也可以是由于局部血液循环障碍和炎症反应产物间接作用引起。变质的组织细胞除形态学变化外，常伴有不同程度的代谢变化和炎症介质的形成。

（一）形态学变化

变质性病变既可发生在实质细胞，又可发生于间质成分。实质细胞常见的变质性改变有细胞水肿、脂肪变性、凝固性坏死和液化性坏死等；间质纤维组织常见的变质性改变有黏液样变性、玻璃样变性、纤维蛋白样坏死等。

（二）代谢变化

炎症局部组织细胞发生变质性改变时，常伴有明显的代谢变化。其主要表现：

1. 分解代谢增强　炎症局部以分解代谢增强为主要特点，表现为糖、脂肪和蛋白质三大物质分解代谢均增强。

2. 局部代谢性酸中毒　炎症局部由于糖、脂肪和蛋白质分解代谢增强，耗氧量增加。加之氧供不足或酶活性减弱，使有氧氧化过程障碍，无氧酵解增强，导致炎症局部氧化不全的中间酸性代谢产物（如乳酸、脂肪酸、酮体等）堆积，引起局部代谢性酸中毒。炎症局部氢离子浓度增高，具有抑制病原体生长和增强血管壁通透性的作用。

3. 组织间液渗透压增高　炎症局部由于分解代谢增强，使蛋白质等大分子物质分解为小分子物质，导致变质局部分子浓度增高；同时由于局部代谢性酸中毒，使盐解离增强，导致变质局部离子浓度也增高。由于炎症局部分子浓度和离子浓度均增高，从而引起炎症局部的胶体渗透压和晶体渗透压增高，组织间液渗透压增高。

变质时，上述代谢的变化为炎症局部血管反应和炎性渗出提供了重要的条件。

二、渗　　出

炎症局部血管内的血液成分通过血管壁进入组织间隙、体腔、体表或黏膜表面的过程称为渗出（exudation）。以血管反应为中心的渗出性变化是炎症的重要形态学标志，是消除病因和有害物质的重要环节。炎症时，渗出的液体成分和细胞成分构成渗出液。渗出的全过程包括血流动力学改变、血管壁通透性增加和血液成分渗出三个环节。

（一）血流动力学改变（又称为血管的反应）

炎症时，由于致炎因子和炎症介质的作用，炎症局部发生一系列的血流动力学改变

（图5-1）。其发展过程如下：

1. 细小动脉短暂痉挛收缩　机体在某些致炎因子作用下，首先引起炎症局部细小动脉短暂的痉挛、收缩，血流量减少。此反应主要是通过神经轴突反射完成的，因神经轴突反射弧短，故细小动脉痉挛、收缩发生速度快，持续时间很短，只有几秒到几分钟。

2. 动脉性充血（炎性充血）　在细小动脉短暂痉挛、收缩之后，细小动脉和毛细血管扩张，局部血流量增多，形成动脉性充血，又称为炎性充血。引起炎性充血的主要原因：①神经轴突反射。②胆碱能神经纤维兴奋。③炎症介质的作用。其中由神经轴突反射和胆碱能神经纤维兴奋引起的小血管扩张，持续时间较短，而由炎症介质引起的小血管扩张，持续时间较长。

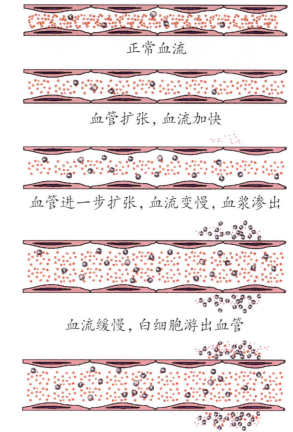

正常血流

血管扩张，血流加快

血管进一步扩张，血流变慢，血浆渗出

血流缓慢，白细胞游出血管

血流显著缓慢，白细胞游出增多，红细胞漏出

图5-1　血流动力学变化模式图

3. 血流速度减慢和静脉淤血　随着动脉性充血不断发展，毛细血管和小静脉进一步扩张，通透性升高，血浆液体渗出，血液浓缩，黏滞度增加，血流速度逐渐减慢，血液淤积在小静脉和毛细血管内，甚至血流停滞，形成静脉淤血。

（二）血管壁通透性增加

血管壁通透性增加是导致炎症局部血管内液体成分和细胞成分渗出的重要环节。引起炎症局部血管壁通透性增高的原因：①致炎因子直接损伤血管壁，使血管壁通透性增加。②炎症介质和 H^+、K^+ 的作用，使炎症局部血管壁通透性升高。③血管反应晚期，由于静脉淤血，致毛细血管内压增高和内皮细胞损伤，引起血管壁通透性增加。导致小血管壁通透性增高的机制主要有四个方面（图5-2）。

1. 内皮细胞收缩　在组织胺、缓激肽、白细胞三烯、肿瘤坏死因子（tumor necrosis factor, TNF）、白细胞介素 -1 等炎症介质作用下，内皮细胞迅速发生收缩，间隙增大，导致小血管壁通透性增加。

2. 内皮细胞损伤　严重损伤时，如烧伤和化脓菌感染等，可直接损伤内皮细胞，使之坏死脱落，导致小血管壁通透性增加。这种内皮细胞的损伤反应明显，发生迅速，持续时间长，几小时到几日不等。

3. 内皮细胞穿胞作用增强　血管内皮细胞生长因子（vascular endothelial growth

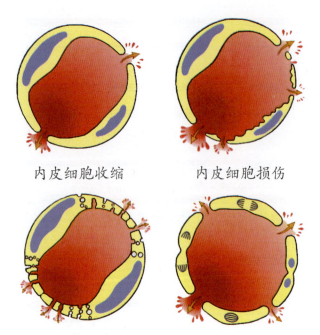

内皮细胞收缩　　　　　内皮细胞损伤

内皮细胞穿胞作用增强　新生毛细血管高通透性

图 5-2　血管壁通透性增加的机制模式图

factor，VEGF）可引起内皮细胞穿胞通道数量增加和口径增大，使血管内富含蛋白质的液体通过穿胞通道穿越内皮细胞，导致穿胞作用增强。

4. 新生毛细血管高通透性　炎性修复时，新生的毛细血管内皮细胞连接不完全，内皮细胞间缝隙较大，因而新生毛细血管具有高通透性。

（三）血液成分渗出

上述血流动力学的改变和血管壁通透性的增高，为血液成分的渗出创造了条件。血液成分渗出包括液体成分渗出和细胞成分渗出。

1. 液体成分渗出——炎性水肿　液体成分渗出指炎症局部血管内的液体成分通过血管壁进入组织间隙、体腔、体表及黏膜表面的过程。炎症局部渗出的液体成分及其随之渗出的蛋白和细胞成分构成渗出液（exudate）。渗出液聚积于组织间隙，使组织间液增多，形成炎性水肿。渗出液聚积在体腔（胸腔、腹腔、心包腔）或关节腔内，形成炎性积液或积水。

（1）液体渗出（炎性水肿）的原因和机制：液体渗出形成炎性水肿，其原因和机制：①毛细血管内压升高，这是由于静脉淤血。②血管壁通透性升高，是由于致炎因子损伤、炎症介质及静脉淤血的作用。③组织间液渗透压升高，是由于炎症局部分解代谢增强和酸中毒，使炎症局部分子浓度和离子浓度增高，导致胶体渗透压和晶体渗透压都升高。

（2）渗出液的特点及其与漏出液的区别：渗出液的量及其成分与血管壁的损伤程度有关，当血管壁损伤较轻时，则以盐类晶体及小分子白蛋白渗出为主；当血管壁损伤较重时，则以大分子蛋白质（如球蛋白、纤维蛋白原等）渗出为主。渗出液的特点：由炎症性因素所致、血管壁损伤较重，所以渗出液中蛋白含量高、细胞数目多、比重高、外观混浊、离体后能自凝、黏蛋白定性试验（＋）。由于单纯的毛细血管内压增高、血浆胶体渗透压降低或血管壁通透性增高等非炎症性原因，引起的血管内血液成分通过血管壁进入组织间隙、体腔、体表或黏膜表面的过程，称为漏出。漏出的液体、蛋白质量和细胞成分构成漏出液（transudate）。

渗出液和漏出液均可引起水肿和积液，但渗出液和漏出液的成分是有明显差异的，临床上正确区别渗出液与漏出液，对某些疾病的诊断和鉴别诊断有重要意义。渗出液与漏出液可从以下几点进行区别（表5-2）：

表5-2　渗出液与漏出液的区别

区别点	渗出液	漏出液
原因	炎症 （血管壁损伤严重）	非炎症 （血管壁损伤轻微）
外观	混浊	清亮
比重	>1.020	<1.018
蛋白量	>30g/L	<30g/L
细胞数	>500×10⁶/L	<100×10⁶/L
凝固性	离体自凝	离体不自凝
黏蛋白定性试验	阳性	阴性

（3）液体渗出的意义：炎症局部液体成分的渗出对机体具有重要的防御作用。其表现为：①渗出液可中和、稀释毒素及有害物质，减轻毒素对机体局部组织细胞的损伤。②渗出液来自血浆液体，故可给局部组织细胞带来营养物质，并带走代谢产物。③渗出液中含有抗体、补体、溶菌酶等物质可消灭病原体。④渗出的纤维蛋白可交织成网，阻止病原体及其毒素的扩散，有利于白细胞的游走和吞噬，还可作为组织修复的支架。⑤渗出液中的白细胞、巨噬细胞可吞噬和杀灭病原体，清除坏死组织。⑥渗出液中的病原体及其毒素随淋巴液回流到局部淋巴结，可刺激淋巴细胞，促进细胞免疫和体液免疫的产生。

但渗出液过多也会给机体带来不良影响：①局部渗出液过多，可压迫局部组织、器官，加重局部血液循环障碍。②体腔内渗出液过多，可压迫周围组织或器官，影响组织、器官的功能。如大量心包积液时，可影响心脏的舒缩功能。③渗出液中的大量纤维蛋白不能完全被吸收时，可发生机化，导致组织粘连，如心包粘连、胸膜粘连等。

2. 细胞成分渗出——炎症细胞浸润　炎症局部血管内的细胞成分通过血管壁进入组织间隙、体腔、体表及黏膜表面的过程，称为细胞渗出。渗出于血管外的白细胞称为炎症细胞。渗出的炎症细胞聚集于炎症病灶区的现象，称为炎症细胞浸润。

白细胞渗出（炎症细胞浸润）是一个复杂而连续的过程，主要包括：

（1）白细胞的边集和滚动：生理情况下，血液在血管内流动时，血液中的有形成分位于血流的中心带，称为轴流。血浆成分位于血流的边缘带，称为边流。维持这种轴流和边流状态，需要一定的血流速度。炎症时，由于静脉淤血，使血流速度减慢，甚至停滞，导致轴流、边流消失。白细胞由轴流进入边流，称为白细胞边集。靠近血管壁的白细胞沿着血管壁向前缓慢滚动，称为白细胞滚动。

（2）白细胞的黏附：边集的白细胞黏附于血管壁内皮细胞表面，称为白细胞黏附。白细胞与内皮细胞的黏附是通过细胞表面的黏附分子相互识别、相互作用完成的。白细胞黏附是白细胞游出的前提。

（3）白细胞的游出：白细胞穿过血管壁进入组织间隙的过程，称为白细胞的游出。黏附于血管壁的白细胞，首先在内皮细胞连接处伸出伪足，以阿米巴样运动方式，逐渐穿过内皮细胞间隙，再穿过基底膜，最后整个细胞移至血管外。白细胞的游出过程是一个主动移动的过程，各种白细胞均以同样方式游出，但以中性粒细胞游出最快（图5-3）。不同类型的炎症，游出的白细胞种类也不尽相同。如化脓菌感染时，以中性粒细胞游出为主；病毒感染时，以淋巴细胞游出为主；过敏反应或寄生虫感染时，则以嗜酸性粒细胞游出为主。

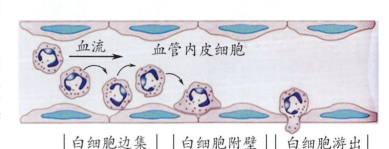

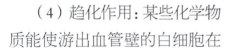

图5-3　中性粒细胞游出过程模式图

（4）趋化作用：某些化学物质能使游出血管壁的白细胞在组织间做定向移动的现象，称为趋化作用（chemotaxis）。能吸引白细胞做定向移动的化学物质称为趋化因子（chemotactic agents）。能吸引白细胞向趋化因子所在部位集中的现象，称为阳性趋化性。能排斥白细胞远离趋化因子的现象，称为阴性趋化性。趋化因子主要有细菌及其代谢产物、炎症介质等，不同趋化因子吸引不同的白细胞，如组织胺主要吸引嗜酸性粒细胞；淋巴因子主要吸引中性粒细胞和巨噬细胞。其中以中性粒细胞和单核巨噬细胞对趋化因子的反应最明显，而淋巴细胞反应较弱。

（5）炎症细胞在局部的作用：到达炎症病灶区的炎症细胞通过多种受体来识别感染的病原体和坏死组织。首先被激活，激活后的炎症细胞在炎症病灶区内发挥吞噬降解和免疫作用，同时也可引起组织细胞损伤。

1）吞噬降解作用：吞噬降解作用指炎症细胞吞噬降解病原体、组织碎片和异物的过程。激活后的炎症细胞，通过吞噬降解作用清除病原体及坏死组织。具有吞噬作用的细胞主要为中性粒细胞和巨噬细胞。炎症病灶内的巨噬细胞主要来自血液的单核细胞和局部的组织细胞。炎症细胞的吞噬过程主要包括识别和附着、包围和吞入、杀灭和降解三个阶段。吞噬作用是炎症防御反应中最重要的环节。通过吞噬作用，绝大多数病原体可被杀灭和降解，但也有少数病原体如结核分枝杆菌等，可在白细胞内长期存活，当机体抵抗力降低时，这些病原体可生长繁殖，并随吞噬细胞游走而在体内播散（图5-4）。

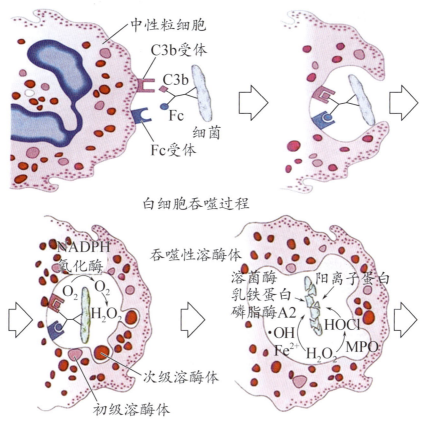

白细胞吞噬过程

白细胞降解过程

NADPH：还原型酰胺腺嘌呤二核苷酸磷酸； ·OH：羟基自由基；H_2O_2：过氧化氢；HOCl：次氯酸；MPO：髓过氧化物酶。

图 5-4　白细胞吞噬、降解过程模式图

 知识链接

巨噬细胞的吞噬、降解过程

巨噬细胞的吞噬降解过程主要包括三个阶段。

1. 识别和黏着　在血清中存在着一类能增强吞噬细胞吞噬功能的蛋白质，称为调理素。如免疫球蛋白可结晶片段（简称为 Fc 片段）、补体 C3b 等。吞噬细胞借助其表面的 Fc 片段和 C3b 受体，能识别被抗体或补体包裹的病原体或异物，并与其结合，使之附着于吞噬细胞表面。

2. 包围和吞入　吞噬细胞伸出伪足或内陷将黏附于表面的病原体或异物包围，然后吞入胞质内形成吞噬体，再逐渐内移并与溶酶体结合，形成吞噬溶酶体。

3. 杀灭和降解　吞噬溶酶体内的病原体或异物，逐渐被溶酶体及其代谢产物降解和消化。溶菌酶能水解细菌胞壁成分，使之崩解；溶酶体的铁蛋白能抑制细菌生长。此外，在吞噬溶酶体内，还能产生多种氧自由基或通过降低 pH 来杀灭和降解病原体或异物。

2）免疫作用：各种抗原成分进入机体后，可被巨噬细胞吞噬、处理，然后将抗原信息传递给 T 淋巴细胞和 B 淋巴细胞，免疫活化的 T 淋巴细胞和 B 淋巴细胞分别产生淋巴因子或抗体，发挥杀伤病原体、增强机体免疫力的作用。具有免疫作用的细胞主要为巨噬细胞、淋巴细胞和浆细胞。

白细胞的吞噬降解作用和免疫作用在机体抵抗病原体过程中起着重要的作用。任何能够影响其黏附、游出、趋化、吞入、杀伤和降解的先天因素或后天因素，均可导致白细胞的防御功能降低。临床上，患者可出现反复感染和创伤不易愈合的表现。

 知识链接

白细胞吞噬功能障碍

白细胞吞噬功能障碍指由于白细胞的黏附、趋化、吞入、杀伤和降解的任一环节先天性缺陷或后天性缺陷，导致白细胞吞噬功能障碍，炎症防御反应能力降低。如白细胞异常色素减退综合征（Chediak-Higashi syndrome）为常染色体隐性遗传病，是一种编码蛋白的基因缺陷，表现为白细胞数目减少、溶酶体向吞噬体注入障碍、或细胞毒性 T 淋巴细胞分泌具有溶解作用的颗粒障碍，引起严重的免疫缺陷和患者反复发生感染；再如由于 NADPH 氧化酶某种成分的基因缺陷，吞噬细胞 NADPH 氧化酶缺乏，H_2O_2 产生障碍，导致依赖活性氧杀伤的机制缺陷，可引起慢性肉芽肿性病变。

3）白细胞的损伤作用：白细胞的激活和吞噬过程中，不仅向吞噬溶酶体内释放产物，而且还将产物溶酶体酶、活性氧自由基等释放到细胞外间质中，损伤正常组织细胞，加重原始致炎因子的损伤作用，并因此延长炎症反应过程。这种白细胞介导的组织细胞损伤可见于多种疾病，如肾小球肾炎、哮喘、移植排斥反应和肺纤维化等。

（6）炎症细胞的种类、形态、功能及其临床意义：炎症时各种炎症细胞主要来自血液（如中性粒细胞、单核巨噬细胞、嗜酸性粒细胞、淋巴细胞等），部分可来自局部组织（如巨噬细胞、淋巴细胞、浆细胞等）。每种炎症细胞的形态各有特点（图 5-5），主要功能及临床意义也不尽相同（表 5-3）。

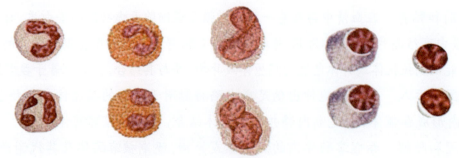

中性粒细胞　　嗜酸性粒细胞　　单核巨噬细胞　　浆细胞　　淋巴细胞

图 5-5　各种炎症细胞的形态

表 5-3　炎症细胞的种类、功能及临床意义

炎症细胞	主要功能	临床意义
中性粒细胞	具有较强的游走和吞噬能力 能吞噬细菌,组织碎片及抗原抗体复合物 可释放某些炎症介质(阳离子蛋白、中性蛋白酶) 溶酶体内含有酸性水解酶、中性蛋白酶、溶菌酶、 吞噬素等 崩解后,释放多种蛋白水解酶,溶解坏死组织及 纤维蛋白	主要见于急性炎症 早期和化脓性炎; 变性、坏死后成为 脓细胞
巨噬细胞	具有很强的游走和吞噬能力 能吞噬细菌,较大的组织碎片及异物等 释放内生致热原和炎症介质(白细胞三烯等) 处理抗原,传递免疫信息 能演变为类上皮细胞及多核巨细胞等	主要见于急性炎症 后期,肉芽肿性炎 (结核、伤寒等),病 毒和寄生虫感染等
嗜酸性粒细胞	具有较弱的游走和吞噬能力 吞噬免疫复合物和组织胺	主要见于寄生虫 感染及变态反应性 炎症
淋巴细胞及 浆细胞	游走能力弱,无吞噬能力 T 淋巴细胞参与细胞免疫,致敏后产生淋巴 因子,杀伤靶细胞 B 淋巴细胞,在抗原刺激下,可转变为浆细胞, 产生抗体,参与体液免疫	主要见于慢性炎症, 病毒感染,立克次体 和某些细菌(如结核 菌)感染,是参与免 疫反应的主要细胞
嗜碱性粒细胞 和肥大细胞	无明显游走和吞噬能力 胞质中含嗜碱性颗粒,脱颗粒可释放组织胺、 5-羟色胺和肝素	主要见于变态反应 性炎症

三、增　生

增生(proliferation)指在某些特殊致炎因子(如组织崩解产物、某些理化性因素等)作用下,炎症局部组织细胞增生、数目增多。增生的细胞成分主要是巨噬细胞、血管内皮细胞和成纤维细胞,有时可伴有被覆上皮和腺体增生。一般在急性炎症后期和慢性炎症时,以增生性病变为主;但有少数急性炎症是以增生性病变为主的。如急性肾小球肾炎

时,以肾小球毛细血管的内皮细胞和系膜细胞增生为主;伤寒时以全身单核巨噬细胞增生为主。

炎性增生也有重要的防御意义,主要体现在具有限制炎症扩散和完成炎性修复的功能。增生的巨噬细胞能吞噬降解病原体、坏死组织和异物,并能传递抗原信息,引起免疫反应;增生的成纤维细胞和毛细血管构成肉芽组织,完成炎症损伤后的修复。但过度的纤维组织增生,可使原有的组织、器官结构破坏,对机体产生不利影响。

综上所述,任何炎症局部均有变质、渗出和增生三种基本病变。在不同类型的炎症或同一炎症的不同阶段上,炎症局部的基本病变不尽相同,有的以变质为主,有的以渗出为主,有的以增生为主。一般来说,炎症早期和急性炎症多以变质、渗出性病变为主,而炎症后期或慢性炎症则多以增生性病变为主。变质、渗出、增生三者在一定的条件下,可以互相转化。

第五节　炎症的类型及病变

一、炎症的分类

目前,炎症的分类方法较多,可根据炎症局部病变、持续时间、累及部位和病变程度进行分类。

(一)按炎症局部病变分类

此为病理学常用分类方法。炎症根据局部基本病变不同,分为变质性炎、渗出性炎和增生性炎三大类。任何一种炎症,局部都包含变质、渗出、增生这三种基本病理变化,但常以一种病变为主。以变质性病变为主时,称为变质性炎;以渗出性病变为主时,称为渗出性炎;以增生性病变为主时,称为增生性炎。渗出性炎又根据渗出物的主要成分和病变特点不同,分为浆液性炎、纤维蛋白性炎、化脓性炎、出血性炎和卡他性炎等。

(二)按炎症持续时间分类

临床上,通常根据炎症发病缓急程度、病程持续时间不同,分为急性炎症、慢性炎症和亚急性炎症三大类。

1. 急性炎症　急性炎症起病急,进展快,临床症状明显,病程短,可持续数日,一般不超过1个月。炎症局部的基本病变以变质或渗出为主,病灶内浸润的炎症细胞主要为中性粒细胞;但有时也可表现为增生为主,如急性肾小球肾炎、伤寒等。

2. 慢性炎症　慢性炎症起病缓慢,临床症状不明显,病程较长,可持续数月至数年;

可由急性炎症反复发作而来，也可开始即为慢性。炎症局部的基本病变以增生为主，病灶内浸润的炎症细胞主要为淋巴细胞、浆细胞和巨噬细胞；有时可急性发作，如慢性阑尾炎急性发作。

3. 亚急性炎症　亚急性炎症指起病缓急程度、病史长短介于上述二者之间的炎症。

变质性和渗出性炎在临床上多属急性炎症，增生性炎在临床上多属慢性炎症。但亦有少数例外，如急性肾小球肾炎、伤寒等均为增生性病变，但临床上呈急性经过。

（三）按炎症累及部位分类

炎症按累及部位分可在病变器官后加"炎"字，如心肌炎、肝炎、肾炎等。临床上，还常用具体受累的解剖部位或致病因子等加以修饰，如肾盂肾炎、肾小球肾炎、病毒性心肌炎、细菌性心肌炎等。

（四）按炎症病变程度分类

炎症按病变程度分类，分为轻度炎症、中度炎症和重度炎症三种。

二、常见类型及病变

临床上，根据炎症发病缓急程度、病程持续时间不同，将炎症最常分为急性炎症和慢性炎症。

（一）急性炎症

急性炎症局部基本病变多以变质和渗出为主，而增生非常轻微。急性炎症局部浸润的炎症细胞主要为中性粒细胞。

1. 变质性炎　变质性炎指炎症局部的基本病变以变质为主，而渗出和增生较轻微的炎症，多由严重感染、中毒或变态反应所致；常发生于心、肝、肾、脑等实质器官。如病毒性肝炎时，以肝细胞变性、坏死为主；流行性乙型脑炎时，以神经细胞变性、坏死为主；白喉外毒素引起的中毒性心肌炎，则以心肌细胞变性、坏死为主。变质性炎时，由于组织和细胞变性、坏死，相应器官的结构和功能常被破坏。

2. 渗出性炎　渗出性炎指炎症局部的基本病变以渗出为主，而变质和增生较轻微的一类炎症，根据渗出的成分不同，可将渗出性炎分为以下几类。

（1）浆液性炎（serous inflammation）：浆液性炎指以大量浆液（淡黄色清亮液体——血浆液体）渗出为主，可伴有少量白细胞和纤维蛋白渗出的一类炎症；常发生于皮肤、黏膜、浆膜、脑膜、滑膜和肺等部位。发生于皮肤、黏膜的可形成水疱，如皮肤Ⅱ度烧伤时形成的水疱；发生于浆膜或滑膜的可形成积液或积水，如胸腔积液、腹水、关节腔积液等。浆液性炎渗出的主要成分为浆液，易吸收消散（图5-6）。

肝包囊虫病形成的浆液性水疱

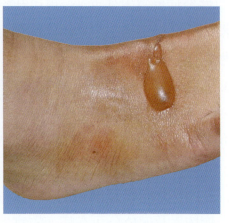
皮肤Ⅱ度烫伤形成的浆液性水疱

图 5-6　浆液性炎

（2）纤维蛋白性炎（fibrinous inflammation）：纤维蛋白性炎指以大量纤维蛋白渗出为主，可伴有少量浆液和白细胞渗出的一类炎症。多由于细菌毒素或毒物致血管壁严重受损，通透性明显升高引起。纤维蛋白性炎常发生于黏膜、浆膜和肺等部位。

1）发生于黏膜的纤维蛋白性炎：此类炎症在黏膜表面可有大量的纤维蛋白、少量的中性粒细胞渗出。渗出的纤维蛋白、中性粒细胞、坏死脱落的黏膜上皮细胞及细菌等混合，形成灰白色膜状物（假膜），覆盖于黏膜表面，故此类炎症又可称为假膜性炎（pseudomembranous inflammation），如白喉（图 5-7）、细菌性痢疾等。白喉时，在气管、支气管黏膜表面形成大片状假膜，假膜脱落可阻塞气管或支气管，引起窒息；细菌性痢疾时，在肠黏膜表面形成碎小的糠皮样假膜，假膜脱落，形成小、浅、不规则的溃疡。

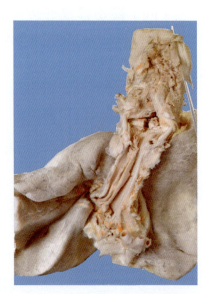

图 5-7　喉头及气管黏膜的纤维蛋白性炎（白喉）

2）发生于浆膜的纤维蛋白性炎：此类炎症常见于心包膜、胸膜和腹膜，主要病变为在浆膜表面有大量的纤维蛋白渗出。如心包的纤维蛋白性炎，在心包脏壁两层之间有大量的纤维蛋白渗出，渗出的纤维蛋白随着心脏收缩、舒张牵拉，形成绒毛状，故称为绒毛心（cor villosum）（图 5-8）。浆膜的纤维蛋白性炎若渗出的纤维蛋白较少，可被中性粒细胞崩解时释放的蛋白溶解酶溶解吸收；若渗出的纤维蛋白过多，则不能完全被溶解吸收，可发生机化，导致浆膜粘连，影响组织或器官的功能。如心包粘连，可影响心脏的舒缩功能；胸膜粘连，可影响肺的呼吸功能；腹膜粘连，可影响肠道蠕动、消化吸收功能，甚至可引起肠梗阻。

3）发生于肺的纤维蛋白性炎：此类炎症主要表现为在肺泡腔内有大量的纤维蛋白渗出，渗出的纤维蛋白可通过肺泡间孔，从一个肺泡腔迅速蔓延至周围的肺泡腔，累及到一个肺段或一个肺大叶,故又称为大叶性肺炎。

（3）化脓性炎（purulent inflammation）:化脓性炎指以大量中性粒细胞渗出为主,伴有不同程度的组织坏死和脓液形成的一类炎症。多由化脓菌（如金黄色葡萄球菌、溶血性链球菌、肺炎链球菌、大肠埃希菌等）感染所致。病灶内渗出的中性粒细胞释放蛋白溶解酶,将坏死组织溶解液化的过程,称为化脓。在化脓过程中形成的黄白色或黄绿色浑浊、黏稠的糊状物,称为脓液（脓汁）。脓液主要有大量变性、坏死的中性粒细胞（即脓细胞）、溶解液化的坏死组织、少量的浆液和细菌等成分构成。根据化脓性炎发生的原因、范围和部位不同,可分为以下三种类型:

1）表面化脓和积脓（empyema）:此类型指发生于黏膜、浆膜和脑膜等部位的化脓性炎,其脓性渗出物主要向黏膜、浆膜和脑膜表面渗出,如化脓性胸膜炎、化脓性脑膜炎等。

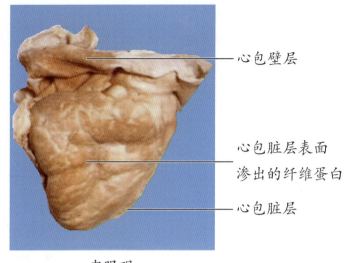

心包壁层

心包脏层表面渗出的纤维蛋白

心包脏层

肉眼观

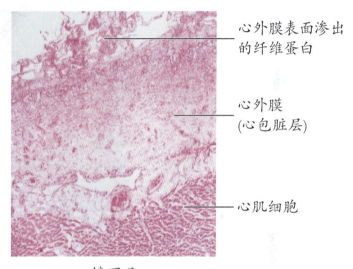

心外膜表面渗出的纤维蛋白

心外膜（心包脏层）

心肌细胞

镜下观

图5-8　纤维蛋白性心包炎（绒毛心）

其中,发生于支气管黏膜、尿道黏膜的化脓性炎,渗出的脓液可沿支气管或尿道排出体外;发生于黏膜腔或浆膜腔者,其脓液可积聚于黏膜腔或浆膜腔内,形成积脓,如阑尾积脓、胸膜腔积脓等。

2）蜂窝织炎（phlegmonous inflammation）:蜂窝织炎指疏松组织内的弥漫性化脓性炎,常见于皮下、黏膜下层、肌肉间和阑尾等部位。蜂窝织炎多由溶血性链球菌感染所致,此细菌能分泌透明质酸酶和链激酶,可溶解结缔组织基质中的透明质酸和纤维蛋白,使组织间隙增大,细菌易沿组织间隙蔓延、扩散,导致炎症比较弥漫,病灶内有大量中性粒细胞浸润,与正常组织分界不清（图5-9）。

3）脓肿（abscess）:脓肿指组织或器官内的局限性化脓性炎,常伴有脓腔形成,脓腔内充满脓液（脓汁）。脓肿常发生于皮下或内脏器官,如肺、肝、肾、脑等,多由金黄色葡萄球菌感染所致。细菌及其毒素致局部组织坏死,继而大量中性粒细胞渗出、浸润,并释放蛋白溶解酶,将坏死组织溶解液化,形成脓肿。脓肿早期与周围组织分界不清,经一段时间后,脓肿周围逐渐有肉芽组织增生,形成脓肿壁,使脓肿局限化,如脑脓肿(图5-10)。

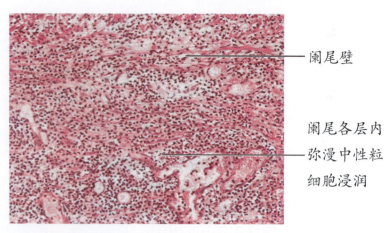

图5-9　阑尾蜂窝织炎

小的脓肿可以完全吸收消散,较大的脓肿常需切开引流或穿刺抽脓,而后由肉芽组织增生,瘢痕修复。较大的脓肿,不能完全吸收或排出脓液后,可发生机化或形成慢性脓肿。皮肤、黏膜表浅部位的脓肿,可向表面破溃形成溃疡;深部组织的脓肿向体表、体腔或自然管道穿破,形成只有一个开口的排脓盲管,称为窦道;深部组织的脓肿一端向体表穿破,而另一端向自然管道

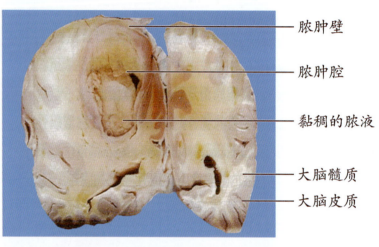

图5-10　脑脓肿肉眼观

穿破或贯通两个空腔器官,形成两个或两个以上开口的管道,称为瘘管。如肛门周围的脓肿向皮肤穿破,形成仅有一个开口的盲管,称为肛旁窦道;若向外穿破皮肤,向内破入肛管,形成两端均有开口的管道,称为肛旁瘘管(图5-11)。

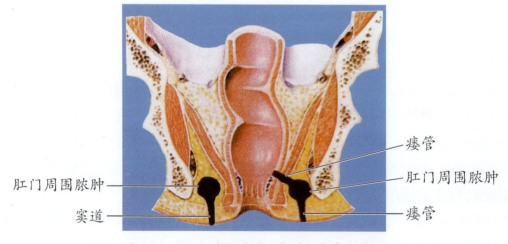

图5-11　肛门周围脓肿、窦道、瘘管示意图

知识链接

疖、痈和睑腺炎

1. 疖　疖是单个毛囊、皮脂腺及其周围组织形成的脓肿。疖中心部分溶解、液化形成脓肿,脓肿成熟后,可自行穿破表皮排脓。临床上,应避免挤压未成熟的疖,尤其是"危险三角区"内的疖,挤压易引起感染扩散。

2. 痈　痈是由多个疖融合而成,在皮下和筋膜组织中形成互相沟通的脓肿。临床上痈必须及时切开引流,排除脓液并应用有效的抗生素治疗,局部才能修复愈合。

3. 睑腺炎　睑腺炎是睑板腺体的急性化脓性炎,常伴有脓肿形成。眼睑局部红肿、压痛、硬结,5~7d脓肿成熟后,可自行穿破排脓,而痊愈。早期局部可使用抗生素眼药水或眼药膏;严重者可口服抗生素;脓肿成熟者应切开排脓;避免挤压引起颅内感染。

（4）出血性炎（hemorrhagic inflammation）:出血性炎指炎症局部以大量红细胞漏出为主要病变特征的一类炎症;多因血管壁损伤严重,通透性明显升高所致;常见于某些烈性传染病,如流行性出血热、鼠疫等。

（5）卡他性炎:卡他性炎指发生于黏膜的一种轻度渗出性炎,其渗出物沿黏膜表面向下流动(排出),根据渗出成分不同可分为浆液性卡他、黏液性卡他和脓性卡他。

（二）慢性炎症

慢性炎症局部基本病变多以增生为主,而变质和渗出较轻微,故又可称为增生性炎。炎症局部浸润的炎症细胞主要为慢性炎症细胞,包括淋巴细胞、浆细胞及单核巨噬细胞等。根据炎症局部病变特点不同,慢性炎症可分为以下几种类型:

1. 一般慢性炎症（增生性炎）　一般慢性炎症指炎症局部组织细胞增生,并伴有慢性炎症细胞浸润的炎症。增生的组织细胞主要有成纤维细胞和血管内皮细胞,可伴有被覆上皮、腺上皮或实质细胞的增生。炎症局部浸润的炎症细胞主要是巨噬细胞、淋巴细胞、浆细胞。晚期因大量纤维组织增生,导致组织器官质地变硬,体积缩小。如慢性硬化性肾小球肾炎晚期,由于大量纤维组织增生,使肾体积缩小,质地变硬,形成颗粒性固缩肾。但也有的一般慢性炎症,可使组织或器官体积增大。如慢性扁桃体炎时,由于长期慢性炎症刺激,扁桃体内的淋巴组织和纤维组织增生,致扁桃体体积明显肿大,质地变硬。

2. 炎性息肉（inflammatory polyp）　炎性息肉指在某些致炎因子作用下,炎症局部的黏膜上皮、黏膜下腺体及肉芽组织共同增生,形成向表面突起的、底部有蒂的肿物。炎性息肉可单发,也可多发。其大小可从数毫米至数厘米,呈淡红色,质地柔软。常见的炎性息肉有宫颈息肉、鼻息肉等。

3. 炎性假瘤（inflammatory pseudotumor）　炎性假瘤指在某些致炎因子作用下,炎症局部有多种成分共同增生,形成肿瘤样团块,肉眼观察和X线检查时,易误诊为肿瘤。其病变本质为炎症性增生,而非真性肿瘤;常见于眼眶和肺。如肺炎性假瘤时,从镜下观察病变区主要有肺泡上皮细胞、血管内皮细胞、巨噬细胞及成纤维细胞等多种成分增生,并伴有大量淋巴细胞、浆细胞浸润和含铁血黄素沉积。但肉眼观察肿物呈灰白色,质地较实,无包膜,与周围组织分界不清楚,似肺癌。

4. 肉芽肿性炎(granulomatous inflammation)　肉芽肿性炎即炎性肉芽肿,指以大量肉芽肿形成为主要病变特点的一类炎症。肉芽肿指在某些特殊致炎因子作用下,炎症局部以巨噬细胞及其演化的细胞增生为主,形成境界清楚的结节状病灶。从镜下观察:肉芽肿性炎病灶内主要有大量巨噬细胞增生,增生的巨噬细胞可转变为类上皮细胞、多核巨噬细胞、风湿细胞、伤寒细胞、麻风细胞等,病灶周围有少量的淋巴细胞、成纤维细胞包绕,形成界限清楚的结节状病灶。

根据致炎因子和病变特点的不同,肉芽肿性炎可分为感染性肉芽肿和异物性肉芽肿两大类。

(1)感染性肉芽肿:此类肉芽肿均由病原体感染所致,其形成机制多为机体的一种免疫反应,特别是细胞免疫反应。常见的感染性肉芽肿有结核结节、伤寒小结、麻风小体、风湿小体等。不同病原体感染所引起的肉芽肿性病变的形态特点各有特异性,因此,可根据肉芽肿的形态结构特点作出病因学诊断。如检查到典型的结核结节时(图 5-12),即可诊断为结核病。

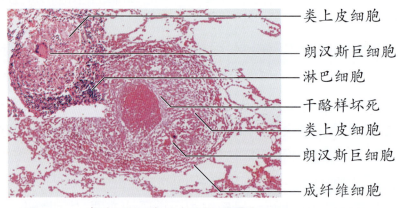

类上皮细胞
朗汉斯巨细胞
淋巴细胞
干酪样坏死
类上皮细胞
朗汉斯巨细胞
成纤维细胞

图 5-12　感染性肉芽肿(结核结节)

 知识链接

结核结节的镜下结构

结核结节(tubercle)又称为结核性肉芽肿(tuberculous granuloma)。典型的结核结节镜下观察:中央为干酪样坏死;周围有类上皮细胞和多核的朗汉斯巨细胞;再外围有淋巴细胞及成纤维细胞围绕,形成境界清楚的结节状病灶。

（2）异物性肉芽肿：此类肉芽肿是由于异物长期刺激所引起的，病变局部以异物巨细胞增生为主，形成境界清楚的结节状病灶。引起异物性肉芽肿的常见异物有外科缝线、木刺、滑石粉、石棉纤维、硅尘、寄生虫虫卵等。其病变特征：镜下观察可见病灶中央为异物，周围有多少不等的单核、多核异物巨细胞及成纤维细胞包绕，形成境界清楚的结节状病灶（图5-13）。

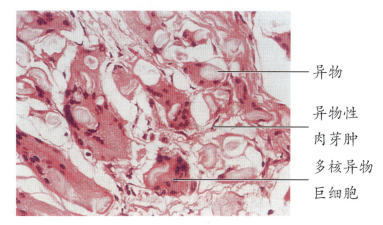

图5-13　异物性肉芽肿

总之，慢性炎症多为增生性炎。其中一般慢性炎症、炎性息肉、炎性假瘤为慢性非特异性炎症，而肉芽肿性炎则为慢性特异性炎症。

第六节　炎症的临床表现

一、炎症的局部表现

炎症的局部表现主要包括红、肿、热、痛和功能障碍。

1. 红　炎症局部早期因动脉性充血而呈鲜红色；晚期因静脉淤血而呈暗红色。

2. 肿　急性炎症时，由于局部血管通透性增高，炎性渗出物集聚导致局部肿胀。慢性炎症时，局部肿胀主要是由于组织细胞增生所致。

3. 热　热指炎症局部温度升高；是由于动脉性充血，血流加快，血流量增多，局部组织代谢增强，产热增多所致。

4. 痛　炎症局部疼痛是由于感觉神经末梢受炎性渗出物压迫、局部 H^+、K^+ 浓度增高刺激以及炎症介质的致痛作用所致。

5. 功能障碍　炎症局部实质细胞变性坏死、代谢障碍、渗出物压迫或阻塞、局部组织肿胀及疼痛等，均可导致炎症局部组织或器官的功能障碍。

二、炎症的全身反应

当炎症局部病变比较严重，特别是病原体在体内蔓延播散时，常出现明显的全身性反应，如发热、末梢血中白细胞数目改变、心率加快、血压升高、寒战和食欲缺乏等。

1. 发热　发热指机体在各种发热激活物的作用下，引起的调节性体温升高。如各种病原体及其毒素可作为外致热原，刺激机体产内生致热原细胞，使之产生并释放内生致热原（如白细胞介素-1、肿瘤坏死因子等）。内生致热原作用于下丘脑体温调节中枢，改变中枢发热介质，使体温调节中枢的调定点上移，从而引起产热增多，散热减少，体温升高。

一定程度的发热，能增强机体代谢，促进抗体形成，增强单核吞噬细胞系统的吞噬功能及促进肝解毒功能，故对机体具有一定的防御意义。但高热或持续性高热，可引起机体各系统特别是中枢神经系统功能紊乱，而引起严重的危害，故高热或持续性高热对机体是不利的。临床上有些较重的炎症性疾病时，会出现体温不但不升高，反而有所降低的现象，提示机体抵抗力低下，患者预后不良。

2. 末梢血中白细胞变化　白细胞计数增加是炎症反应的常见表现，特别是细菌感染引起的炎症。白细胞增多可增强炎症反应，具有重要的防御意义。白细胞计数可达 15 000～20 000/mm³；如果末梢血中白细胞计数达到 40 000～100 000/mm³，称为类白血病反应。

（1）末梢血中白细胞增多的意义：血中增多的白细胞类型与炎症的类型、感染的病原体种类有关。急性炎症早期和多数细菌感染，尤其是化脓菌感染时，末梢血中以中性粒细胞增多为主；病毒感染时，末梢血中以淋巴细胞、单核细胞增多为主；寄生虫感染或变态反应性炎症时，末梢血中以嗜酸性粒细胞增多为主；急性炎症后期和慢性炎症时，末梢血中以淋巴细胞、浆细胞和单核细胞增多为主；肉芽肿性炎时，末梢血中以单核细胞增多为主。

（2）白细胞增多的程度与机体的抵抗力、感染程度有关：严重感染时，末梢血中可出现相对不成熟的中性粒细胞，表现为核分叶减少或呈杆状核的中性粒细胞所占比例增加，称为"核左移"。机体抵抗力严重低下或感染严重时，末梢血中白细胞数目增加不明显，甚至减少。

（3）白细胞计数减少：多数病毒、立克次体和原虫感染，甚至极少数细菌（如伤寒杆菌）感染时，末梢血中白细胞计数不但不增高，反而可以减少。

因此，临床上血中白细胞计数和分类的检查，对病因诊断、病情和预后判断具有重要意义。

3. 单核吞噬细胞系统及淋巴组织增生　炎症病灶区的病原体、坏死崩解产物等，可通过血液或淋巴液引流到全身单核吞噬细胞系统及局部淋巴结，刺激单核吞噬细胞及淋巴组织增生，使其功能加强，有利于吞噬、降解病原体和坏死组织，增生的 T 淋巴细胞、B 淋巴细胞可释放淋巴因子和产生抗体，参与免疫反应。临床上主要表现为肝大、脾大、淋巴结肿大。

4. 实质器官的病变　严重感染时，心、肝、肾、脑等器官的实质细胞可发生各种变性、坏死，引起实质器官功能障碍，表现出相应的症状和体征。

第七节　炎症的结局

炎症的结局主要取决于致炎因子的强弱、机体的抵抗力及免疫状态、防御功能和治疗措施等因素。大多数急性炎症能够痊愈，少数可迁延为慢性炎症，极少数可蔓延扩散到全身。

一、痊　　愈

1. 完全痊愈　当致炎因子被消除，炎性渗出物及坏死组织完全被溶解吸收或排出，局部损伤可通过炎性修复，完全恢复原组织的形态结构及功能。如大叶性肺炎，肺泡腔内的渗出物完全溶解吸收或咳出后，肺组织完全恢复正常。

2. 不完全痊愈　当损伤较严重，组织坏死范围较大，渗出物及坏死组织不能完全被溶解吸收，主要由肉芽组织进行修复，最终形成瘢痕组织，未能完全恢复原组织的形态结构及功能。若发生在重要组织、器官可造成严重后果。如风湿性心内膜炎晚期引起心瓣膜增厚、变硬、卷曲、粘连，导致瓣膜狭窄或关闭不全等慢性心瓣膜病，从而造成心功能障碍。

二、迁延不愈转为慢性炎症

当机体抵抗力低下或治疗不及时、不彻底时，致炎因子短期内未能被彻底清除或在机体内持续存在，将不断地损伤组织细胞，造成炎症迁延不愈，由急性炎症转变成慢性炎症，病情可时轻时重，新旧病变并存，可长年不愈。如急性病毒性肝炎可迁延为慢性病毒性肝炎。

三、蔓　延　播　散

当机体的抵抗力低下或感染的病原体数量多、毒力强时，病原体在体内不断繁殖，可沿组织间隙或经血管、淋巴管向周围组织或全身组织、器官扩散，引起严重后果。

1. 局部蔓延　炎症病灶内的病原体，沿组织间隙或自然管道向周围组织或器官扩散蔓延。如急性支气管炎蔓延至小细支气管或肺泡，引起支气管肺炎。

2. 淋巴道蔓延　急性炎症时，渗出的炎性水肿液和部分白细胞可被吸收入淋巴管，随淋巴液回流到局部淋巴结，导致其所含的病原体沿淋巴道扩散，引起淋巴管炎和局部淋巴结炎。如原发性肺结核的病变特点是形成原发综合征。原发综合征即肺内原发病灶中的结核分枝杆菌侵入淋巴管，沿淋巴道扩散，引起结核性淋巴管炎和肺门淋巴结结核。病原体也可通过淋巴系统扩散至血液，从而引起血行蔓延。

3. 血行蔓延　病原体及其代谢产物、毒素等均可直接进入血液，或被吸收进入血液，或经淋巴道进入血液，可引起菌血症、毒血症、败血症和脓毒血症，严重者可危及生命。

（1）菌血症：菌血症指细菌入血，全身无中毒症状，但从血液中可检查到细菌。此阶段肝、脾和骨髓的吞噬细胞可清除细菌。某些炎症性疾病早期可有菌血症，如大叶性肺炎、伤寒、流行性脑脊髓膜炎等。

（2）毒血症：毒血症指细菌的毒性代谢产物或毒素入血，但血培养检测不到细菌。临床上出现全身中毒症状，如寒战、高热等，同时可伴有心、肝、肾等实质细胞的变性或坏死，严重时出现中毒性休克，如大叶性肺炎、白喉等。

（3）败血症：败血症指细菌入血，并在血液中大量生长繁殖，产生毒素，引起全身中毒症状和病理变化，此时血液培养常可检查出细菌。临床上败血症除呈现毒血症的表现外，还常出现皮肤和黏膜的多发性出血点（瘀点、瘀斑），肝大、脾大和淋巴结肿大等，如感染性心内膜炎。

（4）脓毒血症：化脓菌引起的败血症，可进一步发展为脓毒血症。临床上除败血症的表现外，全身某些脏器可出现多发性栓塞性小脓肿。镜下观察：小脓肿中央的小血管或毛细血管中可见细菌菌落，周围大量中性粒细胞浸润，并伴有局部组织溶解液化坏死。

章末小结

　　本章主要讲授了炎症的概念、原因、局部基本病变、类型及病变特点、临床表现及结局等内容。其中炎症局部的基本病变、类型及病变特点、临床表现为本章的重点教学内容。炎症的原因、分类、结局为本章的非重点教学内容。炎症局部基本病变、类型及各型病变特点、炎症的全身反应既是本章的重点，同时也是本章的难点，应通过实验课的学习，加强对所学理论知识的理解，在充分理解的基础上进行记忆，并能利用本章所学的炎症病理知识，分析解释炎症性疾病的临床表现，达到学会、融通、会用。

（黄晓红）

思考与练习

一、简答题

1. 简述致炎因子的概念及常见的致炎因子。
2. 简述炎症介质的概念、来源及作用。
3. 简述炎症局部的基本病理变化。
4. 简述渗出的概念及过程。
5. 简述渗出局部血流动力学的变化（血管的反应）。
6. 简述渗出液的特点及其与漏出液的区别。
7. 简述炎症时，液体渗出的意义。
8. 简述细胞渗出的过程及炎症细胞浸润的概念。
9. 简述炎症细胞的种类、形态、功能和意义。

10. 简述渗出性炎的常见类型及各型病变特点。

11. 简述慢性（增生性）炎症的类型及各型病变特点。

12. 简述炎症的全身反应。

二、案例分析题

1. 患者，男，30岁。患者突发上腹部疼痛8h，伴转移性右下腹疼痛、恶心、呕吐及发热2h入院。查体：体温39.5℃，右下腹压痛、反跳痛明显，白细胞总数$14×10^9$/L，中性粒细胞占比0.93，手术切除阑尾。肉眼观察：阑尾肿大，暗红色，浆膜面血管扩张充血，表面覆有脓苔。切面阑尾腔扩张，其内可见粪石。镜下观察：阑尾各层内充血、水肿，弥漫中性粒细胞浸润。

请思考：

（1）患者阑尾的病理学诊断是什么？

（2）阑尾病变的诊断依据是什么？

（3）解释患者出现的临床表现和化验检查结果。

2. 患儿，女，6岁。患儿10d前面部长一疖，7d前其母用针扎破，并用力挤出脓性血液，之后发生寒战、高热、头痛、呕吐，在家自行服药治疗，病情未见好转，现出现昏迷、抽搐而入院，经抢救无效死亡。实验室检查：白细胞总数$22×10^9$/L，其中中性粒细胞占比0.87，血培养金黄色葡萄球菌阳性。尸体解剖：发育、营养差，面部有一个3cm×2cm的肿胀区，切开有脓血流出。颅腔：左额区见一3cm×3cm×4cm的脓腔形成，脓腔内充满灰黄色脓液。病理切片：病变处脑组织坏死，大量中性粒细胞浸润，并见肉芽组织形成。

请思考：

（1）患儿死亡的原因及其形成机制是什么？

（2）患儿左额区病变的病理诊断是什么？

（3）解释患儿的临床表现及实验室检查。

第六章 | 发 热

06章 数字内容

1. 具有关心、关爱、体贴发热患者的爱伤情怀。
2. 熟悉发热概念；发热原因及发生机制；分期及特点；发热时机体的代谢和功能变化。
3. 了解发热的生物学意义、发热的分型。
4. 能用本章所学的理论知识，解释和分析临床上不同疾病发热的病理生理学改变。

 工作情景与任务

导入情景

患儿，男，5 岁。患儿发热、咳嗽 2d。查体：体温 39.5℃，脉搏 100 次/min，精神萎靡，咽部充血，两肺呼吸音粗，可闻及少量湿啰音。临床诊断：支气管肺炎。给予抗生素输液治疗。治疗过程中，出现畏寒、发冷、烦躁不安，测量体温 41.2℃、心率 120 次/min，并给予酒精擦浴，头部放置冰袋。次日，体温渐降，出汗较多，继续输液及抗生素治疗。3d 后，体温降至正常，6d 后痊愈出院。

工作任务：

1. 患儿出现的畏寒、发冷、烦躁不安、出汗较多，以及心率的改变，是如何引起的？
2. 采用酒精擦浴，头部放置冰袋的目的是什么？

第一节　发热的概念及生物学意义

人具有完善的体温调节系统，以保证体温的相对稳定。正常成人体温维持在 37℃左右，每昼夜波动范围不超过 1℃。一般以体温超过正常值 0.5℃，作为体温升高的判断标准。体温升高分为生理性和病理性两种。生理性体温升高见于某些生理情况，如剧烈运动、月经前期、心理应激等，属于生理性反应。病理性体温升高包括发热和过热。

一、概　　念

发热（fever）是机体在致热原的作用下，体温调节中枢的调定点上移而引起的调节性体温升高，是一种主动性体温升高。当机体发生体温调节障碍、散热障碍或产热器官功能异常，如体温调节中枢损伤、环境高温所致的中暑、甲状腺功能亢进等情况时，体温调节中枢不能将体温控制在与调定点相适应的水平而引起的非调节性体温升高，称为过热（hyperthermia），这是一种被动性体温升高。

二、生物学意义

发热不是独立的疾病，是机体的一种反应，也是疾病的信号，其生物学意义体现在对机体的影响利弊并存。一定程度的发热有利于提高机体的防御能力，但高热或持续发热有可能对机体产生不利的影响。因此，了解疾病过程中发热的特点，对判断病情、评估疗效和估计预后，均有重要参考价值。

第二节　发热的原因及发生机制

一、原　　因

（一）发热激活物

发热激活物（pyrogenic activator）是能够激活体内产内生致热原细胞，使其产生和释放内生致热原的物质，其包括外致热原和某些体内产物。

1. 外致热原（外源性致热原）　外致热原是来自体外的致热物质，主要包括病原体（细菌、病毒、真菌、螺旋体、疟原虫等）及其代谢产物。其中革兰氏阴性细菌的内毒素是最常见的外致热原，耐热性高，一般方法难以灭活，是血液制品和输液过程中的主要污染物。

2. 体内产物　体内产物是机体内产生的致热物质，包括抗原-抗体复合物、类固醇产物及体内大量破坏的组织等。

（二）内生致热原

内生致热原（endogenous pyrogen，EP）即内源性致热原是在发热激活物作用下，由产内生致热原细胞产生和释放的能够引起体温升高的物质。体内能够产生和释放内生致热原的细胞称为产内生致热原细胞，包括单核细胞、巨噬细胞、内皮细胞、淋巴细胞、星状细胞以及肿瘤细胞等。这些细胞与发热激活物结合后被激活,细胞内合成内生致热原并释放入血。产生的内生致热原包括白细胞介素-1(IL-1)、肿瘤坏死因子、干扰素(interferon,IFN)和白细胞介素-6(IL-6)等。

二、发生机制

发热的发生机制尚未完全阐明,目前认为引起发热包括致热原信息传入中枢,中枢调节-调定点上移和调温效应器反应三个基本环节(图6-1)。

1. 致热原信息传入中枢

2. 中枢调节-调定点上移

3. 调温效应器反应

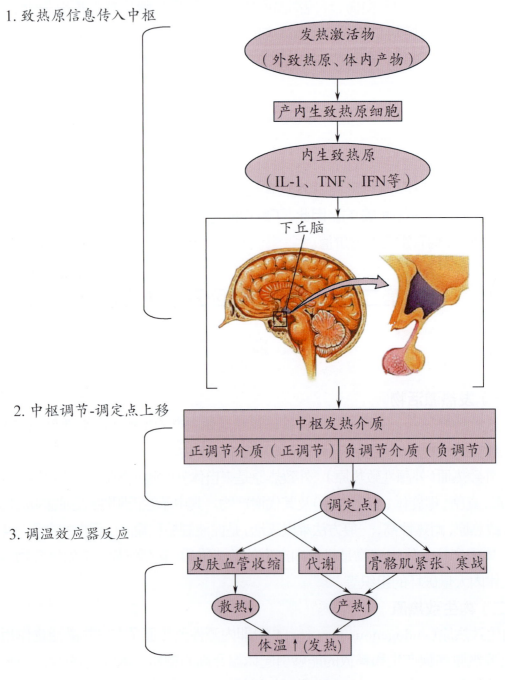

图 6-1 发热发生机制示意图

第三节 发热的分期、分型

一、分期及特点

发热的临床经过,大致可分为体温上升期、高热持续期和体温下降期三个时相(图6-2),其热代谢特点和临床表现等见表6-1。

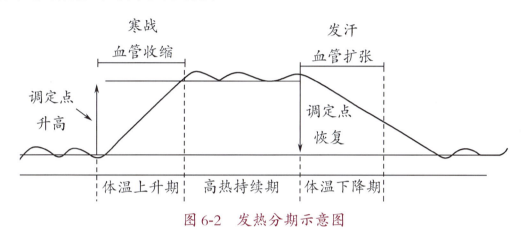

图6-2 发热分期示意图

表6-1 发热的分期特点

分类		体温上升期	高热持续期	体温下降期
调定点变化		上移	调定点保持在一定高度	调定点降至正常
热代谢特点		产热>散热	产热=散热	产热<散热
临床表现及机制		①皮肤苍白:皮肤血管收缩 ②畏寒:皮肤血流减少、皮肤温度降低 ③鸡皮疙瘩:交感神经兴奋,竖毛肌收缩 ④寒战:骨骼肌不随意收缩	①肤色变红:皮肤血管扩张 ②自觉酷热:皮肤血流量增加,皮肤温度升高 ③口唇干燥:皮肤温度升高,皮肤水分蒸发较多	大量出汗:皮肤血管进一步扩张,汗腺分泌增加,严重者可脱水

二、分 型

(一)根据体温升高程度分型

1. 低热 38℃以下。
2. 中热 38.1~39℃。
3. 高热 39.1~41℃。

4. 极高热   41℃以上。

（二）根据热型分型

热型是将发热患者体温单上的各体温数值点连接形成的曲线。

1. 稽留热   体温持续在 39～40℃甚至更高水平，24h 内波动不超过 1℃，常见于大叶性肺炎及伤寒等。

2. 弛张热   持续高热，24h 内波动超过 1℃，可达 2～3℃，见于风湿热，败血症及化脓性炎等。

3. 间歇热   体温骤升至 39℃以上，持续数小时后又迅速降至正常水平，每日或隔日反复一次，见于疟疾及急性肾盂肾炎等。

4. 回归热   回归热又称为波浪热。体温升至 39℃以上，数日后逐渐降至正常，持续数日后又逐渐升高，见于布鲁菌病及回归热等。

5. 不规则热   发热持续时间不定，体温波动范围及热型曲线无规律，见于结核病及小叶性肺炎等。

第四节   发热时机体代谢和功能变化

一、代 谢 变 化

体温升高时物质代谢加快。一般认为，体温每升高 1℃，基础代谢率约提高 13%，所以发热时物质消耗明显增加。如果持久发热而营养物质没有得到相应补充，就会消耗自身的物质，导致消瘦和体重下降。

（一）糖代谢

发热时由于产热的需要，能量消耗大大地增加，因而对糖的需求增多，糖的分解代谢加强，糖原贮备减少，使血糖升高，甚至出现糖尿。由于氧供应相对不足，葡萄糖无氧酵解增强，产生大量乳酸，所以发热患者最容易出现代谢性酸中毒。

（二）脂肪代谢

发热时因能量消耗的需要，脂肪分解明显增加。由于糖原贮备不断减少，加上发热引起的食欲差及营养摄入不足，机体动员贮备的脂肪，使脂肪的分解代谢也增强。脂肪氧化不全，产生大量酮体，加重代谢性酸中毒，可出现酮血症甚至酮尿。

（三）蛋白质代谢

发热时，体内蛋白质的分解加强，可引起血浆蛋白含量减少、氮质血症及尿素排出增多等。此时如果不能及时补充足够的蛋白质，将产生负氮平衡，可出现机体抵抗力下降和组织修复能力减弱等表现。

（四）维生素代谢

长期发热时，由于糖、脂肪和蛋白质分解代谢增强，使各种维生素的消耗增多，加之食欲差,维生素摄入不足,因此容易发生维生素缺乏,特别是维生素 C 和维生素 B 族的缺乏,应注意及时补充。

(五)水、电解质代谢

在体温上升期,由于肾血流量减少,尿量减少,Na^+ 和 Cl^- 排出减少。在高热持续期和体温下降期,因尿量恢复,皮肤和呼吸道水分蒸发增加及大量出汗,水分大量丢失,严重者可引起脱水。因此,高热患者退热期应注意及时补充水和适量的电解质。

二、功 能 变 化

(一)中枢神经系统

发热使中枢神经系统兴奋性增高,常出现头痛、头晕等,高热时可出现烦躁、谵妄和幻觉。有些高热时发生中枢神经系统处于抑制状态的表现,如表情淡漠、嗜睡等。小儿高热容易引起抽搐,可能与小儿中枢神经系统尚未发育成熟有关,反复惊厥可造成小儿脑损伤,发生智力损害甚至癫痫(热性惊厥),因此小儿发热要严密观察。

(二)循环系统

发热时心率加快,体温每升高 1℃,心率约增加 18 次 /min,儿童增加更快。一定限度内的心率(< 150 次 /min)加快可增加心输出量;但如果心率过快,心脏因负荷增加,心输出量反而下降。因此,发热时应安静休息,减少体力劳动和情绪激动,以避免诱发心力衰竭。体温上升期,因心率加快和皮肤黏膜血管收缩,此期血压可略升高;高热持续期和体温下降期,由于外周血管舒张和大量出汗,血压可略下降,少数情况可因大量出汗而致虚脱,甚至循环衰竭,应及时预防。

(三)呼吸系统

发热时血液温度的升高可兴奋呼吸中枢并提高呼吸中枢对 CO_2 的敏感性,促使呼吸加深加快,从而有更多的热量从呼吸道散发,并促进 O_2 的供应。但持续高热可使呼吸中枢抑制,致使呼吸变浅变慢,甚至引起呼吸节律的紊乱。

(四)消化系统

发热时交感神经兴奋性增强以及水分蒸发较多,消化液分泌减少,消化酶活性减低,胃肠蠕动减慢,因而产生食欲减退、口干舌燥、消化不良、腹胀及便秘等。

(五)泌尿系统

体温上升期由于肾血管收缩,尿量减少,尿比重增高;高热持续期,可因肾小管上皮细胞损伤出现轻度蛋白尿和管型尿;体温下降期由于肾血管扩张,尿量增加,尿比重逐渐降至正常。

知识链接

发热的处理原则

积极查明病因,针对原发病进行治疗,如抗感染、抗过敏等。发热能增强机体防御功能,也是疾病的信号。对于体温在 40℃以下,又不伴有其他严重疾病的患者,可不急于解热,以免掩盖病情,主要以补充足够的营养物质、维生素和水为主。但小儿、高热(> 40℃)患者、心脏病及恶性肿瘤患者发热时应及时解热。此外,发热对妊娠早期妇女有致畸胎的危险,在妊娠中晚期有诱发心力衰竭的可能性,因此妊娠期妇女有发热也应及时解热。发热患者应选择适宜的退热措施,如物理降温、药物解热,并加强护理。

章末小结

本章主要讲述发热的概念、原因、机制、经过及机体代谢和功能变化等内容。其中发热的机制是本章的难点。发热是机体在致热原作用下,体温调节中枢的调定点上移而引起的调节性体温升高。发热的机制是由发热激活物作用于机体,激活产内生致热原细胞,产生和释放内生致热原,再经一些后继环节引起体温调节性升高。发热临床经过大致可分体温上升期、高热持续期、体温下降期。另外还要熟悉发热时机体的代谢和功能变化,并了解发热的生物学意义、发热的分型。

(赵　鸿)

 ## 思考与练习

一、简答题

1. 简述发热的概念及原因。
2. 简述发热的分期及各期的热代谢特点。

二、案例分析题

患者,女,29 岁,孕 31 周。患者咳嗽、咳痰 1d 伴发热 2h。查体:体温 39℃,心率 120 次/min,曾有心肌炎病史,X 线胸片示左肺下叶片状致密阴影。临床诊断为妊娠晚期合并大叶性肺炎入院。

请思考:

1. 该患者可采取哪些解热措施?
2. 如未及时进行退热处理,该患者可能出现哪些严重后果?
3. 发热必须及时处理的情况有哪些?

第七章 | 休 克

07章 数字内容

学习目标

1. 具有科学处理休克相关疾病问题的认知能力,积极对待休克患者的基本素质。
2. 掌握休克的概念、发生机制及发生发展过程。
3. 熟悉休克时机体代谢和功能变化。
4. 了解休克的原因、分类及防治原则。
5. 能应用本章病理生理知识分析与休克相关疾病的临床表现等问题。

 工作情景与任务

导入情景

患者,男,28岁。患者高空作业时,因脚手架坍塌,不幸从高空坠落,坠落过程中多次被阻挡,落地后全身多处出血,陷入昏迷,被其他工友紧急送往医院。查体:体温37.6℃,脉搏106次/min,呼吸22次/min,血压80/50mmHg,神志不清、反应迟钝、皮肤发绀、四肢湿冷。

工作任务:

1. 患者的生命体征是否正常?
2. 患者出现的神志不清、反应迟钝、皮肤发绀、四肢湿冷等表现,是如何引起的?

第一节　休克的概念

休克(shock)是机体在各种强烈致病因素作用下,有效循环血量急剧减少,组织微循环血液灌流量严重不足，导致重要器官代谢和功能严重障碍的全身性危重病理过程。

休克发生发展急骤，进展迅速，如不及时救治，可危及生命。

第二节　休克的原因及分类

一、休克的原因

很多强烈的致病因素可引起休克。常见的致病因素：

（一）失血和失液

1. 失血　大量失血引起的休克称为失血性休克，常见于外伤、胃溃疡、肝硬化食管静脉丛破裂及产后大出血等。

2. 失液　剧烈呕吐或腹泻、肠梗阻及大汗淋漓等，可导致大量体液丢失而引起失液性休克。

（二）烧伤

大面积烧伤常伴有大量血浆渗出，导致有效循环血量减少，引起烧伤性休克。其早期主要与低血容量和疼痛有关，晚期常因继发感染而发展为感染性休克。

（三）创伤

各种严重创伤可因剧烈疼痛、大量失血和失液引起创伤性休克。

（四）感染

细菌、病毒、真菌及立克次体等病原微生物的严重感染，引起感染性休克，常伴有败血症和脓毒血症，故又称为脓毒症休克。

（五）过敏

过敏体质的人在注射某些药物，如青霉素、血清制剂或疫苗，甚至进食某些食物或接触某些物品（如花粉）后，发生 I 型超敏反应，引起过敏性休克。

（六）心脏功能障碍

大面积急性心肌梗死、急性心肌炎、严重心律失常等心脏病变；心脏压塞、张力性气胸和肺动脉栓塞等影响血液回流和心脏射血功能的心外阻塞性病变，均可导致因心输出量急剧下降，有效循环血量严重不足引起休克，称为心源性休克。

（七）强烈的神经刺激

剧烈疼痛、高位脊髓损伤、麻醉、中枢镇静药过量等，可抑制交感缩血管功能，使阻力血管扩张，血管床容量增加，有效循环血量相对不足而引起休克，称为神经源性休克。

二、休克的分类

引起休克的原因很多，分类方法也有多种。常用的分类方法：

（一）按原因分类

休克按原因分为失血性休克、失液性休克、烧伤性休克、创伤性休克、感染性休克、过敏性休克、心源性休克及神经源性休克等。

（二）按始动环节分类

机体有效循环血量的维持，由三个因素决定。①足够的血容量。②正常的心泵功能。③正常的血管舒缩功能。各种引起休克的原因作用于机体后，主要通过血容量减少，血管床容量增加及心泵功能障碍这三个始动环节导致休克。按此休克可分为三类：

1. 低血容量性休克　低血容量性休克指由于血容量减少引起的休克，常见于失血、失液、创伤及烧伤等。

2. 血管源性休克　血管源性休克指由于外周血管扩张，血管床容量增加，大量血液淤滞在扩张的小血管内，使有效循环血量减少而引起的休克，常见于某些感染性休克、过敏性休克及神经源性休克。

3. 心源性休克　心源性休克指由于心泵功能障碍，心输出量急剧减少，有效循环血量显著下降所引起的休克，常见于大面积心肌梗死、心肌病、严重心律失常、心脏瓣膜病、急性心脏压塞及肺动脉高压等。

第三节　休克的发展过程及发生机制

休克的发生机制尚未完全阐明，但微循环障碍，被认为是休克发生的共同基础。

微循环是微动脉与微静脉之间的血液循环，是血液与组织进行物质交换的基本结构和功能单位。微循环由微动脉、后微动脉、毛细血管前括约肌、真毛细血管、动静脉短路、直捷通路及微静脉构成（图7-1）。微动脉、后微动脉及毛细血管前括约肌又称为前阻力血管，决定微循环的灌入量。真毛细血管又称为交换血管，是血管内外物质交换的主要场所。微静脉又称为后阻力血管，决定微循环的流出量。经直捷通路的血液可迅速回到静脉，较少进行物质交换。

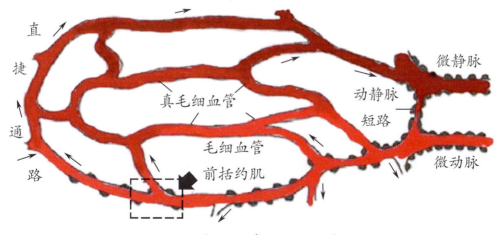

图7-1　机体正常微循环示意图

微循环主要受神经体液因素的调节。交感神经兴奋时血管收缩;体液因子如儿茶酚胺、血管紧张素Ⅱ、血管升压素及血栓素 A_2 等可引起血管收缩;局部血管活性物质如组胺、激肽及前列环素等导致血管舒张。酸性产物可降低血管平滑肌对缩血管物质的反应性,使血管扩张。

以失血性休克为例,根据微循环变化将休克发展过程分为三期,即微循环缺血期、微循环淤血期及微循环衰竭期。

一、休 克 初 期

休克初期即微循环缺血期,又称为休克早期,临床上属于休克代偿期。

(一)微循环变化

各种原因引起交感 - 肾上腺髓质系统兴奋,儿茶酚胺大量释放入血。儿茶酚胺一方面引起皮肤、腹腔内脏和肾的小血管收缩,外周阻力升高,组织器官血液灌流不足,但对心脑影响不大;另一方面使大量动静脉短路开放,加重组织缺血缺氧。除儿茶酚胺外,血管紧张素Ⅱ、血管升压素及血栓素 A_2 等其他缩血管体液因子也参与了血管收缩的变化。

由于上述机制,全身小血管包括微动脉、后微动脉、毛细血管前括约肌及微静脉持续收缩,尤其是前阻力血管收缩更明显,使毛细血管前阻力增加,大量真毛细血管关闭,血液通过动静脉短路回流,组织灌流量减少。此期微循环灌流特点:少灌少流,灌少于流,微循环呈缺血缺氧状态(图 7-2)。

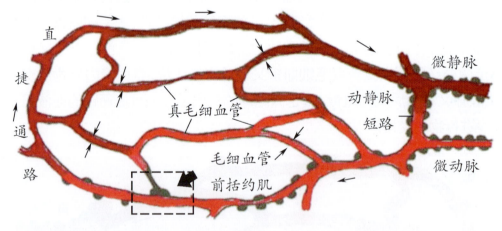

图 7-2　休克微循环缺血期变化示意图

(二)微循环变化的代偿意义

休克早期微循环的变化虽然造成许多器官缺血缺氧,但具有重要的代偿意义。

1. 维持动脉血压正常　主要通过三方面的机制维持动脉血压正常。

(1)回心血量增加:休克早期,微静脉、小静脉等容量性血管和肝、脾等储血器官收缩,回心血量增加,这种代偿起到了"自身输血"的作用。由于毛细血管前阻力大于后阻力,毛细血管中流体静压下降,组织液进入血管,使回心血量增加,这种代偿起到"自身输液"的作用。

（2）心输出量增加：交感 - 肾上腺髓质系统兴奋和儿茶酚胺增多,使心率增快,心肌收缩力增强,心输出量增加。

（3）外周阻力升高：在回心血量和心输出量增加的基础上,全身小动脉收缩,使外周阻力增高。

2. 保证心脑血液供应　不同器官血管对儿茶酚胺等缩血管物质的反应性不同,皮肤、骨骼肌和内脏血管的 α 受体密度高,对儿茶酚胺敏感,收缩明显。而冠状动脉以 β 受体为主,对儿茶酚胺不敏感,收缩不明显；脑动脉在血压不低于 60mmHg 时,可通过自身调节维持脑血流量的正常,这种血液分布状态的改变,保证了心脑的血液供应。

（三）临床表现

此期主要表现为脸色苍白、四肢湿冷、尿量减少、出冷汗、脉搏细速、烦躁不安,血压正常(大出血血压骤降除外)及脉压减小。此期应尽早消除致病原因,及时补充血容量,改善组织灌流量,恢复有效循环血量,防止休克向微循环淤血期发展。

二、休 克 期

休克期即微循环淤血期,又称为休克中期或休克进展期。

（一）微循环变化

组织长期缺血缺氧,酸性代谢产物生成增多,使血管对儿茶酚胺的反应性降低,微血管扩张。除酸中毒外,扩血管物质如组胺、腺苷、缓激肽、K^+、一氧化氮等生成增多,使微血管扩张和毛细血管通透性增加,大量血浆外渗,血液黏度增加,微循环内血液淤积加重。

因为微动脉、后微动脉及毛细血管前括约肌扩张,大量血液涌入真毛细血管。微静脉虽也扩张,但因微循环血液黏度增大,血流缓慢,使血液流出受阻,毛细血管后阻力大于前阻力。此期微循环灌流特点：灌而少流,灌大于流,微循环呈淤血缺氧状态(图7-3)。

由于微循环血管扩张,"自身输血"和"自身输液"停止,有效循环血量进一步减少,回心血量减少,血压明显下降。动脉血压下降,使心脑血管自身调节作用丧失,心和脑血液灌流量减少。

（二）临床表现

此期主要表现为血压明显下降,脉压缩小,脉搏细速,神志淡漠甚至昏迷、少尿或无尿,皮肤出现发绀或花斑。此期如果治疗方案正确,休克仍可逆转。否则,休克将进入难治期。

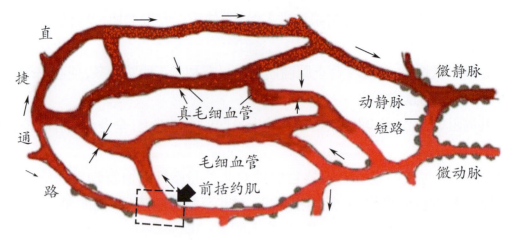

图 7-3　休克微循环淤血期变化示意图

三、休克晚期

休克晚期即微循衰竭期,又称为休克难治期,是休克的不可逆阶段。

(一)微循环变化

严重缺氧和酸中毒不仅导致微血管麻痹性扩张,还损伤血管内皮细胞,激活凝血系统。同时由于血流缓慢或血液浓缩,血小板和红细胞易于聚集,促进 DIC 发生。并非所有休克都一定会发生 DIC,烧伤性休克、感染性休克及创伤性休克等 DIC 的发生率较高,出现较早。DIC 的出现,使病情恶化,加重器官衰竭。

微循环血管麻痹性扩张,微循环淤血严重,可有微血栓形成,血流停止。此期微循环灌流特点:不灌不流,微循环呈衰竭状态(图 7-4)。

微循环内血栓形成,导致全身组织器官的低灌流,内环境严重破坏,将加重细胞和组织器官功能损伤,甚至导致多器官功能障碍而引起死亡。

(二)临床表现

此期病情危重,濒临死亡。血压进行性下降,甚至测不到,采用升压药难以回升;脉

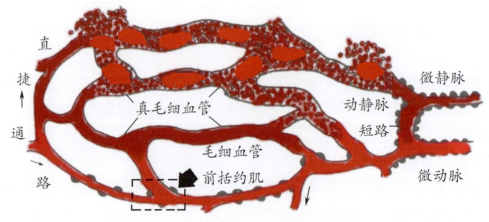

图 7-4　休克微循环衰竭期变化示意图

搏细速、浅表静脉塌陷,难以进行静脉输液;并发 DIC 时,可有出血、贫血、皮下瘀斑等典型表现;严重时出现多器官功能障碍的相应表现。

第四节　休克时机体代谢和功能变化

一、代谢变化

（一）物质代谢紊乱

休克时物质代谢变化表现为有氧氧化障碍,氧耗减少,糖酵解增强,糖、脂肪和蛋白质分解代谢增强,合成代谢减弱。可出现一过性高血糖和糖尿,血中游离脂肪酸和酮体增多,尿氮排出增多,出现负氮平衡。

（二）水、电解质代谢紊乱

由于微循环严重障碍,组织缺氧,细胞有氧氧化障碍,ATP 生成减少,细胞膜上的钠泵转运障碍,细胞内 Na^+ 泵出减少,导致细胞水肿,细胞外 K^+ 增多,引起高钾血症。酸中毒还可经细胞内外 H^+-K^+ 离子交换而加重高钾血症。

（三）酸碱平衡紊乱

酸碱平衡紊乱主要表现为代谢性酸中毒。原因:①组织缺氧使葡萄糖无氧酵解增强,乳酸产生增多。②同时肝功能受损,不能将乳酸转化为葡萄糖。③肾功能受损不能将乳酸排出。酸中毒可使微血管进一步扩张淤血,促进 DIC 发生,加重高钾血症,抑制心肌收缩力,是休克恶化的重要因素。

二、功能变化

休克过程中常引起肺、肾、肝、胃肠、心及脑等器官受损,甚至导致多器官功能障碍或衰竭。

（一）脑功能变化

休克早期,由于血液重新分布和脑循环自身调节,保证了脑的血液供应,无明显脑功能障碍。随着休克的发展,动脉血压进行性下降或脑循环出现 DIC 时,脑组织因缺血、缺氧和酸中毒而严重受损,出现神志淡漠,意识模糊甚至昏迷。脑血管通透性增高,可引起脑水肿和颅内压升高,严重者形成脑疝,导致死亡。

（二）心功能变化

除心源性休克外,其他类型休克早期,由于机体的代偿,能够维持冠状动脉血流量,心泵功能变化不明显。随着休克的发展,多种有害因素作用于心脏,加之血压进行性下降,可使心泵功能障碍,甚至发生急性心力衰竭。

（三）肺功能变化

休克早期,创伤、感染、出血等刺激,使呼吸中枢兴奋,呼吸加深加快,通气过度,引起呼吸性碱中毒。随着休克的进展,可出现急性呼吸衰竭,称为急性呼吸窘迫综合征或休克肺。临床表现为进行性呼吸困难和低氧血症、发绀、肺水肿和肺顺应性降低等,是休克死亡的主要原因之一。

(四)肾功能变化

肾是休克时最易损伤的器官。各类休克常伴发急性肾衰竭,称为休克肾。临床表现为少尿、无尿、氮质血症、高钾血症及代谢性酸中毒等。若能及时恢复肾血液灌流量,肾功能可恢复,此时的肾功能改变属于功能性肾衰竭。如果休克时间延长,可引起器质性肾衰竭,即使恢复肾血液供给,肾功能短时间内也难恢复正常。

(五)胃肠道功能变化

胃肠道也是休克时最易损伤的器官之一。休克早期胃肠道缺血和酸中毒,引起肠壁淤血水肿,消化液分泌减少,甚至形成应激性溃疡和出血。此外,由于肠黏膜屏障受损,肠源性毒素大量吸收入血,可进一步加重休克。

(六)多器官功能障碍

多器官功能障碍是在严重创伤、感染、休克或复苏后,短时间内同时或相继出现两个或两个以上的器官功能损害的临床综合征;严重时可发展为多器官功能衰竭,常在休克晚期出现,是休克患者重要的死亡原因。

第五节　休克的防治原则

休克病情危重,一旦发生,应积极采取综合措施,针对休克的原因和不同发展阶段进行有效干预与治疗,以恢复生命器官的微循环灌流和减轻组织或器官功能的损伤。

1. 病因学防治　积极处理造成休克的原始病因,如止血、止痛、控制感染、抗过敏、补液、输血及强心等。

2. 发病学防治　休克的本质是有效循环血量不足,组织微循环灌流量减少。因此,改善微循环,提高组织灌流量是休克治疗的中心环节。

(1)补充血容量:除心源性休克外,各型休克都存在微循环灌流量减少。补充血容量是提高心输出量和改善组织灌流量的根本措施,补液要尽早、尽快进行,以防止病情恶化。补液原则是"需多少,补多少",为防止补液过多,造成肺水肿,可动态监测中心静脉压和肺动脉楔压。

(2)纠正酸中毒:酸中毒可加重微循环障碍,并发高钾血症及抑制心肌的收缩力等,因此及时补碱纠酸是休克治疗的重要措施。

(3)合理使用血管活性药:应在充分扩充血容量和纠正酸中毒的基础上,使用缩血管或扩血管药物以改善微循环灌流量。对失血性休克等心输出量减少,外周阻力增高的情况,应在充分扩容的基础上,使用多巴胺等血管扩张药以提高组织血液灌流量。对过敏性休克、神经源性休克和血压过低的患者,应使用血管收缩药以升高血压,保证心、脑等重要器官的血液灌注。

3. 保护细胞和重要器官的功能

（1）防止细胞损伤：改善微循环的同时，改善细胞能量代谢及稳定溶酶体膜以减轻细胞损伤。

（2）保护重要器官功能：密切监测各器官功能变化，及时采取相应支持疗法，最大限度地保护这些重要器官的功能。

4. 营养和代谢支持 休克治疗和护理中，应及时补充营养物质。鼓励经口进食，尽可能缩短进食时间，以促进胃肠蠕动，维持肠黏膜屏障功能。

> **章末小结**
>
> 本章主要讲述了休克的概念、发生机制及发生发展过程，以及休克时机体代谢和功能变化及防治原则。其中休克的概念、发生机制及发生发展过程是本章的重点。休克的发生机制是本章的难点。休克是机体在各种强烈致病因素作用下，有效循环血量急剧减少，组织微循环血液灌流量严重不足，导致重要器官代谢和功能严重障碍的全身性病理过程。以失血性休克为例，休克发展分为微循环缺血期，微循环淤血期及微循环衰竭期。另外还要熟悉休克时机体代谢和功能变化，了解休克的原因、分类及防治原则。

（赵 鸿）

 思考与练习

一、简答题

1. 简述休克的原因及分类。
2. 简述休克时各期微循环变化特点。

二、案例分析题

1. 患者，男，62岁。患者车祸撞伤右腹部2h。患者入院时神志恍惚，腹腔穿刺抽出不凝固血液。血压68/45mmHg，脉搏120次/min。立即快速输血600ml。行剖腹探查术见右肾挫伤，腹腔内积血约2 500ml，术中血压持续降低，给予快速输液及输全血1 600ml，术后输入5%碳酸氢钠溶液700ml，血压回升到90/60mmHg。次日病情稳定，血压逐渐恢复正常。

请思考：

（1）患者发生的是哪种类型的休克？

（2）分析患者入院时处于休克的哪个阶段？简述其微循环的特点。

（3）治疗中使用5%碳酸氢钠溶液的目的是什么？

2. 患者，女，46岁。患者3h前进食饼干后突发大呕血，呕吐鲜红色血约800ml。家人送往医院途中又呕血约 400ml。否认类似消化道出血病史。查体：血压 60/40mmHg，心率 140 次 /min。面色苍白，烦躁不安，乏力，巩膜稍黄染，双手呈肝掌样变。

请思考：

（1）患者目前处于何种病理状态？

（2）处理的首要措施是什么？

第八章 | 缺 氧

08章

08章 数字内容

 工作情景与任务

导入情景

患者,女,17岁,在家中用煤气热水器洗澡,15min后家人发现其昏倒在卫生间,急忙送医院就诊。入院检查:体温37℃,呼吸20次/min,脉搏105次/min,血压100/70mmHg,神志不清,口唇及皮肤黏膜呈樱桃红色。实验室检查:血红蛋白含量140g/L,动脉血氧分压100mmHg,动脉血氧容量17ml/dl,动脉血氧含量16ml/dl。入院后立即吸氧,经高压氧舱及对症治疗后痊愈出院。

工作任务:

1. 患者怎么了?发生了什么病变?口唇为什么会呈樱桃红色?
2. 缺氧有哪些类型?全身有什么变化?

第一节　缺氧的概念

氧是人体生命活动所必需的物质,人一旦呼吸、心跳停止,数分钟内就可能因缺氧而死亡。缺氧(hypoxia)指因组织供氧不足或利用氧的能力障碍,从而引起机体组织和细胞代谢、功能甚至形态结构异常变化的病理过程。

缺氧是临床上常见的病理过程,是造成细胞损伤的最常见原因,也是许多疾病死亡的重要原因。

 知识链接

氧

成人在静息状态下每分钟耗氧量约为 250ml,当剧烈运动时耗氧量可增加 8~9 倍,但体内储存的氧量极少,为 1.5L 左右,只能供应细胞、组织消耗 4~5min。机体通过外呼吸、气体在血液中的运输和内呼吸三个环节不断地从外界获取氧气,并运送至全身满足氧化代谢的需求。一旦以上环节出现障碍,组织便会发生缺氧,从而导致机体功能、代谢及形态结构的改变,如呼吸、心跳停止,机体数分钟内可死于缺氧。

第二节　常用血氧指标及其意义

组织供氧量和耗氧量可以代表机体是否缺氧,而血氧指标是反映组织供氧量与耗氧量的重要参数,临床上常根据血氧指标的变化来判断缺氧的类型。常用的血氧指标有血氧分压、血氧容量、血氧含量及血氧饱和度。

组织供氧量＝动脉血氧含量 × 组织血流量

组织耗氧量＝(动脉血氧含量－静脉血氧含量) × 组织血流量

1. 血氧分压(blood partial pressure of oxygen,PO_2)　血氧分压指溶解于血液中的氧所产生的张力。正常人动脉血氧分压(arterial partial pressure of oxygen,PaO_2)约为 100mmHg,是氧向组织弥散的动力,反映吸入气体的氧分压和外呼吸功能;静脉血氧分压(partial pressure of oxygen in venous blood,PvO_2)约为 40mmHg,提示内呼吸的状态,反映组织摄取和利用氧的能力。

2. 血氧容量(blood oxygen capacity,CO_2max)　血氧容量指在标准条件下(温度 38℃,氧分压为 150mmHg,二氧化碳分压为 40mmHg),100ml 血液中血红蛋白充分饱和时的最大携氧量,正常成人约为 20ml/dl,反映单位容积血液内血红蛋白的量和血红蛋白结合氧的能力,即血液携带氧的能力。

3. 血氧含量(blood oxygen content,CO_2)　血氧含量指 100ml 血液中实际的含氧量,包括实际与血红蛋白结合的氧和溶解在血浆中的氧。血氧含量的高低取决于血氧分压和血氧容量。动脉血氧含量(oxygen content in arterial blood,CaO_2)约为 19ml/dl;

静脉血氧含量(oxygen content in venous blood, CvO₂)约为 14ml/dl。动脉血氧含量减去静脉血氧含量所得的差值,为动静脉血氧含量差,正常约为 5ml/dl,反映了组织对氧的摄取和利用能力。

4. 血氧饱和度(oxygen saturation of blood, SO₂) 血氧饱和度指血红蛋白的氧饱和度,是血液中氧合血红蛋白占血液血红蛋白总量的百分比。血氧饱和度 =(血氧含量 − 溶解的氧量)/ 血氧容量 ×100%。正常动脉血氧饱和度(oxygen saturation in arterial blood, SaO₂)约为 95%;静脉血氧饱和度(oxygen saturation in venous blood, SvO₂)约为 75%。血氧饱和度大小主要取决于血氧分压。

知识链接

脉搏血氧饱和度

脉搏血氧饱和度监测是将脉搏血氧饱和度仪的探头指套固定在指端甲床,对每次随心脏搏动进入手指及其他血管丰富组织内的搏动性血液里的血红蛋白进行光学和容积监测。依据氧合血红蛋白与无氧血红蛋白吸收光谱的不同,测定通过组织床的光传导强度,来计算血红蛋白浓度及血氧饱和度,可在一定程度上反映动脉血氧的变化。一般认为脉搏血氧饱和度正常值应不低于 94%,脉搏血氧饱和度小于 90% 定为低氧血症。由于脉搏血氧饱和度测定避免了反复采血,且可实现连续性实时监测,故在临床上被广泛用于血氧监护。

第三节　缺氧的类型

外界氧气进入肺泡,弥散入血,再与血红蛋白结合,由血液循环运送全身,进而被组织、细胞利用。以上任何一个环节出现问题都可能导致氧的供应不足或用氧环节障碍引起缺氧。因此,根据缺氧的原因和血氧指标的特异性变化,缺氧分为四种基本类型。

一、低张性缺氧

低张性缺氧(hypotonic hypoxia)是由各种原因导致动脉血氧分压降低,引起动脉血氧含量降低,导致组织供氧不足,又称为乏氧性缺氧。

(一)原因

1. 吸入气体中血氧分压过低　此类型又称为大气性缺氧,多见于机体处于海拔 3 000m 以上的高原、高空环境、通风不良的矿井、坑道时;吸入惰性气体、麻醉剂或过度稀释的空气等情况。

2. 外呼吸功能障碍　此类型主要由肺的通气或换气功能障碍所引起，又称为呼吸性缺氧，多见于慢性阻塞性肺疾病、肺纤维化等疾病时。肺通气障碍可引起外界氧进入肺泡减少。肺换气功能障碍则导致由肺泡扩散到血液中的氧量减少。

3. 静脉血分流入动脉　此类型多见于某些先天性心脏病患者，如室间隔缺损伴肺动脉高压时，出现未经氧合的静脉血直接分流入左心的动脉血中，导致动脉血氧分压降低；还可见于严重创伤、休克时。

（二）血氧变化特点

低张性缺氧时，动脉血氧分压降低，血氧含量、血氧饱和度降低，血液向组织弥散的氧量减少，动静脉血氧含量差减少，但血氧容量正常。

低张性缺氧时，动静脉血中脱氧血红蛋白浓度增高。当毛细血管中脱氧血红蛋白平均浓度超过 5g/dl（正常为 2.6g/dl）时，皮肤、黏膜呈现青紫色，称为发绀。发绀主要是由于血液中血红蛋白氧合不全、脱氧血红蛋白浓度增高所致，也可由于药物及化学物品中毒导致血中异常血红蛋白衍生物的出现引起。发绀是缺氧的典型表现，但缺氧患者因缺氧类型不同并不一定都有发绀。

二、血液性缺氧

血液性缺氧（hemic hypoxia）是由于血红蛋白数量减少或性质改变，导致血液携氧的能力减弱或血红蛋白结合的氧不易释放引起的缺氧。此型缺氧大多是动脉血氧含量减少而血氧分压正常，又称为等张性缺氧。

（一）原因

1. 贫血　贫血是血液性缺氧最常见的原因。各种原因引起严重贫血时，血红蛋白数量减少，血液携氧量减少而发生缺氧。此类型又称为贫血性缺氧。

2. 一氧化碳中毒　一氧化碳（CO）与血红蛋白的亲和力比氧气大 210 倍。血红蛋白与一氧化碳结合形成碳氧血红蛋白（HbCO），从而失去携氧能力；CO 还可抑制红细胞内糖酵解，使氧合血红蛋白中的氧不易释放，加重组织缺氧。临床常见于煤气中毒等。

 知识链接

一氧化碳中毒的原因及处理方法

一氧化碳中毒即煤气中毒。常见的中毒原因：①在密闭的居室里用煤气、煤球做饭、取暖。②在通风不良的环境下，使用燃气热水器洗浴。③煤气管道漏煤气。④在开着空调的车内睡觉等。若发现一氧化碳中毒应立即开窗通风，尽快把患者搬离中毒环境，呼吸、心跳停止时，立即进行心肺复苏，同时拨打"120"急救电话。

3. 高铁血红蛋白血症   正常血红蛋白中的铁为二价铁。在亚硝酸盐、磺胺类等氧化剂的作用下，二价铁可氧化成为三价铁，形成高铁血红蛋白。高铁血红蛋白中的 Fe^{3+} 因与羟基牢固结合而丧失携带氧的能力。高铁血红蛋白血症常见于大量食入含硝酸盐较多的腌菜或不新鲜的蔬菜时，肠道细菌将硝酸盐还原为亚硝酸盐，经肠道吸收入血后导致肠源性高铁血红蛋白血症，患者皮肤出现类似发绀的咖啡色或青石板色，又称为肠源性发绀。

4. 血红蛋白与氧的亲和力异常增强   此类型常见于输入大量库存血或碱性液体时，血红蛋白与氧的亲和力增加，释放的氧减少，引起缺氧。

（二）血氧变化特点

血液性缺氧时，血氧含量、血氧容量均降低，而动脉血氧分压和动脉血氧饱和度正常，动静脉血氧含量差减少。

血液性缺氧患者皮肤黏膜的表现随病因而不同。贫血时，患者皮肤黏膜及睑结膜呈苍白色；一氧化碳中毒时，患者皮肤、黏膜呈樱桃红色；高铁血红蛋白血症时，患者皮肤、黏膜呈咖啡色或青石板色；单纯由血红蛋白和氧的亲和力增高所引起的缺氧，无发绀表现。

三、循环性缺氧

循环性缺氧（circulatory hypoxia）指由于血液循环障碍，单位时间内流经组织的血流量减少所引起的缺氧。循环性缺氧可分为缺血性缺氧和淤血性缺氧，前者因动脉狭窄或阻塞，导致动脉灌流不足引起；后者因静脉回流受阻、微循环淤血引起。

（一）原因

1. 全身血液循环障碍   此类型见于心力衰竭和休克。心力衰竭时，心泵功能下降，心输出量减少，动脉系统供血不足引起缺血性缺氧，静脉系统回流受阻引起淤血性缺氧；休克时，微循环灌流急剧减少而引起缺血性缺氧。

2. 局部血液循环障碍   此类型如动脉粥样硬化、动脉血栓形成、动脉痉挛等引起该血管供血区的缺血性缺氧；栓塞或静脉受压则可引起淤血性缺氧。

（二）血氧变化特点

循环性缺氧时，动脉血氧分压、血氧含量、血氧容量、血氧饱和度均正常；静脉血氧含量降低，动静脉血氧含量差增大。

四、组织性缺氧

组织性缺氧（histogenous hypoxia）指因生物氧化障碍，使组织细胞利用氧的能力减弱而引起的缺氧，也称为氧利用障碍性缺氧。

（一）原因

1. 组织中毒   很多毒物或药物（如氰化物、硫化物、砷化物、磷等）通过抑制或破坏氧化还原酶系统,引起组织中毒性缺氧,尤以氰化物中毒造成的组织性缺氧最为典型。

2. 维生素缺乏 维生素 B 族(如维生素 B_1、维生素 B_2、维生素 B_{12} 等)是生物氧化还原酶的辅酶或辅基,与生物氧化关系密切。当这些维生素缺乏时,呼吸酶合成减少,细胞利用氧障碍而引起缺氧。

3. 线粒体受损 生物氧化还原反应主要在线粒体内进行,电离辐射、细菌毒素、高热等因素可引起细胞内线粒体损伤,导致生物氧化障碍而引起缺氧。

(二)血氧变化特点

组织性缺氧时,动脉血氧分压、血氧含量、血氧容量和血氧饱和度均可正常。因组织利用氧发生障碍,静脉血氧含量增高,动静脉血氧含量差减少。因毛细血管中氧合血红蛋白增多,皮肤、黏膜呈鲜红色或玫瑰红色。

如表 8-1 所示,以上所述的是四种单纯性缺氧的原因及特点,临床上的缺氧往往并非单一存在,常常引起混合性缺氧。如感染性休克时,主要引起循环性缺氧,但因毒素损伤线粒体从而引起组织性缺氧,若并发肺组织病变时,还可出现低张性缺氧。因此,对患者具体情况应全面具体地分析。

表 8-1 各型缺氧的血氧变化特点

类型	动脉血氧分压	动脉血氧容量	动脉血氧含量	动脉血氧饱和度	动静脉血氧含量差	皮肤颜色
低张性缺氧	降低	正常	降低	降低	减小	发绀
血液性缺氧	正常	降低	降低	正常	减小	苍白、樱桃红色、咖啡色或青石板色
循环性缺氧	正常	正常	正常	正常	增大	发绀
组织性缺氧	正常	正常	正常	正常	减小	鲜红色、玫瑰红色

第四节 缺氧时机体代谢和功能变化

缺氧时机体功能和代谢的变化取决于缺氧发生的程度、速度、持续时间以及机体的反应能力,主要表现为轻度缺氧时机体对缺氧的代偿反应和重度缺氧时造成的代谢异常和功能障碍。各种类型的缺氧引起的变化既有相似之处,又有各自的特点。本节主要以低张性缺氧为例,说明其对机体的影响。

一、心血管系统的变化

急性轻、中度低张性缺氧时,心输出量增加可提高全身组织的供氧量,是主要的代偿反应;皮肤、腹腔器官血管收缩、血流减少,而心、脑血管受组织代谢产物的扩血管作用,使血流增加,确保了对心、脑等重要生命器官氧的供应,具有重要的代偿作用。慢性缺氧促使毛细血管增生,尤其以心、脑和骨骼肌的毛细血管增生显著,有利于增加对组织细胞的供氧量。

急性缺氧,局部肺泡通气量减少,局部肺血管收缩,血流量减少,有利于维持肺泡通气与血流的适当比例,从而维持较高的动脉血氧分压;长期或重度的缺氧,肺泡缺氧引起肺小动脉持久收缩,导致肺细小动脉硬化,引起肺动脉高压,右心室肥大,甚至心力衰竭。

二、呼吸系统的变化

轻度缺氧(动脉血氧分压<60mmHg)时,可刺激颈动脉体和主动脉体化学感受器,反射性地兴奋呼吸中枢,引起呼吸加深、加快,肺泡通气量增多。急性严重的低张性缺氧时,可引起肺水肿,表现为呼吸困难、发绀、咳嗽、咳粉红色泡沫状痰、肺部湿啰音等,见于少数人快速进入海拔4 000m以上的高原时,也称为高原性肺水肿;重度缺氧时,可直接抑制呼吸中枢,从而使呼吸变浅、变慢,肺泡通气量减少,引起中枢性呼吸衰竭。

三、血液系统的变化

血液系统的变化主要以红细胞增多为主。急性缺氧时,交感神经兴奋,肝、脾等储血器官收缩使血液释放入体循环,使血液中红细胞迅速增多,增加血液的携带氧量;慢性缺氧时,流经肾的低氧血流可刺激肾小球球旁细胞释放促红细胞生成素,使红细胞生成增多,增加血液的血氧含量和血氧容量;但如果红细胞过多,则血流缓慢,血中脱氧血红蛋白增多,反而使缺氧加重,还可能诱发动脉粥样硬化的血管发生血栓。

四、中枢神经系统的变化

脑作为重要的生命器官,耗氧量高、对缺氧最为敏感。脑组织对缺氧耐受能力极差,一旦发生缺氧,很快出现中枢神经系统功能紊乱。急性缺氧时,患者可出现头痛、兴奋、情绪激动、定向障碍及运动不协调等表现,随缺氧的加重,患者可发生烦躁、不安、惊厥、昏迷,甚至死亡;慢性缺氧时,患者则出现易疲劳、嗜睡、乏力、注意力不集中及精神抑郁等症状。缺氧引起脑组织形态学的改变,表现为脑细胞水肿、变性、坏死,间质水肿;严重缺氧时,表现为脑血管扩张,脑微血管通透性增高,脑水肿加重,颅内压增高等。

五、组织细胞和代谢的变化

慢性缺氧时,细胞内线粒体增多,氧化还原酶活性增强,可提高组织对氧的利用能力；糖酵解增强，以补充能量的不足；肌肉中的肌红蛋白增多，增加氧在体内的储存；细胞耗能减弱，以维持氧的供需平衡。严重缺氧可引起细胞的损伤性变化，表现为细胞膜的损伤、线粒体结构的损伤和溶酶体的破裂，细胞发生自溶。

 知识链接

氧 中 毒

　　氧虽为生命活动所必需，但0.5个大气压以上氧对任何细胞都有毒性作用。机体吸入气体氧分压过高或给氧时间过长，可引起组织细胞损害以及器官的功能障碍，称为氧中毒。氧中毒主要取决于吸入的氧分压而不是氧浓度，吸入的气体中氧分压越高、吸入时间越长，氧中毒发生越早越严重。因此，在高压环境下，长时间、高流量吸入纯氧时，应多加注意防止氧中毒。氧中毒可分为肺型氧中毒、脑型氧中毒和眼型氧中毒。

章末小结

　　本章主要讲授了缺氧的概念、常用的血氧指标及意义、缺氧的类型、对机体的影响等内容。缺氧的概念及各种类型缺氧的特点为本章的重点教学内容，其他内容为本章的非重点教学内容。常用的血氧指标有血氧分压、血氧容量、血氧含量、血氧饱和度。缺氧可分为四种类型：低张性缺氧、血液性缺氧、循环性缺氧和组织性缺氧。

　　低张性缺氧是由各种原因导致动脉血氧分压降低，引起动脉血氧含量降低，导致组织供氧不足而引起的缺氧；血氧指标的变化有动脉血氧分压降低，血氧含量、血氧饱和度降低，动静血氧含量差减少，血氧容量正常。血液性缺氧是由于血红蛋白数量减少或性质改变，导致血氧含量降低，血液携氧的能力减弱或血红蛋白结合的氧不易释放而引起的缺氧；血氧指标的变化有血氧含量、血氧容量均降低，而动脉血氧分压和动脉血氧饱和度正常，动静脉血氧含量差减少。循环性缺氧是由于单位时间内流经组织的血流量减少而引起的缺氧，可分为缺血性缺氧和淤血性缺氧；血氧指标的变化有动脉血氧分压、血氧含量、血氧容量、血氧饱和度均正常；静脉血氧含量降低，动静脉血氧含量差增大。组织性缺氧是由于生物氧化障碍，组织细胞利用氧的能力降低而引起的缺氧；血氧指标的变化有动脉血氧分压、血氧含量、血氧容量和血氧饱和度均可正常，动静脉血氧含量差减少。

　　低张性缺氧时皮肤、黏膜呈青紫色；一氧化碳中毒时，皮肤、黏膜呈樱桃红色；高铁血红蛋白血症时，患者皮肤、黏膜呈咖啡色或青石板色；组织性缺氧时皮肤、黏膜呈鲜红色或玫瑰红色；贫血时，皮肤黏膜及睑结膜呈苍白色；单纯由血红蛋白和氧的亲和力增高所引起的缺氧，无发绀表现。

（樊　欣）

? 思考与练习

一、简答题

1. 简述缺氧的概念。

2. 简述常用的血氧指标及其意义。

3. 简述缺氧的类型。

二、案例分析题

1. 患者，女，56岁。患者活动后心前区突然出现疼痛，有濒死感，遂急诊入院。查体：意识清，精神差，面色苍白，皮肤湿冷，脉搏细弱，血压75/50mmHg。诊断：急性心肌梗死。其中一个医嘱为立即给予吸氧。

请思考：

（1）患者发生的是哪种类型的缺氧？发生机制是什么？

（2）医嘱立即给予吸氧的意义是什么？

（3）分析患者血氧指标的变化。

（4）对于护理工作，本病例的医疗警示意义是什么？

2. 患者，男，75岁。患者既往支气管哮喘病史11年，近日洗澡着凉发生感冒，支气管哮喘病情加重，出现呼吸困难，端坐呼吸，面色发绀，烦躁不安，遂来院就诊。

请思考：

（1）患者发生的是哪种类型的缺氧？

（2）分析缺氧产生的原因及发生机制。

（3）患者的血氧指标变化特点是如何的？

第九章 | 肿 瘤

09章 数字内容

学习目标

1. 具有严肃认真的工作态度和关心、关爱、体贴肿瘤患者的爱伤情怀。
2. 掌握肿瘤的异型性、癌、肉瘤、癌前病变、原位癌及上皮内瘤变的概念；肿瘤的特征；良性、恶性肿瘤的区别。
3. 熟悉肿瘤性增生与非肿瘤性增生的区别；肿瘤对机体的影响；癌与肉瘤的区别；肿瘤的命名与分类；肿瘤的分级与分期；常见的癌前病变。
4. 了解常见肿瘤，肿瘤的病因及发生机制，肿瘤的防治原则；肿瘤患者的护理原则。
5. 能用肿瘤的病理知识解释和分析肿瘤的临床症状和体征。

 工作情景与任务

导入情景

患者，男，62 岁。患者既往吸烟史 30 余年，每日 20～30 支，无结核病史；近半年来出现刺激性干咳，偶有痰中带血丝，经抗炎治疗，效果不佳；近 1 个月来明显消瘦，体重减轻，食欲下降，乏力，偶有咯血。X 线胸片示左肺上叶后段见一圆形阴影，大小 4.5cm×3.2cm，边缘呈毛刺状。

工作任务：

1. 关于患者左肺的病变，你能想到的有哪些？
2. 根据上述案例提供的临床特点，患者最可能的诊断是什么？
3. 该疾病对机体有何影响？

第一节　肿瘤的概述

一、肿瘤的发生与诊治情况

肿瘤（tumor）为一类常见病、多发病，依据其生物学特性和对机体的危害不同，可分为良性肿瘤和恶性肿瘤，其中恶性肿瘤严重威胁着人类的健康。近年来，恶性肿瘤的发生率逐年上升，给患者带来躯体上的痛苦、精神上的压力和经济上的负担等。

肿瘤的正确诊断有赖于临床检查、实验室检查、影像学检查和病理学检查相结合，病理学诊断是最终诊断，具有决定性作用。

目前认为：一般良性肿瘤可以治愈；恶性肿瘤很难或无法治愈。肿瘤的主要治疗方法包括手术、化疗、放疗、靶向等。关于恶性肿瘤治疗的一个关键问题是能否做到一个"早"字。有些恶性肿瘤若能早发现、早诊断、早治疗，其术后5年或10年存活率可高达80%以上；同样的恶性肿瘤，若发现时已为晚期，其术后5年或10年存活率不足10%。另外，有些恶性肿瘤若能进行中西医结合治疗，其效果也是非常明显的。

 知识链接

肿瘤相关的病理学检查

目前临床上较为常用的肿瘤病理学检查：

1. 活体组织检查　活体组织检查是传统的用于确诊肿瘤性质和组织来源最可靠的方法。

2. 脱落细胞学检查　脱落细胞学检查可用于肿瘤的早期诊断和筛查等。如痰涂片检查可筛查肺癌；阴道分泌物涂片检查可筛查宫颈癌；胸腔积液、腹水涂片检查可了解转移和复发情况。

3. 免疫组化检查　免疫组化检查指利用抗原抗体的特异性结合反应检查组织中的肿瘤相关抗原。

4. 流式细胞术　近年来，临床上常通过检查肿瘤细胞DNA含量，可快速定量分析细胞。检查结果对恶性肿瘤的诊断、了解其恶性程度及生物学行为具有重要意义。

二、肿瘤的概念

肿瘤是在各种致瘤因子作用下，机体局部组织细胞异常增生而形成的新生物，常表现为在局部形成肿块或包块。但也有少数肿瘤在局部不形成明显肿块，如白血病（骨髓内的）。有时在局部形成肿块也并非都是真性肿瘤，如炎性息肉、炎性假瘤。

肿瘤的形成是机体在各种致瘤因素的影响下,局部细胞由于DNA改变,导致在基因水平上对细胞生长调控发生严重紊乱,而出现的异常增生。局部形成的肿块可在B超、CT等影像学检查中显示为占位性病变。

三、肿瘤性增生与非肿瘤性增生的区别

肿瘤性增生与非肿瘤性增生有本质上的区别。区分肿瘤性增生与非肿瘤性增生,具有非常重要的临床意义。

非肿瘤性增生见于生理状态下组织细胞的更新、病理状态下的代偿性或内分泌性增生、组织细胞损伤后的修复性增生和炎性增生,是机体在某些因素作用下发生的反应性增生,通常符合机体的需要,并受机体控制,引起增生的原因(病因)消除后增生自行停止,且增生的组织细胞分化成熟,具有正常的形态、结构、功能及代谢。

肿瘤性增生则不同,是在各种致瘤因素作用下,由基因调控紊乱而形成的异常增生,增生的肿瘤细胞因失去基因的控制而呈相对无限制生长,代谢旺盛,与机体的需要不协调,不受机体控制,增生的细胞分化不成熟,常停留在幼稚阶段,故在形态、结构、功能和代谢上与正常体细胞有不同程度的差异,即使致瘤因素消失,肿瘤性增生仍可持续。

第二节　肿瘤的特征

一、肿瘤的一般形态和组织结构

（一）一般形态

肿瘤的一般形态又可称为肿瘤的大体形态,包括肿瘤的形状、大小、数目、颜色、质地和包膜。肿瘤的一般形态与肿瘤的性质、发生部位、生长方式等因素有关。

1. 形状　形状与肿瘤的生长部位、良恶性有关。生长在皮肤、黏膜表浅部位的良性肿瘤可向表面突起生长,形成息肉状、乳头状、菜花状、蕈状;而生长在表浅部位的恶性肿瘤除上述4种形态外,还可呈溃疡状或斑块状。生长在深部组织的良性肿瘤可呈囊状(单房或多房)、结节状、分叶状;生长在深部组织的恶性肿瘤,可形成不规则的结节状、蟹足状或树根样(图9-1)。

2. 大小　肿瘤的体积差别很大,主要与肿瘤性质、生长速度、生长时间有关。微小的肿瘤仅在显微镜下才能发现,如原位癌。而有些肿瘤可重达数千克,甚至数十千克,如发生在卵巢的囊腺瘤。一般来说,恶性肿瘤生长迅速,较早危及生命,带瘤生存时间短,故体积巨大的反而少见;良性肿瘤不引起人体死亡,带瘤存活时间长,故体积常常可以较大。

3. 数目　多数患者只有一个肿瘤,称为单发,如消化道的肿瘤单发的较多;少数患

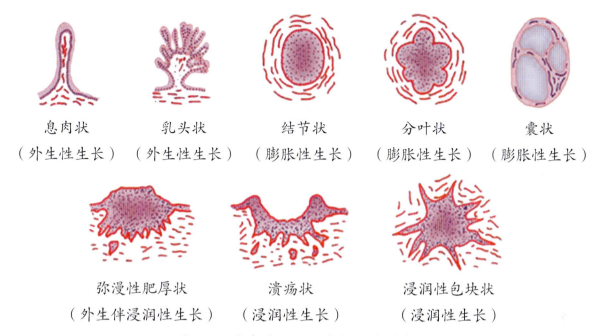

息肉状	乳头状	结节状	分叶状	囊状
（外生性生长）	（外生性生长）	（膨胀性生长）	（膨胀性生长）	（膨胀性生长）

弥漫性肥厚状	溃疡状	浸润性包块状
（外生伴浸润性生长）	（浸润性生长）	（浸润性生长）

图 9-1　肿瘤的形状和生长方式模式图

者也可多发，可同时或先后形成多个肿瘤，如子宫多发性平滑肌瘤、血道转移瘤等。有些肿瘤可见数十个，甚至上百个，如神经纤维瘤病。

4. 颜色　颜色与肿瘤成分和有无继发改变有关。多数肿瘤的颜色与起源组织相近似，如纤维瘤呈灰白色；脂肪瘤呈淡黄色；血管瘤呈暗红色。少数肿瘤的颜色与其细胞产物的颜色有关，如黑色素瘤因其细胞产生黑色素而呈棕褐色或黑色。当肿瘤出现继发改变时，其颜色也可发生变化。如出血处可呈暗红色；感染、坏死处可呈灰黄色等。

5. 质地　质地与肿瘤成分、间质的比例及继发性变化有关。不同成分的肿瘤质地各不相同。如平滑肌瘤、纤维瘤质地韧；骨肿瘤质地硬；脂肪瘤质地软。肿瘤间质（纤维结缔组织）成分多的质地硬；间质成分少，肿瘤细胞多的质地软。继发改变：骨化、钙化处质地硬；出血、坏死、囊性变处质地较软。

6. 包膜　包膜与肿瘤的性质和生长方式有关。一般良性肿瘤膨胀性生长，有完整的包膜，与周围组织分界清楚；恶性肿瘤浸润性生长，无包膜或包膜不完整，与周围组织分界不清。

（二）组织结构

肿瘤的组织结构即镜下结构。显微镜下观察肿瘤的组织结构包括实质和间质两部分。

1. 实质　实质即肿瘤细胞，是肿瘤的主要成分。其分化程度决定了肿瘤的性质，是影响肿瘤生物学行为的主要因素。观察辨别肿瘤实质细胞的形态特征，还是我们判断肿瘤组织来源的重要形态学依据。

2. 间质　间质主要由纤维结缔组织、血管、淋巴管等组成，不具有特异性，对肿瘤实质起着支持、营养、调节及参与肿瘤免疫反应等作用。肿瘤间质内无神经分布，故肿瘤早期多无明显症状，此为肿瘤早期不易发现的原因之一。肿瘤间质内淋巴细胞多少，反映了机体对该肿瘤细胞的免疫状态。

二、肿瘤的异型性

肿瘤组织在细胞形态和／或组织结构上，与其起源的正常的组织有不同程度的差异，这种差异称为异型性（atypia）。异型性是病理学诊断肿瘤的重要形态学依据，也是区别良恶性肿瘤的重要指标。分化指体细胞从幼稚阶段发育到成熟阶段的过程。分化程度即肿瘤组织与其起源的正常组织的相似程度。异型性的大小可用肿瘤细胞的分化程度来表示。肿瘤分化程度低，表明肿瘤细胞与正常起源组织相似程度低，异型性大，恶性程度高；反之亦然。肿瘤的异型性包括细胞形态的异型性和组织结构的异型性。

（一）细胞形态的异型性

肿瘤细胞形态的异型性主要从细胞大小、形态及细胞核的变化等方面来进行观察鉴别。

1. 肿瘤细胞的多形性 肿瘤细胞的多形性表现为肿瘤细胞大小不等，形态不规则，常较起源细胞体积增大，可出现瘤巨细胞，也可有原始的小细胞；少数分化差或未分化的肿瘤，恶性程度高，细胞幼稚，体积较小，且大小、形态较一致。

2. 肿瘤细胞核的多形性 肿瘤细胞核的多形性表现为细胞核明显增大，核质比例增高；核形态不规则，可出现多核、双核、巨核瘤细胞；核染色加深，核仁增大，数目增多；核分裂象增多，可见病理性核分裂象（两极不对称或两极以上的核分裂象）等（图9-2）。

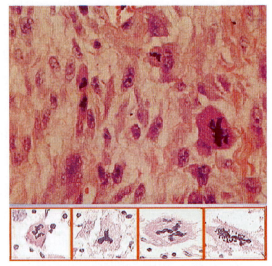

图9-2 恶性肿瘤细胞的异型性及病理性核分裂象

良性肿瘤：细胞分化成熟，与起源细胞非常相似，故细胞形态无异型性。恶性肿瘤：细胞分化程度低，与起源组织不相似，故恶性肿瘤细胞形态有明显的异型性，特别是细胞核的多形性和病理性核分裂，是诊断和鉴别恶性肿瘤的重要形态学标志。

（二）组织结构的异型性

组织结构的异型性指肿瘤细胞在排列方式上，与其起源的正常组织的差异。肿瘤的实质和间质细胞分布紊乱，失去正常的结构层次。如排列层次明显增加、结构紊乱、极向消失等。良性肿瘤组织结构可有轻度异型性，如纤维瘤的瘤细胞排列成束，束与束纵横交错，形成编织状；恶性肿瘤的组织结构可有明显异型性，如结肠腺癌的癌细胞排列成大小不等、形状不规则、层次明显增多的腺腔或腺样结构（图9-3），甚至无腺腔形成，呈实心细胞条索或片块状的癌细胞巢。

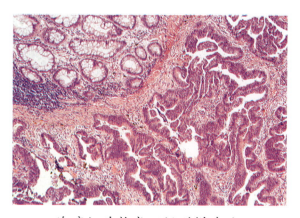

腺癌细胞构成不规则样腺腔，
左上可见正常黏膜腺体。

图9-3 结肠腺癌组织结构异型性

三、肿瘤的生长

（一）生长速度

生长速度主要与肿瘤的分化程度有关。分化程度高的肿瘤生长速度慢；分化程度低的肿瘤生长速度快。良性肿瘤的异型性小，分化程度高，生长速度缓慢；恶性肿瘤的异型性大，分化程度低，生长速度快。若良性肿瘤生长速度突然加快，短期内体积迅速增大，应考虑为恶变、出血及囊性变等继发改变的可能。另外，影响肿瘤生长速度的因素还有血液供应情况及机体免疫反应等。

（二）生长方式

生长方式与肿瘤的性质、生长部位有关。

1. 膨胀性生长 膨胀性生长为多数良性肿瘤的生长方式；随着肿瘤体积增大，推移和挤压周围组织，形成完整的纤维包膜，与周围组织分界清（图9-4）。临床上检查活动度大，手术易切除，术后不易复发。

2. 浸润性生长 浸润性生长为多数恶性肿瘤的生长方式；是肿瘤细胞像树根样长入、侵袭破坏周围组织，无包膜或包膜不完整，与周围组织界限不清（图9-5）。临床上检查肿瘤较固定，活动度差，手术需要较大范围切除，切除不净，术后容易复发。

3. 外生性生长 外生性生长是生长在体表、体腔及自然管道表面的肿瘤，常向表面

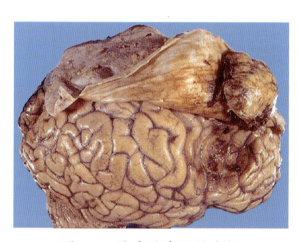

图9-4 肿瘤的膨胀性生长

图9-5 肿瘤的浸润性生长（肺癌）

突起生长,形成乳头状、息肉状、菜花状、蕈状。良性、恶性肿瘤都可呈外生性生长,但不一样。良性肿瘤为单纯性外生性生长,不向深部浸润;而恶性肿瘤在呈外生性生长的同时,还向深部浸润性生长。

四、肿瘤的扩散

扩散是恶性肿瘤的重要生物学特点,也是恶性肿瘤最终导致患者死亡的主要原因之一。扩散方式有直接蔓延和转移两种。

(一)直接蔓延

直接蔓延指恶性肿瘤细胞沿组织间隙、血管、淋巴管或神经束衣等,向周围组织浸润性生长,直接侵袭和破坏邻近组织器官,导致病灶不断扩大。如乳腺癌晚期可直接蔓延至胸大肌;宫颈癌晚期可直接蔓延至膀胱或直肠等。

(二)转移

转移(metastasis)指恶性肿瘤细胞从原发部位侵入血管、淋巴管或体腔,随着血液、淋巴液或体腔液流动,迁移到其他部位继续生长,形成同类型肿瘤的过程。通过转移形成的肿瘤称为转移瘤,原发部位的肿瘤称为原发瘤。转移是恶性肿瘤的重要特征之一,但并非所有恶性肿瘤都会发生转移,如皮肤的基底细胞癌很少发生转移。主要转移途径:

1. 淋巴道转移　淋巴道转移是大多数癌早期的转移途径。癌细胞从原发部位侵入淋巴管后,随淋巴液流动到达局部淋巴结,在淋巴结内增生形成转移瘤(图9-6)。淋巴结由近及远受累,呈无痛性肿大,质地变硬,切面灰白色。瘤细胞还可随淋巴引流转移到远处淋巴结,最后经胸导管进入血流,发生血道转移。如胃癌常转移至小弯淋巴结、

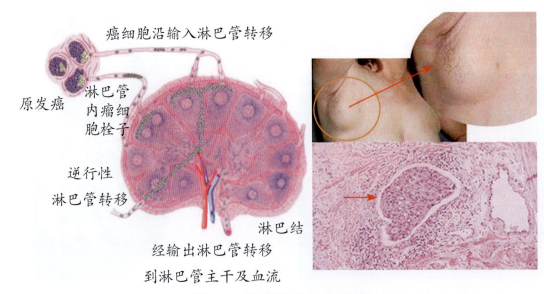

图9-6　肿瘤的淋巴道转移

胃底贲门淋巴结、左锁骨上淋巴结等处。

2. 血道转移　血道转移是大多数肉瘤早期的转移途径。肉瘤细胞侵入血管后，随血流到达远处组织器官，继续增生形成转移瘤。由于静脉管壁薄，且管内压力较低，肉瘤细胞多经静脉入血，转移途径常与血流方向一致，常转移至肺和肝，表现为多发散在圆形或椭圆形、边界清楚的结节状病灶（图9-7）。

3. 种植性转移　种植性转移指内脏器官的恶性肿瘤侵及浆膜外，肿瘤细胞脱落，像播种一般种植于体腔内脏器官表面，继续生长繁殖形成的转移瘤。如胃癌穿破浆膜，可种植到大网膜、腹膜、腹腔脏器、盆腔器官表面（图9-8）。如胃的黏液腺癌种植性转移到双侧卵巢，在双侧卵巢上形成的转移瘤称为 Krukenberg 瘤，又可称为克氏瘤（图9-9）。种植性转移常伴有血性胸腔积液、腹水形成。临床上抽取积液做细胞学检查，常可发现肿瘤细胞，故可作为恶性肿瘤病理诊断的重要方法之一。

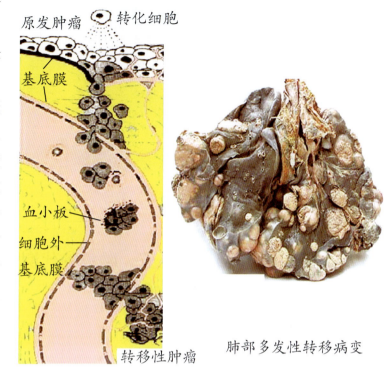

恶性肿瘤的血道转移

图 9-7　肿瘤的血道转移及肺内形成的转移瘤

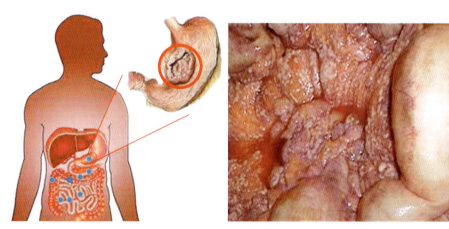

图 9-8　肿瘤的种植性转移

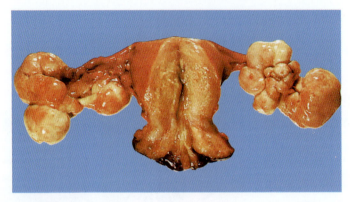

图 9-9　卵巢种植性转移瘤(Krukenberg 瘤)

五、肿瘤的代谢

与正常组织相比，肿瘤组织蛋白质与核酸的代谢能力明显更强，且合成代谢远远超过其分解代谢，因此肿瘤细胞能夺取机体的营养成分合成自身物质，所以肿瘤不断长大，而机体因严重消耗而导致恶病质。肿瘤组织酶的变化只有含量或活性改变，而无质的不同。不同肿瘤组织酶变化亦不同。如前列腺癌中酸性磷酸酶明显增高；而骨肉瘤中碱性磷酸酶明显增高。因此肿瘤组织酶可作为肿瘤标志物，通过标志物检查有助于临床诊断。

六、肿瘤的复发

肿瘤的复发指肿瘤经过治疗后，在原发部位重新长成与原发瘤性质相同的肿瘤。一般来说，良性肿瘤有完整包膜，与周围组织分界清，手术切除干净，术后不易复发，但有少数良性肿瘤亦可复发，如血管瘤等。而绝大多数恶性肿瘤呈浸润性生长，无包膜或包膜不完整，与周围组织分界不清楚，手术不易切除干净，术后容易复发。

第三节　肿瘤对机体的影响

肿瘤对机体的影响取决于肿瘤的性质、大小、生长部位等因素。

良性肿瘤对机体影响较小，主要为局部压迫和阻塞作用，但症状的有无及严重程度与肿瘤生长部位和继发改变有关。如皮下纤维瘤等，可无明显影响；颅内的良性肿瘤，可压迫脑组织，引起颅内压增高等神经系统症状，引起严重后果；卵巢囊腺瘤发生蒂扭转，肿瘤坏死出血，则需急诊手术。

恶性肿瘤对机体影响严重。除局部压迫和阻塞作用外，恶性肿瘤还可浸润破坏邻近或远隔部位组织器官的结构和功能，引起出血、坏死、溃疡形成，合并感染引起发热，侵犯神经引发顽固性疼痛。晚期可形成恶病质，表现为机体严重消瘦、贫血、虚弱和全身衰竭的状态。对机体的影响还可见副肿瘤综合征，即不能用肿瘤的直接蔓延或远处转移来解释的一些发生在肿瘤患者身上的病变和临床表现，可由肿瘤产物或异常免疫等因素引起，表现为多系统、器官的异常，如内分泌、神经、消化、造血、骨关节、肾、皮肤等的病变。

第四节　良性肿瘤与恶性肿瘤的区别

因为良性、恶性肿瘤的生物学行为及对机体的影响差别较大，且临床治疗方案和预后完全不同，所以正确诊断和鉴别肿瘤的良性、恶性，对于临床来说意义非常重大，可指导临床诊治和预后判断。通常依据肿瘤的病理形态学改变，结合其生物学行为，对良性、恶性肿瘤进行区别见表9-1。

表9-1　良性肿瘤与恶性肿瘤的区别

区别	良性肿瘤	恶性肿瘤
分化程度	分化程度高，异型性小，相似	分化程度低，异型性大，不相似
核分裂象	无或少，不见病理性核分裂	多，可见病理性核分裂
生长速度	缓慢	较快
生长方式	膨胀性和外生性生长，常有完整包膜，边界清楚，活动度大	浸润性和外生性生长，无包膜或不完整，边界不清，固定不活动
继发改变	很少有出血、坏死、溃疡形成	常有出血、坏死、溃疡形成等
转移	不转移	可转移
复发	不易复发	易复发
对机体影响	较小，主要为局部压迫、阻塞	较大，破坏邻近和远隔组织器官结构、功能，还可引起坏死、出血、感染、发热、疼痛、恶病质和副肿瘤综合征等

注意良性、恶性肿瘤的区别点是相对的。如血管瘤为良性肿瘤，但呈浸润性生长，无包膜或不完整，与周围组织分界不清，手术不易切除干净，术后易复发；基底细胞癌是恶性肿瘤，主要为局部浸润性生长，很少发生转移，且转移较晚。

良性、恶性肿瘤之间并无绝对界限，某些肿瘤的生物学特性介于良性、恶性之间，称为交界性肿瘤。如卵巢交界性浆液性囊腺瘤。有些交界性肿瘤有发展为恶性的倾向，则要采取积极的治疗措施。而有些病变在临床表现和组织学上类似肿瘤，但其本身并非真性肿瘤，称为瘤样病变，有些瘤样病变容易被误诊为恶性肿瘤，应注意区分。

第五节　肿瘤的命名与分类

肿瘤的种类繁多,正确地命名与分类是肿瘤病理学诊断的重要内容。

一、肿瘤的命名

肿瘤命名的基本原则:能反映肿瘤的生长部位、组织起源及良恶性等。

(一)良性肿瘤的命名

来源于各种组织的良性肿瘤,统称为瘤。其命名方法:"生长部位 + 起源组织 + 瘤",如皮下脂肪瘤、子宫平滑肌瘤等。有时还结合肿瘤的一般形态特点来命名,如膀胱乳头状瘤、结肠息肉状腺瘤、甲状腺囊腺瘤等。

(二)恶性肿瘤的命名

恶性肿瘤的命名较复杂,根据组织来源不同,主要分为癌和肉瘤两类。

1. 癌　起源于上皮组织的恶性肿瘤统称为癌。其命名方法:"生长部位 + 起源组织 + 癌",如肺鳞状细胞癌、肾盂移行细胞癌。有些癌细胞分化差,无法判断组织来源时,可称为未分化癌。

2. 肉瘤　起源于间叶组织的恶性肿瘤统称为肉瘤。间叶组织包括纤维组织、脂肪、平滑肌、横纹肌、血管、淋巴管、骨、软骨、淋巴及造血组织等。命名:"生长部位 + 起源组织 + 肉瘤",如子宫平滑肌肉瘤、腹膜后脂肪肉瘤、股骨下段骨肉瘤等。

癌与肉瘤的区别见表9-2。同时具有癌和肉瘤两种成分的恶性肿瘤,称为癌肉瘤。

注意,人们平常所说的"癌症"(cancer),泛指所有的恶性肿瘤,包括癌和肉瘤。

表 9-2　癌与肉瘤的区别

区别	癌	肉瘤
起源组织	上皮组织	间叶组织
发生率	较常见,约为肉瘤的9倍,多见于40岁以上成人	较少见,多见于20岁左右青少年
肉眼观察	灰白色、干燥、质地硬	灰红色、质软、湿润、鱼肉状
镜下观察	癌细胞排列成癌巢,实质与间质分界清楚	肉瘤细胞弥漫分布,不成巢,实质与间质分界不清,间质内血管丰富
网状纤维	见于癌巢周围,癌细胞间无网状纤维	每个肉瘤细胞周围均有网状纤维
转移	主要经淋巴道	主要经血道

（三）特殊肿瘤的命名

有少数肿瘤的命名与上述原则不同：

1. 沿用习惯命名的肿瘤　如白血病、水疱状胎块（又可称为葡萄胎）等。

2. 以"瘤"命名的恶性肿瘤　如精原细胞瘤、无性细胞瘤、黑色素瘤、淋巴瘤等。有时在以"瘤"命名的恶性肿瘤名称前加上"恶性"冠词，以示恶性，如恶性畸胎瘤、恶性神经鞘瘤等。

3. 以"母细胞瘤"命名的肿瘤　肿瘤细胞分化幼稚时，可类似于胚胎时期的母细胞。其中来源于幼稚胚胎组织和原始神经组织的，以"母细胞瘤"命名的肿瘤，多数为恶性的，如神经母细胞瘤、视网膜母细胞瘤、肾母细胞瘤；少数来源于平滑肌、成骨细胞、肌纤维细胞的，以"母细胞瘤"命名的肿瘤，多为良性的，如平滑肌母细胞瘤、骨母细胞瘤、肌纤维母细胞瘤等。

4. 以人名命名的肿瘤　如霍奇金淋巴瘤（又称为霍奇金病）、尤因肉瘤（Ewing sarcoma）等。

5. 含有多种实质成分的肿瘤命名　如纤维腺瘤、癌肉瘤、多形性腺瘤、血管平滑肌脂肪瘤、畸胎瘤、恶性混合性中胚叶肿瘤等。

6. 以"瘤病"命名的肿瘤　以示肿瘤多发，如神经纤维瘤病、脂肪瘤病等。

二、肿瘤的分类

首先依据肿瘤的组织来源不同，可将肿瘤分为五大类。每类中又依据其分化程度、生物学行为的不同，可分为良性、恶性两大类（表9-3）。

表9-3　肿瘤分类表

组织来源	良性肿瘤	恶性肿瘤
上皮组织		
鳞状细胞	乳头状瘤	鳞状细胞癌
腺上皮	腺瘤	腺癌
尿路上皮	尿路上皮乳头状瘤	尿路上皮癌
基底细胞		基底细胞癌
间叶组织		
脂肪组织	脂肪瘤	脂肪肉瘤
纤维组织	纤维瘤	纤维肉瘤
横纹肌	横纹肌瘤	横纹肌肉瘤
平滑肌	平滑肌瘤	平滑肌肉瘤

组织来源	良性肿瘤	恶性肿瘤
血管	血管瘤	血管肉瘤
淋巴管	淋巴管瘤	淋巴管肉瘤
骨	骨瘤	骨肉瘤
软骨	软骨瘤	软骨肉瘤
滑膜	滑膜瘤	滑膜肉瘤
间皮	间皮瘤	恶性间皮瘤
淋巴造血组织		
淋巴细胞		淋巴瘤
造血细胞		白血病
神经组织		
神经鞘膜细胞	神经鞘瘤	恶性神经鞘瘤
胶质细胞	胶质细胞瘤	恶性胶质细胞瘤
原始神经细胞		髓母细胞瘤
脑脊膜	脑膜瘤,脊膜瘤	恶性脑膜瘤
神经细胞	神经节细胞瘤	神经母细胞瘤
其他肿瘤		
黑色素细胞	黑痣(黑色素痣)	黑色素瘤
胎盘滋养叶细胞	水疱状胎块	侵袭性水疱状胎块、绒毛膜上皮癌
生殖细胞		精原细胞瘤、无性细胞瘤、胚胎性癌
三个胚层组织	畸胎瘤	不成熟畸胎瘤

第六节 常见肿瘤

一、上皮组织肿瘤

上皮组织包括被覆上皮和腺上皮。上皮组织发生的肿瘤较常见,尤其是来源于上皮组织的恶性肿瘤,对人体危害较大。

(一)良性肿瘤

1. 乳头状瘤 乳头状瘤常见于皮肤、喉、外耳道、膀胱、阴茎等处,由被覆上皮发生,如鳞状上皮或尿路上皮发生的良性肿瘤。肉眼观察:乳头状瘤呈外生性突起于体表或体腔,常形成多个乳头状突起,根部有蒂与正常组织相连,较柔软。镜下观察:乳头轴心为血管和结缔组织,表面则被覆增生的瘤细胞,分化高(图9-10),异型性小。依据其发生的部位不同,被覆肿瘤细胞的类型不同。

2. 腺瘤　腺瘤常见于甲状腺、乳腺、唾液腺、胃肠道、卵巢等，由腺上皮发生的良性肿瘤。肉眼观察：发生在胃肠道的腺瘤多呈息肉状；发生在腺器官的腺瘤多呈结节状、囊状，有完整的包膜，与周围组织分界清楚。镜下观察：肿瘤细胞增生形成大小不等的腺腔样结构。根据腺瘤的组成成分与形态特点，可将其分为息肉状（管状、绒毛状）腺瘤、囊腺瘤、纤维腺瘤、多形性腺瘤等。

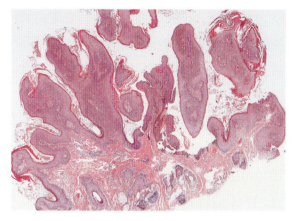

图 9-10　鳞状细胞乳头状瘤（皮肤）

（二）恶性肿瘤——癌

癌是来源于上皮组织的恶性肿瘤，好发于 40 岁以上的中老年人，是最常见的恶性肿瘤。肉眼观察：呈浸润性生长，与周围组织分界不清，手术不易切除干净，术后易复发。切面呈灰白色，干燥，质地硬。镜下观察：癌细胞呈巢状排列（癌巢），实质与间质分界清楚。癌细胞早期易沿淋巴道转移，晚期也可沿血道转移。网织纤维染色：每个癌细胞周围无网织纤维，癌巢周围有网织纤维。

1. 鳞状细胞癌　鳞状细胞癌常发生于原有鳞状上皮覆盖的部位，如皮肤、口腔、鼻咽、食管、阴道、阴茎、子宫颈等处；也可发生于鳞状上皮化生的部位，如支气管、膀胱等处。肉眼观察：癌组织多呈菜花状，也可因表面组织发生坏死脱落而形成溃疡。镜下观察：癌细胞排列呈不规则片块状、条索状癌巢。高分化鳞状细胞癌可在癌巢中出现层状或呈同心圆状的红染角化物，称为角化珠或癌珠。周围为似棘细胞的癌细胞和似基底细胞的癌细胞。癌细胞间可见细胞间桥（图9-11）。低分化鳞状细胞癌不见角化珠与细胞间桥，癌细胞有明显异型性，并可见病理性核分裂象。

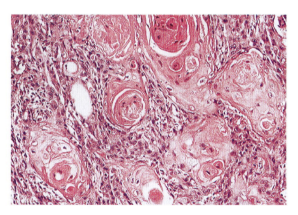

图 9-11　鳞状细胞癌（高分化）

2. 腺癌　腺癌常发生于乳腺、甲状腺、胃肠道、肝、胆囊、子宫体、唾液腺等处，是起源于腺上皮恶性肿瘤。肉眼观察：肿瘤可呈不规则的结节状、息肉状、菜花状、蕈状或溃疡状等。镜下观察，根据癌细胞分化程度及形态结构，可分为：

（1）管状腺癌：癌细胞形成大小不等、形态不规则的腺管样结构，为高分化腺癌。

（2）实性癌：癌细胞异型性大，形成实性癌巢，为低分化腺癌。若癌巢小而少，间质纤维结缔组织占优势，肿瘤质地较硬，称为硬癌；若癌巢明显，间质少，肿瘤质地软如脑髓，称为髓样癌或软癌；若癌巢与间质比例相当称为单纯癌。

（3）黏液癌：肉眼观察癌组织呈灰白色，半透明、胶冻状，又称为胶样癌。癌细胞分泌大量黏液,堆积在细胞外,形成黏液湖,癌细胞成团或乳头状漂浮在黏液湖中,称为黏液腺癌。若癌细胞分泌的大量黏液聚集于癌细胞内,将细胞核挤向一侧,癌细胞形似印戒,称为印戒细胞癌。此类肿瘤多见于胃和大肠,恶性程度较高,早期可有广泛的浸润和转移,预后不佳。

3. 基底细胞癌　基底细胞癌常见于老年人面部,如眼睑、面颊及鼻翼处,起源于皮肤的基底细胞。肉眼观察:表面癌组织坏死脱落,形成边缘隆起的不规则溃疡,主要为局部的浸润破坏,病灶逐渐增大。镜下观察:癌巢主要由基底细胞样的癌细胞构成,癌巢边缘癌细胞呈栅栏状排列。此癌生长缓慢,几乎不发生转移,对放疗敏感,预后较好。

4. 尿路上皮癌　尿路上皮癌好发于膀胱、输尿管或肾盂等部位的移行上皮,肉眼观察:呈乳头状或斑块状。镜下观察:肿瘤细胞由增生的尿路上皮细胞构成。肿瘤细胞排列呈乳头状(高分化)或不规则片块状(低分化),且肿瘤细胞具有一定的异型性。临床主要表现为无痛性血尿、术后易复发。

二、间叶组织肿瘤

间叶组织肿瘤中,良性肿瘤比较常见,恶性肿瘤(肉瘤)不常见。

(一)良性肿瘤

1. 脂肪瘤　脂肪瘤是最常见的良性软组织肿瘤,主要见于成人;多发生于四肢和躯干(肩、背、颈)的皮下组织,起源于脂肪组织。肉眼观察:肿瘤多呈结节状、分叶状,有完整的包膜,切面淡黄色,质地柔软,触之油腻感。镜下观察:肿瘤细胞似正常脂肪组织,呈不规则小叶状,有纤维间隔。手术容易切除,术后很少复发,一般无症状。

2. 血管瘤　血管瘤发生于皮肤、肝、舌头、口唇等部位;可为先天性,较常见于儿童,肿瘤常随身体的发育而长大,成年后一般停止发展,甚至可以自然消退。发生在皮肤或黏膜时可呈突起的鲜红肿块,或呈暗红、紫红色,平坦或隆起;发生在内脏的血管瘤多呈结节状。边界不清,无包膜。镜下观察:主要有毛细血管瘤、海绵状血管瘤和混合型血管瘤等类型。

3. 平滑肌瘤　平滑肌瘤多见于子宫,其次胃肠道等部位。肉眼观察:肿瘤呈球形或结节状,界限清楚,质地坚韧,切面灰白色,编织状、束状(图9-12)。镜下观察:肿瘤组织由形态比较一致的梭形、形似平滑肌细胞的瘤细胞构成。

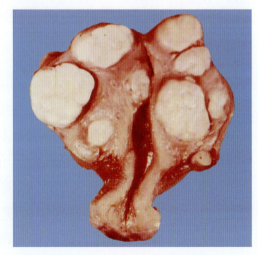

图9-12　子宫平滑肌瘤

（二）恶性肿瘤——肉瘤

肉瘤是来源于间叶组织的恶性肿瘤，好发于20岁左右的青少年，发生率较癌低。肉眼观察：呈浸润性生长，与周围组织分界不清，手术不易切除干净，术后易复发。切面呈灰红色，质软，均匀细腻，鱼肉状。镜下观察：肉瘤细胞弥散排列，不形成巢，每个肉瘤细胞周围即为肿瘤间质，实质与间质分界不清楚，间质中血管丰富，故肉瘤早期易沿血道转移，晚期也可沿淋巴道转移。网织纤维染色：每个肉瘤细胞周围均有网织纤维。

1. 纤维肉瘤　纤维肉瘤好发于皮下、肌腱、筋膜和腹膜后。肉眼观察：肿瘤呈不规则结节状，早期压迫周围组织，可形成假包膜，晚期浸润性生长。切面灰红、均匀细腻，鱼肉状，常伴有出血、坏死。镜下观察：肉瘤细胞大小不一，多呈梭形或圆形，异型性明显，可见病理性核分裂象。纤维肉瘤易早期发生血道转移，预后差。

2. 骨肉瘤　骨肉瘤为最常见的成骨细胞的恶性肿瘤，常发生于四肢长骨干骺端，尤其是股骨下端和胫骨上端，多见于青少年。肉眼观察：肿瘤自干骺端开始，呈浸润性生长，破坏骨组织和软组织，形成梭形膨大的肿块。肿瘤累及骨膜，可引起反应性骨质增生，增生的骨质在骨皮质和被掀起的骨膜之间堆积，形成Codman三角；肿瘤组织破坏骨皮质后，在骨膜与骨皮质之间可见与骨长轴垂直呈放射状新生骨小梁，X线上显示日光放射状阴影。这些影像学表现是骨肉瘤的特征性改变（图9-13）。镜下观察：肿瘤细胞异型性明显，呈梭形或多角形，大小不一，直接形成肿瘤性骨组织或骨样组织，骨样组织形态不规则，均质红染，将肿瘤细胞分隔，呈小梁状或片块状，这是诊断骨肉瘤的重要组织学依据。骨肉瘤恶性程度高，发展迅速，早期即可发生血道转移，死亡率高。

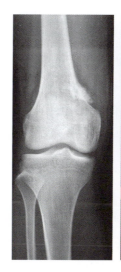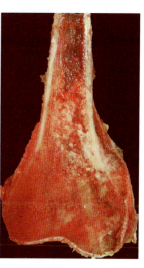

图9-13　骨肉瘤

三、淋巴造血组织肿瘤

淋巴造血系统由髓样组织和淋巴样组织构成。髓样组织主要包括骨髓和血液，淋巴样组织主要包括胸腺、脾、淋巴结及人体广泛分布的淋巴组织。本节简要介绍白血病和淋巴瘤。

（一）白血病

白血病（leukemia）是骨髓造血干细胞克隆性增生形成的恶性肿瘤，其特征为骨髓内异常的白细胞弥漫性增生取代正常骨髓组织，并进入外周血和浸润肝、脾、淋巴结等全身组织和器官，造成贫血、出血和感染。临床上常表现为发热、出血、贫血、肝大、脾大、淋巴结肿大，血常规示白细胞总数增多或不增多，幼稚的白细胞增多。骨髓涂片示原始及幼稚白细胞增多。

白血病可分为急性和慢性白血病。急性白血病起病急，进展快，多发生于幼儿和青少年，开始时症状类似急性感染，如突发高热、全身乏力、骨骼（特别是胸骨）疼痛，患者还有进行性贫血和出血倾向。慢性白血病病情发展缓慢，多见于成人，早期无明显症状，以后出现肝大、脾大、淋巴结肿大，消瘦、乏力、贫血等表现。

（二）淋巴瘤

淋巴瘤（lymphoma）是较为常见的恶性肿瘤，可起源于淋巴结和结外淋巴组织。根据其病理学特征分为霍奇金淋巴瘤（Hodgkin lymphoma，HL）和非霍奇金淋巴瘤（non-Hodgkin lymphoma，NHL）。临床上表现为淋巴结无痛性肿大，主要累及颈部和锁骨上淋巴结。患者也可伴有发热、乏力、消瘦、贫血和局部受压等症状。

1. 霍奇金淋巴瘤　霍奇金淋巴瘤为淋巴瘤的独特类型，占所有淋巴瘤的 10%～20%。其特点：①临床上常由一个或一组淋巴结开始，逐渐向远处扩散；受累淋巴结肿大，并相互融合，形成大小不等、形态不规则的肿块，切面呈灰白色，质地较硬。②瘤细胞多种多样，有一种独特的瘤巨细胞，称为里-施细胞（Reed-Sternberg cell，RS cell）。该细胞体积较大，胞质丰富，稍嗜酸或嗜碱性，胞核圆形或椭圆形，双核或多核，核膜厚，中央有一红染较大的核仁，周围有空晕。双核里-施细胞又称为镜影细胞，具有诊断意义。③瘤组织内伴淋巴细胞、浆细胞、中性粒细胞等反应性炎症细胞存在等。

2. 非霍奇金淋巴瘤　非霍奇金淋巴瘤是最常见的淋巴肿瘤，占恶性淋巴瘤的 80%～90%。我国成人大部分非霍奇金淋巴瘤起源于 B 细胞，其次是 T 细胞，自然杀伤细胞少见。非霍奇金淋巴瘤肉眼特点与霍奇金淋巴瘤相似。镜下观察：淋巴结或结外淋巴组织的正常结构部分或全部被瘤细胞破坏（或替代）；瘤细胞形态相对单一、有不同程度的异型性；瘤细胞的组织结构可呈弥漫性或滤泡性。

四、其他类型肿瘤

1. 畸胎瘤　由多向分化潜能的生殖细胞发生的肿瘤，大多数含有两个或三个胚层组织成分，称为畸胎瘤。其占卵巢肿瘤的 15%～20%，好发于 20～30 岁女性，可分为成熟型（良性）与未成熟型（恶性）畸胎瘤。成熟型畸胎瘤是常见的生殖细胞肿瘤，好发于女性卵巢。肉眼观察：肿瘤呈囊状，内含皮脂、毛发、骨骼、牙齿等，1% 可恶变。未成熟型畸胎瘤，呈实体状，可含有许多小的囊腔。镜下观察：可查见未成熟的骨或软骨等组织。

2. 黑色素瘤　黑色素瘤多发生于皮肤和黏膜，偶见于内脏。皮肤黑色素瘤可由黑色素痣发展而来。肉眼观察：肿瘤高起或不高起于皮肤表面，呈灰黑色，与周围组织界限不清。镜下观察：部分细胞排列成巢，部分细胞弥散排列，细胞形态多样，并有一定异型性，胞质内可见黑色素颗粒，核仁较明显。

第七节　癌前病变、原位癌及上皮内瘤变

一、癌前病变

癌前病变指具有潜在癌变可能性的良性病变。病变细胞增生活跃，并伴有不同程度的异型性。癌前病变可长期呈癌前状态，或经适当治疗可消失，若长期不愈，也有可能发展为癌。临床上常见的癌前病变有黏膜白斑、纤维囊性乳腺病、大肠腺瘤、慢性萎缩性胃炎和胃溃疡、皮肤慢性溃疡、膀胱乳头状瘤、肝硬化等。

二、原位癌

原位癌指癌细胞仅局限于黏膜上皮层内或皮肤表皮层内，累及全层，但尚未突破基底膜向深部浸润（图 9-14）。原位癌可累及腺体。临床上常见于子宫颈、膀胱、食管、乳腺及皮肤的原位癌等。原位癌一般无明显临床表现，多在体检时发现，若能及时发现并治疗，可以完全治愈。因黏膜上皮层内和皮肤表皮层内无血管和淋巴管，故认为原位癌是不转移的，预后较好。

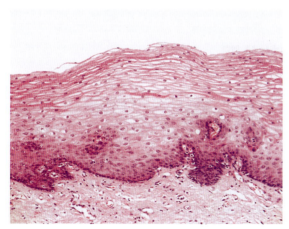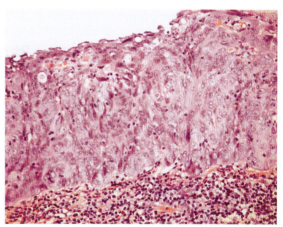

图 9-14　正常鳞状上皮和鳞状细胞原位癌的比较

三、上皮内瘤变

上皮内瘤变指上皮组织过度增生，并伴有一定的异型性。目前，可用上皮内瘤变这

一概念来描述上皮组织从异型增生到原位癌这一连续的过程。轻度异型性增生称为上皮内瘤变Ⅰ级,中度异型性增生称为上皮内瘤变Ⅱ级,重度异型性增生和原位癌称为上皮内瘤变Ⅲ级。临床上将重度异型性增生和原位癌统称为上皮内瘤变Ⅲ级,主要是因为二者难以截然分开,处理原则也基本一致。

四、早期浸润癌

早期浸润癌指癌细胞已突破基底膜向深部浸润,浸润深度不超过基底膜下 3～5mm。由于癌细胞浸润较浅,且局部血管、淋巴管较少,转移率较低,若能及早诊断,早治疗,预后较好。

第八节　肿瘤的分级与分期

肿瘤的分级与分期是临床上制订治疗方案和估计预后的重要指标。一般来说,分级和分期越高,生存率越低。

一、肿瘤的分级

病理学上用"级"或"分级"来描述恶性肿瘤的恶性程度。比较常用的是三级分级法:Ⅰ级为高分化,分化良好,恶性程度低;Ⅱ级为中分化,中度恶性;Ⅲ级为低分化,恶性程度高。

二、肿瘤的分期

病理学上用"分期"来描述恶性肿瘤的生长范围和播散程度。目前国际上通用的是 TNM 分期:T 指肿瘤原发灶情况。随着肿瘤体积的增加和邻近组织受累范围的增加,依次用 $T_1 \sim T_4$ 来表示,Tis 代表原位癌。N 指区域淋巴结受累情况。淋巴结未受累时,用 N_0 表示,随着淋巴结受累程度和范围的增加,依次用 $N_1 \sim N_3$ 表示。M 指远处转移,通常是血道转移。没有远处转移者用 M_0 表示,有远处转移者用 M_1 表示(图 9-15)。肿瘤体积越大,生长范围和播散程度越广,预后越差。

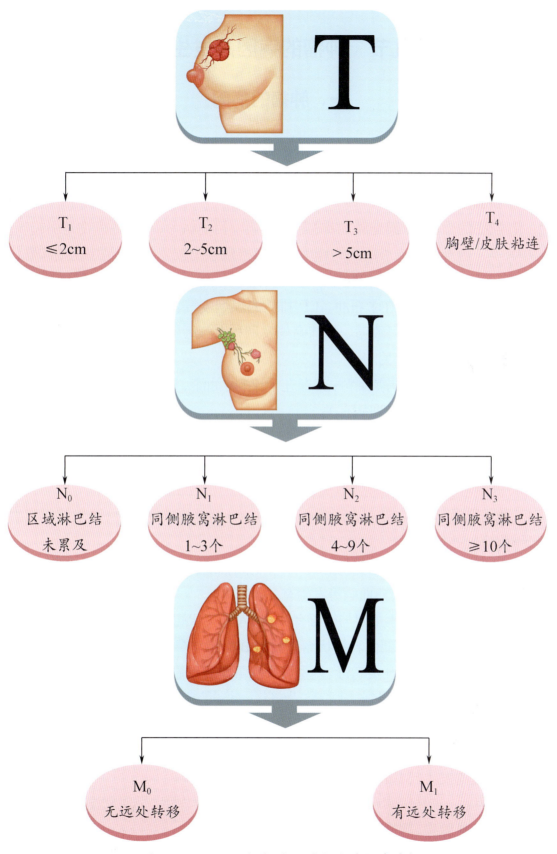

T

T₁
≤2cm

T₂
2~5cm

T₃
>5cm

T₄
胸壁/皮肤粘连

N

N₀
区域淋巴结
未累及

N₁
同侧腋窝淋巴结
1~3个

N₂
同侧腋窝淋巴结
4~9个

N₃
同侧腋窝淋巴结
≥10个

M

M₀
无远处转移

M₁
有远处转移

图 9-15　TNM 分期的主要指标（乳腺癌）

第九节　肿瘤的病因及发生机制

一、肿瘤的病因

肿瘤是在环境致瘤因素和机体内在因素等多种病因共同作用下，在基因水平上发生改变的结果，其原因复杂。

（一）环境致瘤因素

1. 化学因素　化学因素是最主要的致瘤因素。目前认为，化学致癌物是引起癌症的主要原因，其广泛存在于人类所处的环境中。直接致癌物较少，主要是烷化剂和酰化剂，可能诱发白血病等。常见的间接化学致癌物质：

（1）多环芳烃类：其存在于石油、工厂排放的煤烟废气、烟草烟雾、熏烤食物中，这些致癌物在体内代谢活化即可致癌。如肺癌与吸烟和大气污染有密切关系；食用烟熏和烧烤的鱼、肉等与胃癌发生有关。

（2）芳香胺类及氨基偶氮染料：其存在于染料、油漆、指甲油、染发剂、橡胶、塑料、皮革制品等中，与膀胱癌、白血病有关。

（3）亚硝胺类：其存在于肉类食品的保存剂和着色剂、新腌制的蔬菜、肉制品和变质的蔬菜食品中，其均含有较多的亚硝酸盐，在体内经羟化作用活化后具有致癌作用，与肝癌、胃癌、食管癌、肺癌、鼻咽癌等有关。

（4）黄曲霉毒素：其主要存在于霉变食品中，特别是霉变的花生、玉米及谷类中，可诱发肝细胞癌。

2. 物理因素　致癌因素主要包括紫外线、电离辐射（X线、γ射线、放射性同位素）、热辐射、异物等，与皮肤癌、白血病等发生有关。

3. 生物因素　致癌因素主要与病毒有关，如人乳头状瘤病毒（human papilloma virus，HPV）与宫颈癌、生殖道等部位乳头状瘤有关；EB病毒与鼻咽癌、伯基特淋巴瘤（Burkitt lymphoma，BL）有关；乙型肝炎病毒、丙型肝炎病毒与肝细胞癌有关。其他生物因子如幽门螺杆菌感染与胃癌的发生有密切关系。

（二）机体内在因素

机体内在因素主要是遗传与免疫在肿瘤的发生中起了重要作用，内因与外因相互作用，决定了肿瘤的发生与发展。

1. 遗传因素　遗传因素在一些肿瘤的发生中起重要作用，呈现家族聚集现象，如视网膜母细胞瘤、乳腺癌、腺瘤性息肉病、胃肠癌等。

2. 免疫因素　临床实践证明，肿瘤的发生、发展、疗效和预后与机体的免疫状态成正相关。机体免疫系统对肿瘤细胞有杀伤作用，免疫功能不足或低下时，肿瘤的发生率明显增加，如获得性免疫缺陷综合征患者免疫缺陷，恶性肿瘤的发生率明显增高。

3. 其他因素　肿瘤的发生还与种族、年龄、性别和激素等因素有关。某些肿瘤的发生有年龄分布特征，如儿童肾母细胞瘤多见，青年人骨肉瘤的发生率高，中老年人癌多见。在性别上也有很大的差异，如肺癌、肝癌、胃癌、鼻咽癌等以男性多见，生殖器官、乳腺、胆囊等肿瘤的发生率，女性明显高于男性。以上差异可能与激素、遗传、职业、习惯、环境及免疫状态等均有一定关系。

二、肿瘤的发生机制

目前认为，肿瘤的形成是一个复杂的过程，是基因水平上细胞增生调控发生异常的结果，是正常组织细胞在外界致瘤因素作用下，癌基因的激活以及抑癌基因的抑制，致使细胞生长和分化失去控制而发生恶变。可能导致细胞癌变的途径：基因突变，即细胞基因组中的 DNA 结构发生异常改变；基因表达异常；癌基因的激活以及抑癌基因的抑制；机体的免疫监视功能丧失。

第十节　肿瘤的防治原则

恶性肿瘤虽然危害很大，但并不是完全不能治愈的。树立正确的防癌保健观是当前我国防癌工作的当务之急，应在全社会中树立三级预防的观念。

一级预防：病因预防，主要是通过改善环境卫生，尽可能消除环境中的致肿瘤因素，防止致肿瘤因素进入人体。另外，要克服自己的不良生活习惯，去除饮食结构的不合理因素。

二级预防：三早预防，包括早期发现、早期诊断、早期治疗。提高治愈率，降低死亡率。对高发地区和危险人群定期普查，重视早期症状，做好自我监护，有些肿瘤可以通过早期诊断和早期治疗获得满意的疗效。

三级预防：临床期预防、康复性预防。其目的是防止病情的恶化，防止残疾出现，正确地选择合理的治疗方案，以尽早地治愈疾病、恢复功能、促进健康，提高患者的生活质量。

第十一节　肿瘤患者的护理原则

肿瘤患者的护理应根据患者的具体情况，结合治疗方法，从心理上、生理上进行全方位的护理，并预防各种并发症，促进患者康复。

1. 心理护理　给予患者心理安慰，帮助建立积极情绪，使患者消除焦虑、恐惧、不安的情绪，避免其不必要的精神压力，以正常的心理状态配合诊断治疗，锻炼坚强意志，对生活充满希望，这是战胜癌症的重要精神支柱。

2. 饮食护理　进行手术、放射治疗、化学药物治疗时，做好适当的饮食护理是保证治疗顺利进行的必要条件。应根据病情及消化吸收能力可供给流质、半流质等不同饮食。患者情况各异,应根据具体情况,咨询医生、护士、营养师的意见,给予恰当的饮食。

3. 对症护理　顽固性疼痛是恶性肿瘤的常见症状,依据产生原因不同可采用不同方法,减轻患者的烦躁和忧虑。冷湿敷法、热湿敷法也是可用的辅助止痛方法。殷切的关心体贴也可缓解疼痛。必要时可使用药物如吗啡、可待因、哌替啶等。

章末小结

　　本章主要讲授了肿瘤的概念、特征、对机体的影响,良性、恶性肿瘤的区别,肿瘤的命名与分类,常见肿瘤,癌前病变,原位癌,肿瘤的分级与分期,病因及发病等内容。其中肿瘤的异型性、癌、肉瘤、癌前病变、原位癌的概念;肿瘤的生长与扩散;良性、恶性肿瘤的区别是本章的重点教学内容。肿瘤性增生与非肿瘤性增生的区别;肿瘤的异型性与分化程度、恶性度的关系是本章的难点。

　　肿瘤性增生与非肿瘤性增生有本质区别的。肿瘤的异型性是判断肿瘤良恶性的重要形态学标志,若肿瘤的异型性大,则分化程度低,恶性程度高;反之亦然。肿瘤的生长方式主要有膨胀性生长(良性)、浸润性生长(恶性)、外生性生长(良性、恶性均可,但不一样)。一般来说良性肿瘤生长速度慢,恶性肿瘤生长速度快。肿瘤的扩散和转移是恶性肿瘤重要的生物学行为之一,也是导致患者死亡的主要原因。癌早期多沿淋巴道转移;肉瘤早期多沿血道转移;内脏器官肿瘤可种植性转移。

　　良性、恶性肿瘤对机体的影响:各不相同,良性肿瘤影响较小,主要为压迫和阻塞;恶性肿瘤影响较严重,除压迫、阻塞外,还可破坏周围组织器官,引起坏死、出血、感染、发热、疼痛,甚至并发恶病质造成患者死亡。正确区分肿瘤的良性、恶性是本章最为重要的内容。因为它对肿瘤的诊断、治疗、预后具有重要的临床意义。

　　癌指来源于上皮组织的恶性肿瘤,较多见,常发生于中老年人;肉瘤指来源于间叶组织的恶性肿瘤,较少见。掌握常见的癌前病变、原位癌、上皮内瘤变等有助于临床早发现、早诊断和早治疗,对肿瘤的预防、治疗和预后意义重大。

　　目前,临床上主要通过病理学活体组织检查来判断肿瘤的性质和来源。

(樊　欣)

 思考与练习

一、简答题

1. 简述肿瘤的生长方式与转移途径。

2. 简述良恶性肿瘤的区别。

3. 简述肿瘤的异型性的概念及其与分化程度、恶性程度的关系。

4. 简述癌前病变的概念及其常见的癌前病变。

5. 简述原位癌、上皮内瘤变的概念。

二、案例分析题

1. 患者，男，65 岁。患者有 32 年吸烟史，咳嗽咳痰近 1 个月，体重明显减轻，服消炎药未见缓解；近日咳嗽加剧，出现痰中带血症状。X 线及 CT 检查发现，左肺门处见 5cm×3cm 的占位性病变。纤维支气管镜活体组织检查病理组织学检查：呈巢状排列的异型细胞，并可见细胞间桥及角化珠。

请思考：

（1）患者最可能的病理诊断是什么？其诊断依据是什么？

（2）纤维支气管镜活体组织检查属于何种检查？检查的意义？

（3）患者预后如何？试用病理学知识解释和分析。

2. 患者，女，36 岁。患者单位组织体检，体检单上记录的宫颈刮片检查示，见异型的宫颈上皮细胞，建议进一步检查。随后患者进行了宫颈局部组织活体组织检查。诊断：宫颈上皮内瘤变 I 级。建议随访。

请思考：

（1）何为异型性？患者宫颈刮片检查发现了什么病变？

（2）何为上皮内瘤变？如何分级？

第十章 | 呼吸系统疾病

10章 数字内容

呼吸系统由呼吸道和肺构成。呼吸道包括鼻、咽、喉、气管和各级支气管，以环状软骨为界将呼吸道分为上、下两部分。气管、支气管、小支气管、细支气管及终末细支气管为气体出入的传导部分；其后的呼吸性细支气管、肺泡管、肺泡囊及肺泡为肺的呼吸部分（图10-1）。

呼吸系统是人体与外界相通的主要门户，环境中的有害气体、粉尘、病原体等常可导致呼吸系统疾病发生。常见的呼吸系统疾病有慢性支气管炎、肺炎、硅沉着病、慢性肺源性心脏病、呼吸系统常见肿瘤等。

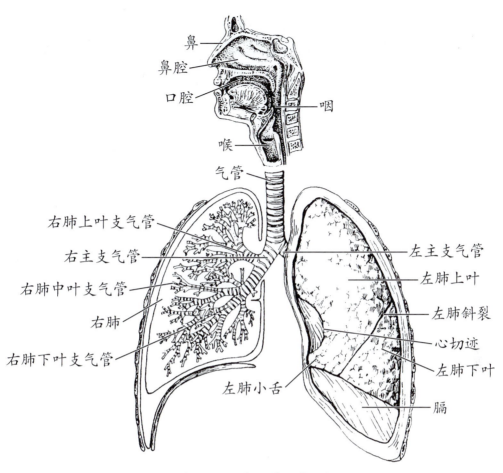

图 10-1 呼吸系统解剖

鼻
鼻腔
口腔
咽
喉
气管
右肺上叶支气管
右主支气管
右肺中叶支气管
右肺
右肺下叶支气管
左肺小舌
左主支气管
左肺上叶
左肺斜裂
心切迹
左肺下叶
膈

第一节　慢性支气管炎

 工作情景与任务

导入情景

　　患者,女,60 岁。患者因反复咳嗽、咳痰 11 年,伴气促、心悸 3 年,下肢水肿 2 年,腹胀 3 个月入院;11 年前感冒后发热、咳嗽,以后每逢冬春季常咳嗽,咳白色泡沫痰,反复加重;3 年来,在劳动或爬坡后常感心悸、呼吸困难;2 年前下肢凹陷性水肿;3 个月前受凉后发热、咳嗽加重,咳脓痰,心悸、气促加剧并出现腹胀,不能平卧,急诊入院。

工作任务:

1. 根据主要临床表现作出诊断,并说出诊断依据。

2. 该患者由咳嗽、咳痰发展为心悸、呼吸困难,请解释其疾病的发生发展过程。

　　慢性支气管炎(chronic bronchitis)是发生于支气管黏膜及其周围组织的慢性非特异性炎症,是一种常见病、多发病,中老年人群中发病率达 15%～20%。临床上主要表现为长期反复发作的咳嗽、咳痰或伴有喘息，上述症状每年至少持续 3 个月，连续 2 年以上，排除其他心肺疾病即可诊断为慢性支气管炎。晚期可并发慢性阻塞性肺气肿和慢性肺源性心脏病等。

一、病因及发病机制

慢性支气管炎往往是多种因素长期综合作用的结果，已确定的致病因素包括：

1. 病毒和细菌感染　慢性支气管炎的发病与感冒密切相关，多发生于冬春季节。凡能引起上呼吸道感染的病毒和细菌均是引起慢性支气管炎发生、发展和复发的重要因素。

2. 吸烟　吸烟对慢性支气管炎的发病起重要作用。研究表明，吸烟者比不吸烟者患病率高 2~10 倍，且患病率与吸烟量成正比。

3. 空气污染　工业烟雾、粉尘等造成的大气污染与慢性支气管炎有明显的因果关系。

4. 过敏因素　过敏因素与慢性支气管炎有一定的关系，喘息型慢性支气管炎患者往往有过敏史。

5. 机体内在因素　机体抵抗力下降，呼吸系统防御功能受损，内分泌功能失调等与本病发生发展密切相关。

 知识链接

关注健康，远离烟草

吸烟是导致慢性支气管炎发生的常见危险因素，当然吸烟的危害远不止于此。据《中国吸烟危害健康报告 2020》显示，主动吸烟或吸二手烟与多种恶性肿瘤、心脑血管疾病、呼吸系统疾病、生殖系统疾病等有着密切关系。烟草危害是当今世界最严重的公共卫生问题之一。自世界卫生组织《烟草控制框架公约》生效以来，越来越多的国家采用有效的措施进行控烟。

二、病理变化

慢性支气管炎是发生于气管、支气管壁的慢性非异性炎症。病变早期常起始于较大的支气管，随着病情进展，逐渐累及较小的支气管和细支气管。受累的细支气管越多，病变越重。镜下观察主要改变：

1. 黏膜上皮的改变　呼吸道黏液 - 纤毛排送系统受损，纤毛发生粘连、倒伏，甚至缺失；柱状上皮细胞变性、坏死及脱落；再生的上皮杯状细胞增多，并可发生鳞状上皮化生。

2. 腺体的改变　黏膜下黏液腺体增生、肥大，部分浆液腺泡发生黏液腺化生，导致黏液分泌增多，滞留在支气管腔内易形成黏液栓，造成气道的完全或不完全阻塞，影响通气功能。

3. 支气管壁的改变　管壁充血、水肿，淋巴细胞、浆细胞浸润。病变反复发作可使管壁平滑肌束断裂、萎缩，软骨可变性、萎缩或骨化（图10-2）。

4. 反复发作最终改变　累及的细支气管不断增多，终将导致管壁纤维性增厚、管腔狭窄甚至发生纤维性闭锁；同时，炎症易向管壁周围组织及肺泡扩展，形成细支气管周围炎。

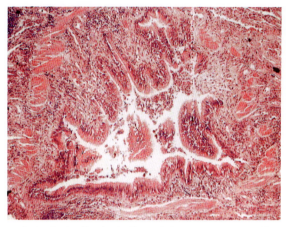

病变支气管壁增厚，增生的黏膜突向管腔，间质内大量淋巴细胞及浆细胞浸润。

图10-2　慢性支气管炎

三、病理与临床联系

因黏膜受炎症刺激和黏液分泌增多，故慢性支气管炎的主要表现为咳嗽、咳痰，痰液一般为白色黏液泡沫状。急性发作伴细菌感染时，咳嗽加重，痰量增多，出现黏液脓性或脓性痰。支气管痉挛、狭窄或黏液分泌物阻塞，常致喘息。双肺听诊可闻及哮鸣音，干、湿啰音。

四、结局及并发症

慢性支气管炎如能去除病因，积极预防感冒，及时控制感染，加强锻炼，增强体质，多数患者病情可以控制。但若反复发生，因支气管病变和细支气管周围炎的程度逐渐加重，导致小气道狭窄和阻塞，终致阻塞性通气障碍，久之，会发生慢性阻塞性肺气肿、支气管扩张症和慢性肺源性心脏病等并发症。

（一）慢性阻塞性肺气肿

肺气肿（emphysema）指末梢肺组织（呼吸性细支气管、肺泡管、肺泡囊和肺泡）过度充气并伴肺泡间隔破坏，肺组织弹性减弱，肺体积膨大和通气功能降低的一种病理状态。其中慢性阻塞性肺气肿是慢性支气管炎最常见的并发症。

慢性支气管炎时，由于炎症反复发作，可引起管壁增厚、管腔狭窄；同时黏液性渗出物增多和黏液栓的形成，造成细支气管不完全阻塞。吸气时，细支气管扩张，气体尚能进入肺泡；呼气时，由于细支气管狭窄、阻塞和塌陷，气体不能充分排出，使肺泡残气量增多，久之导致末梢肺组织过度充气、膨胀，肺泡间隔断裂，形成肺气肿

（图 10-3）。肺气肿病程进展缓慢。重度患者胸廓前后径增大，肋间隙增宽，形成桶状胸。随着病情发展，肺循环阻力增加，可导致肺动脉高压和右心室肥大、扩张，即慢性肺源性心脏病。

（二）支气管扩张症

支气管扩张症（bronchiectasis）是以肺内支气管不同程度的持久性扩张伴管壁纤维性增厚为特征的一种慢性呼吸道疾病。慢性支气管炎时，由于支气管壁的弹性纤维和平滑肌甚至软骨遭到破坏，削弱支气管壁的支撑结构。吸气时，支气管内压增高及在胸腔负压的牵拉下支气管扩张，呼气时支气管壁弹性减弱不能完全回缩，久之，导致支气管持久性扩张。管腔内常因分泌物潴留而继发化脓性感染。患者常有慢性咳嗽、大量脓痰、咯血、胸痛等症状。

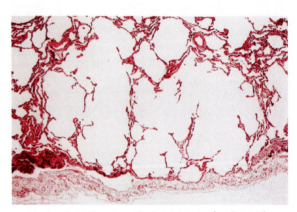

肺泡明显扩张，肺泡间隔变窄并断裂，相邻肺泡融合成较大囊腔。

图 10-3　肺气肿

（三）支气管肺炎

支气管肺炎又称为小叶性肺炎，见第十章第二节。

（四）慢性肺源性心脏病

慢性肺源性心脏病，见第十章第四节。

第二节　肺　　炎

　　工作情景与任务

导入情景

患者，男，29岁。患者酗酒后遭雨淋，第二日寒战、高热，继而出现胸痛、咳嗽、咳铁锈色痰，急送医院就诊。入院检查：体温39.5℃，脉搏145次/min。叩诊左肺下叶浊音，听诊支气管呼吸音。血常规：白细胞计数18×10^9/L；X线检查示左肺下叶有大片致密阴影。入院经抗生素治疗，病情好转，各种症状逐渐消失，住院7d后自感无症状出院。

工作任务：

1. 患者发生了什么疾病？

2. 患者为何出现高热、胸痛、咳铁锈色痰等临床表现？

一、概　　述

肺炎（pneumonia）通常指肺的急性渗出性炎，是呼吸系统的常见病、多发病，以各种病原体，如细菌、病毒等感染引起的感染性肺炎最为常见。肺炎根据致病性微生物的不同，可分为细菌性肺炎、病毒性肺炎、支原体肺炎、真菌性肺炎和寄生虫性肺炎等；按病变的性质可分为浆液性肺炎、纤维蛋白性肺炎、化脓性肺炎、出血性肺炎等；根据病变累及的部位和范围分为大叶性肺炎、小叶性肺炎和间质性肺炎。

二、肺炎常见类型

（一）细菌性肺炎

1. 大叶性肺炎（lobar pneumonia）　大叶性肺炎是发生于肺组织的急性纤维蛋白性炎。本病多见于青壮年。临床起病急，主要表现为寒战、高热、胸痛、咳嗽、咳铁锈色痰和呼吸困难，有肺实变体征及外周血白细胞增多等。由于肺泡壁结构通常不被破坏，故痊愈后呼吸功能可完全恢复。病程一般为7～10d。

（1）病因及发病机制：大叶性肺炎90%以上是由肺炎链球菌感染引起的；此外，肺炎杆菌、金黄色葡萄球菌、溶血性链球菌和流感嗜血杆菌等也可引起。正常情况下，肺炎链球菌存在于人的鼻咽部，当机体在受寒、过度疲劳、醉酒和麻醉等情况下，引起呼吸道防御功能减弱，细菌由上向下侵入肺泡并迅速生长繁殖，引发肺组织变态反应，导致肺泡壁毛细血管通透性增高，浆液及纤维蛋白原大量渗出，并与细菌一起通过肺泡间孔或呼吸性细支气管向邻近肺组织蔓延，波及一个肺段或整个大叶。

（2）病理变化及病理与临床联系：大叶性肺炎常发生在单侧肺，病变特征是肺泡腔内大量纤维蛋白渗出，典型的自然发展过程可分四期。

1）充血水肿期：发病第一日至第二日。肉眼观察：病变肺叶肿胀，暗红色。镜下观察：肺泡壁毛细血管扩张充血，肺泡腔内有较多浆液性渗出物，渗出液中常可检出肺炎链球菌。临床上，患者出现寒战、高热、外周血白细胞增多等毒血症表现，听诊可闻及湿啰音，X线检查示片状模糊阴影。

2）红色肝样变期：发病第三日至四日。肉眼观察：病变肺叶充血肿胀，暗红色，质地变实如肝，故称为红色肝样变期。镜下观察：肺泡壁毛细血管进一步扩张充血，肺泡腔内充满纤维蛋白和大量红细胞。此期渗出液中仍能检出肺炎链球菌。由于肺泡腔内的红细胞被巨噬细胞吞噬，崩解后，形成含铁血黄素随痰咳出，致使痰液呈铁锈色。若病变范围较广，肺泡腔内大量渗出物影响肺通气和换气功能时，患者会出现发绀、呼吸困难等缺氧症状和肺实变体征。病变波及胸膜时，引起纤维蛋白性胸膜炎，可出现胸痛，X线检查呈大片均匀致密阴影。

3）灰色肝样变期：发病第五日至第六日。肉眼观察：病变肺叶仍肿大，灰白色，质地变实如肝，故称为灰色肝样变期（图10-4）。镜下观察：肺泡壁毛细血管受压闭塞，肺泡腔内充满大量纤维蛋白及中性粒细胞，红细胞基本消失（图10-5）。临床表现基本同红色肝样变期，但病变肺组织内因肺泡壁毛细血管受压闭塞，血流量显著减少，未经氧合的静脉血流入左心也随之减少，故缺氧状况有所改善。咳出的痰由铁锈色逐渐变为黏液脓痰。渗出物中的致病菌被中性粒细胞吞噬杀灭，故不易检出。

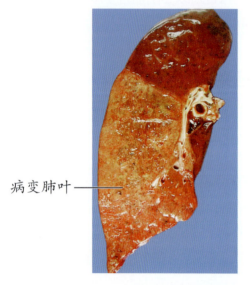

病变肺叶————

病变肺叶肿胀，色灰黄，质实如肝。

图10-4　大叶性肺炎

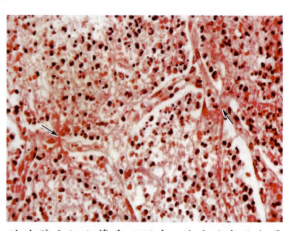

肺泡壁毛细血管受压闭塞，肺泡腔内见大量纤维蛋白及中性粒细胞。

图10-5　大叶性肺炎（灰色肝样变期）

4）溶解消散期：发病后1周左右进入此期。肉眼观察：病变肺组织实变消失，质地变软。镜下观察：肺泡腔内渗出的中性粒细胞变性、坏死，释放大量蛋白溶解酶将渗出物中的纤维蛋白溶解，由淋巴管吸收或经气道咳出，肺组织结构和功能恢复正常。患者体温恢复正常，各种症状和体征逐渐减轻、消失。X线检查：病变区阴影密度降低，透亮度增加，直至逐渐恢复正常。

大叶性肺炎的上述病理变化是一个连续的过程，彼此间无绝对的界限。临床上由于早期应用抗生素治疗，大叶性肺炎的病程明显缩短，也很难见到典型的四期病变过程。

（3）结局及并发症：经过治疗大多痊愈。少数出现并发症，可表现为：

1）肺肉质变（pulmonary carnification）：由于肺泡腔内渗出的中性粒细胞过少，释放的蛋白溶解酶不足以溶解渗出的纤维蛋白，大量未能溶解吸收的纤维蛋白被肉芽组织取代而发生机化，使病变肺组织呈褐色肉样，故称为肺肉质变，又称为机化性肺炎。

2）胸膜肥厚和粘连：胸膜炎时渗出的纤维蛋白不能被完全溶解吸收而发生机化，导致胸膜肥厚、粘连。

3）肺脓肿、脓胸：当细菌毒力强或机体抵抗力低下时，尤其是合并金黄色葡萄球菌感染者,易并发肺脓肿、脓胸。

4)败血症或脓毒败血症:严重感染时,细菌侵入血液大量繁殖并产生毒素会致败血症或脓毒败血症。

5)感染性休克:感染性休克见于重症病例,是大叶性肺炎的严重并发症,主要表现为微循环衰竭及严重全身中毒症状,故又称为中毒性休克或休克性肺炎,死亡率较高。

2. 小叶性肺炎(lobular pneumonia) 小叶性肺炎是以细支气管为中心,以肺小叶为单位的急性化脓性炎,病变多起始于细支气管,并向周围肺组织蔓延,又称为支气管肺炎。小叶性肺炎多见于小儿、年老体弱及久病卧床者。临床表现主要为发热、咳嗽、咳痰等。

(1)病因及发病机制:小叶性肺炎常为多种细菌混合感染所致。常见的致病菌有肺炎链球菌、葡萄球菌、流感嗜血杆菌、铜绿假单胞菌及大肠埃希菌等口腔及上呼吸道内致病力较弱的常驻寄生菌。当患者发生传染病、营养不良、恶病质、昏迷、麻醉和手术后等状况时,由于机体抵抗力下降,呼吸系统的防御功能降低,这些细菌就可能侵入细支气管及末梢肺组织并生长繁殖,引起小叶性肺炎。因此,小叶性肺炎往往是一些疾病的并发症,如麻疹后肺炎、吸入性肺炎、坠积性肺炎及手术后肺炎等。

(2)病理变化:小叶性肺炎的病变特征是以细支气管为中心肺组织的化脓性炎。肉眼观察:病变分布于两肺各叶,以下叶及背侧多见。病灶大小不等,直径在0.5~1cm(相当于肺小叶范围),形状不规则。病灶中央常可见受累的细支气管横断面(图10-6)。严重者病灶互相融合成片,形成融合性小叶性肺炎。一般不累及胸膜。镜下观察:病灶内的细支气管壁及其所属肺泡壁充血、水肿,细支气管壁内有大量中性粒细胞浸润。细支气管腔及肺泡腔内充满大量以中性粒细胞为主的炎性渗出物(图10-7)。细支气管黏膜上皮及肺泡上皮常会坏死、脱落,病灶周围肺组织充血,有不同程度的代偿性肺气肿。

(3)病理与临床联系:发热、咳嗽和咳痰是其常见症状。由于毒血症,患者出现寒

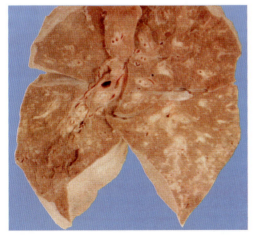

肺切面散布大小不一、形状不规则灰黄色实变病灶。

图10-6 小叶性肺炎(肉眼观)

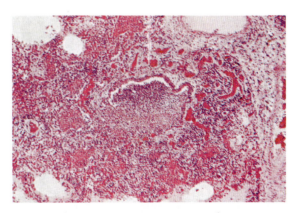

细支气管壁充血、水肿,细支气管腔及周围肺泡腔内充满以中性粒细胞为主的炎性渗出物。

图10-7 小叶性肺炎(镜下观)

战、高热。支气管黏膜受炎症及渗出物的刺激,可有咳嗽、咳痰,痰液常为黏液脓性。因病灶较小且散在分布,因此除融合性小叶性肺炎外,肺实变体征一般不明显,听诊可闻及散在的湿啰音,X线检查可见两肺散在的、不规则斑点状或小片状阴影。

（4）结局及并发症:小叶性肺炎经及时有效治疗大多可痊愈,但其并发症远较大叶性肺炎多,且危险性也大。常见的有呼吸衰竭、心力衰竭、脓毒血症、肺脓肿和脓胸等。婴幼儿及年老体弱者,特别是并发其他严重疾病时,预后大多不良。

（二）病毒性肺炎

病毒性肺炎(viral pneumonia)是由上呼吸道病毒感染向下蔓延所致的间质性肺炎;可发生于任何年龄,以儿童多见,婴儿和老年人病情较重;一般多为散发。

1. 病因及发病机制 引起病毒性肺炎的病毒种类繁多,常见的有流感病毒、腺病毒、呼吸道合胞病毒、麻疹病毒、副流感病毒、单纯疱疹病毒以及巨细胞病毒等,主要经飞沫传染。

2. 病理变化 肉眼观察:病变多不明显,可见肺组织充血水肿,轻度肿大。镜下观察:主要表现为肺泡间隔明显增宽,血管扩张充血,间质水肿,淋巴细胞及单核细胞浸润;肺泡腔内一般无渗出物或仅有少量浆液(图10-8);细支气管和肺泡上皮细胞可增生肥大,并形成多核巨细胞。有时在增生的上皮细胞和多核巨细胞内可见圆形或椭圆形、红细胞大小、其周围常有一清晰透明晕的病毒包涵体(图10-9)。检查见病毒包涵体是病理诊断病毒性肺炎的重要组织学依据。

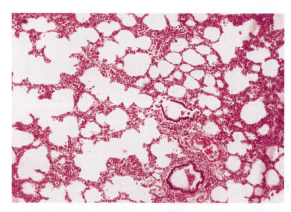

肺泡间隔明显增宽,血管扩张充血,间质水肿伴淋巴细胞和单核细胞浸润,肺泡腔内基本无渗出物。

图10-8 病毒性肺炎

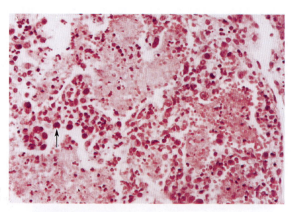

增生肥大的上皮细胞核内见圆形或椭圆形,周围有一明显空晕的病毒包涵体(箭头示)。

图10-9 病毒性肺炎

3. 病理与临床联系 病毒血症患者会出现发热、头痛等全身中毒症状;炎症对支气管黏膜的刺激可引起剧烈咳嗽,严重者可出现呼吸困难、发绀,甚至引起呼吸衰竭和心力衰竭。X线检查,肺部可见斑点或片状浅薄阴影。

4. 结局 本病及时治疗预后较好,严重者或伴有细菌感染,预后较差。

（三）支原体肺炎

支原体肺炎(mycoplasmal pneumonia)是由肺炎支原体引起的一种肺的急性间质性炎

症;主要经飞沫传播;秋、冬季多发;儿童、青少年发病率较高。

1. 病理变化　肉眼观察:病变呈灶性或节段性,多累及一个肺叶,以下叶多见,呈暗红色,切面可有少量红色泡沫液体溢出。镜下观察:肺泡间隔增宽,血管扩张充血,间质水肿,淋巴细胞、单核细胞和浆细胞浸润,肺泡腔内无渗出物或仅有少量混有单核细胞的浆液渗出。小支气管和细支气管及周围组织也有炎症细胞浸润。严重病例,上皮细胞可坏死、脱落。

2. 病理与临床联系　临床起病较急,患者出现发热、头痛、咽喉痛及剧烈咳嗽,常无痰。听诊可闻及干、湿啰音,X线检查显示肺节段性纹理增强及网状或斑片状阴影。痰、鼻分泌物及咽拭子可培养出肺炎支原体。

3. 结局　自然病程约2周,本病预后良好。

第三节　硅 沉 着 病

硅沉着病(silicosis)又称为硅肺病,是长期吸入含游离二氧化硅(SiO_2)的粉尘沉着于肺组织所引起的一种常见职业病。长期从事开矿、采石、坑道作业及在石英粉厂、玻璃厂等生产作业的工人,如不采取适当的防护措施,则易患本病。患者多在接触硅尘10~15年后发病,病程进展缓慢,即使脱离硅尘接触后,肺部病变仍继续发展。晚期重症病例呼吸功能严重受损,常并发慢性肺源性心脏病和肺结核病。

一、病因及发病机制

吸入空气中游离二氧化硅粉尘是硅沉着病发病的主要原因。发病与否与吸入二氧化硅的数量、颗粒大小等密切相关。当吸入硅尘数量超出肺的正常清除能力或肺清除能力受呼吸道疾病的影响降低时,均能使硅尘沉积于肺内。硅尘颗粒的大小是致病的又一决定因素,硅尘颗粒越小,在空气中的沉降速度越慢,被吸入进肺内的机会就越多。一般认为硅尘颗粒<5μm者则可被吸入肺内,直达肺泡并被聚集于肺泡间隔或支气管周围的巨噬细胞吞噬,形成早期硅沉着病的细胞性结节,其中以1~2μm者致病性最强。间质内部分吞噬了硅尘的巨噬细胞也可穿过淋巴管壁随淋巴回流至肺门淋巴结,引起淋巴结发生同样病变。

硅尘颗粒引起硅沉着病的发病机制尚未完全清楚,目前认为主要与二氧化硅的性质和巨噬细胞的吞噬作用有关。当吸入肺组织的硅尘被巨噬细胞吞入后,二氧化硅与水聚合形成硅酸,使溶酶体膜通透性升高或破裂;被激活的巨噬细胞形成的氧自由基也可以直接损伤细胞质膜。溶酶体破裂后释放的多种溶酶体酶导致巨噬细胞崩解自溶,同时释放出硅尘,游离的硅尘又可被其他巨噬细胞再吞噬。另外,崩解的和已被激活的巨噬细胞均可释放多种细胞因子和炎症介质,引起肺组织炎症反应、成纤维细胞增生和胶原沉积,导致肺纤维化。反复吸入并沉积在肺内的硅尘,特别是因巨噬细胞破裂再释放出的硅尘使肺部病变不断发展和加重。

二、病理变化

硅沉着病的基本病变是硅结节的形成和肺组织的弥漫性纤维化。

1. 硅结节　硅结节为境界清楚的圆形或椭圆形结节，直径 3～5mm，色灰白，触之有沙砾感。硅结节形成的早期阶段是由吞噬硅尘的巨噬细胞聚集形成的细胞性结节。随病程进展，结节内成纤维细胞增生，结节发生纤维化遂形成纤维性结节，其内胶原纤维呈同心圆或旋涡状排列（图 10-10），部分结节中胶原纤维发生玻璃样变。肺门淋巴结也可有硅结节形成，致淋巴结肿大变硬。

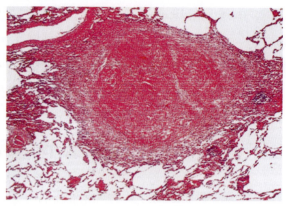

图示纤维性硅结节，主要由玻璃样变的胶原纤维呈旋涡状排列构成。

图 10-10　硅沉着病

2. 肺组织弥漫性纤维化　病变肺组织内除见硅结节外，尚可见范围不等的弥漫性纤维化病灶，镜下为致密的玻璃样变胶原纤维。晚期病例纤维化肺组织可达全肺 2/3 以上。胸膜也可因弥漫性纤维化而广泛增厚，厚度可达 1～2cm。

三、病理与临床联系

硅沉着病根据肺部病变程度和范围不同，临床上可分为三期。

Ⅰ期硅沉着病：主要表现为肺门淋巴结肿大，有硅结节形成及肺纤维化改变，肺组织内硅结节数量较少，主要分布在两肺中、下叶近肺门处，结节直径一般为 1～3mm。X 线检查肺门阴影增大，密度增强，肺野内可见少量硅结节小阴影。胸膜可有硅结节形成，但增厚不明显。肺的重量、体积和硬度无明显改变。

Ⅱ期硅沉着病：硅结节数量增多，体积增大，弥散于全肺，但仍以两肺中、下叶靠近肺门附近比较集中，总的病变范围不超过全肺的 1/3，同时伴有较明显的肺纤维化。X 线检查肺野中可见较多直径<1cm 的阴影，分布范围较广。肺重量、体积和硬度均有增加，胸膜也增厚。

Ⅲ期硅沉着病（重症硅沉着病）：硅结节密集与肺纤维化融合成团块，病灶周围肺组织常有肺气肿或肺不张。X 线检查：在肺野内可见直径超过 2cm 的大阴影。肺门淋巴结肿大，密度增加，并出现蛋壳样钙化。肺重量和硬度明显增加，胸膜明显增厚，新鲜肺标本可竖立不倒，入水可下沉。

四、常见并发症

1. 肺结核病　硅沉着病患者易并发肺结核病,称为硅沉着病结核病,可能是由于病变组织对结核分枝杆菌的防御能力降低引起。硅沉着病病变愈严重,肺结核病并发率愈高。

2. 慢性肺源性心脏病　有60%~75%的晚期硅沉着病患者并发慢性肺源性心脏病。肺组织弥漫性纤维化使肺毛细血管床减少,肺小动脉闭塞性脉管炎及缺氧引起的肺小动脉痉挛等均可导致肺循环阻力增大,肺动脉压升高,最终发展为慢性肺源性心脏病。患者可因右心衰竭而死亡。

第四节　慢性肺源性心脏病

一、概　　念

慢性肺源性心脏病(chronic cor pulmonale)是因慢性肺疾病、肺血管及胸廓病变引起的肺动脉压升高而导致的以右心室肥大、心腔扩张为特征的心脏病。

二、病因及发病机制

肺动脉高压是慢性肺源性心脏病发生的关键环节。常见原因:

1. 慢性肺疾病　最常引起慢性肺源性心脏病的是慢性阻塞性肺疾病,其中以慢性支气管炎并发阻塞性肺气肿最常见,占80%~90%,其后依次为支气管哮喘、支气管扩张症、硅沉着病等。这些疾病一方面使肺毛细血管床减少,小血管纤维化、闭塞,导致肺循环阻力增加;另一方面则因阻塞性通气障碍、换气不足,导致肺泡内氧分压降低和二氧化碳分压增高,引起肺小动脉痉挛,肺小动脉中膜肥厚,更增大了肺循环阻力而使肺动脉压升高,最终导致右心室肥大、扩张。

2. 肺血管疾病　肺血管疾病甚少见,如原发性肺动脉高压症,反复发生的肺小动脉栓塞等。

3. 胸廓病变　胸廓病变较少见。如严重的脊柱弯曲,胸膜广泛粘连及胸廓畸形等,使胸廓活动受限,不仅引起限制性通气功能障碍,还可因肺部受压造成肺血管扭曲,使肺循环阻力加大引起肺动脉高压。

三、病　理　变　化

1. 肺部病变　病变除肺部原有疾病外,主要病变是肺小动脉的改变,表现为肺小动脉中膜平滑肌细胞增生，使血管壁增厚、管腔狭窄；还可发生肺小动脉炎、肺小动脉血栓形成与机化及肺泡壁毛细血管数量减少等。

2. 心脏病变　病变表现为心脏体积增大，重量增加，心尖钝圆；右心室壁肥厚、心腔扩张，肺动脉圆锥显著膨隆。通常以肺动脉瓣下 2cm 处右心室壁肌层厚度超过 5mm（正常为 3～4mm）作为诊断慢性肺源性心脏病的病理形态标准。

四、病理与临床联系

慢性肺源性心脏病发展缓慢，除了原有肺、胸廓疾病的症状和体征外，逐渐出现呼吸困难、气促、发绀等呼吸功能不全和心悸、心率增快、全身淤血、肝大、脾大、下肢水肿等右心衰竭的表现。严重时可发生肺性脑病。

第五节　呼吸系统常见肿瘤

一、鼻　咽　癌

鼻咽癌（nasopharyngeal carcinoma）是鼻咽部上皮组织发生的恶性肿瘤。本病有明显的地域性。发病年龄多在 40～50 岁，男性多于女性。患者可出现鼻出血、鼻塞、耳鸣、听力减退、复视、偏头痛和颈部淋巴结肿大等临床表现。

（一）病因及发病机制

鼻咽癌的病因尚未完全阐明。现有的研究表明鼻咽癌的发生与下列因素有关：

1. EB 病毒（Epstein-Barr virus，EBV）　已知 EB 病毒感染与鼻咽癌的发生有密切关系。临床上 90% 以上患者血清中能检测出多种抗 EB 病毒抗原的抗体，特别是 EB 病毒壳抗原的 IgA 抗体阳性率可高达 97%，具有一定的诊断意义。但 EB 病毒如何使上皮细胞发生癌变的机制尚不清楚。

2. 遗传因素　流行病学调查表明鼻咽癌的部分病例有明显家族遗传性。高发区居民移居国外或外地后，其后裔的发病率仍远远高于当地人群，提示本病可能与遗传因素有关。

3. 化学致癌物质　某些致癌的化学物质，如亚硝酸铵类、多环芳烃类及微量元素镍等与鼻咽癌的发生也有一定关系。

（二）病理变化

鼻咽癌最常发生于鼻咽顶部，其次是外侧壁和咽隐窝，前壁最少见；也有同时发生于两个部位，如顶部和侧壁。

肉眼观察：早期鼻咽癌常表现为局部黏膜粗糙或略隆起，或形成隆起黏膜面的小结节，随后可发展成结节型、菜花型、黏膜下浸润型和溃疡型肿块。其中黏膜下浸润型的表面黏膜尚完好或仅轻度隆起,而癌组织在黏膜下已广泛浸润甚至转移至颈部淋巴结,故此类患者多以颈部淋巴结肿大为最常出现的临床表现。

镜下观察:鼻咽癌绝大多数起源于鼻咽黏膜柱状上皮的储备细胞,少数来源于鳞状上皮的基底细胞。常见的鼻咽癌组织学类型按其组织学特征及分化程度分述如下:

1. **鳞状细胞癌** 根据癌细胞的分化程度,可将鳞状细胞癌分为分化性和未分化性两类。

(1)分化性鳞状细胞癌:分化性鳞状细胞癌又可分为高分化鳞状细胞癌和低分化鳞状细胞癌。高分化鳞状细胞癌也称为角化型鳞状细胞癌,其癌巢内细胞分层明显,有时可见细胞间桥,在癌巢中央可有角化珠形成。低分化鳞状细胞癌又称为非角化型鳞状细胞癌,其癌巢内细胞分层不明显,细胞大小形态不一,细胞间无细胞间桥,无角化现象。此型为鼻咽癌中最常见的类型,且与EB病毒感染关系密切。

(2)未分化性鳞状细胞癌:未分化性鳞状细胞癌有两种形态学表现。一类未分化性鳞状细胞癌为泡状核细胞癌,较多见。癌巢不规则,癌细胞胞质丰富,境界不清,常呈合体状,细胞核大,圆形或卵圆形,空泡状,有1~2个大而明显的核仁,核分裂象少见(图10-11)。癌巢间有较多淋巴细胞浸润,对放射治疗敏感。另一类未分化鳞状细胞癌的癌细胞小,胞质少,呈小圆形或短梭形,弥漫分布,无明显的巢状结构。

2. **腺癌** 腺癌少见,主要来自鼻咽黏膜的柱状上皮。高分化腺癌癌细胞排列成腺泡状或管状。低分化腺癌癌巢不规则,腺样结构不明显,癌细胞小。

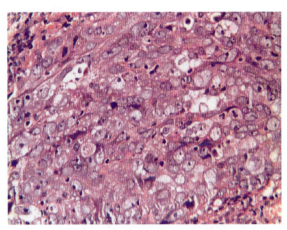

癌巢不规则,癌细胞胞质丰富,境界不清,合体样,核空泡状,可见明显核仁,核分裂象少见。

图10-11 鼻咽泡状核细胞癌

(三)转移与扩散

1. **直接蔓延** 癌组织呈浸润性生长,向上蔓延可破坏颅底骨质侵入颅内,损伤第Ⅱ~Ⅵ对脑神经;向下侵犯梨状隐窝、会厌及喉的上部;向外侧可破坏耳咽管侵入中耳;向前可蔓延至鼻腔甚至眼眶,也可由鼻腔向下破坏硬腭和软腭;向后则可破坏上段颈椎、脊髓。

2. **淋巴道转移** 由于鼻咽黏膜内淋巴组织丰富,富含淋巴管网,故早期常发生淋巴道转移。癌细胞经咽后壁淋巴结转移至颈上深淋巴结,患者常在胸锁乳突肌后缘上1/3和2/3交界处皮下出现无痛性结节,并有一半以上的患者以此作为首发症状而就诊。此时,原发病灶尚小,其相关症状缺如或不明显。颈部淋巴结转移一般发生在同侧,后期可双侧受累。若相邻淋巴结同时受累则可融合成巨大肿块,压迫第Ⅳ~Ⅺ对脑神经和颈交感神经引起相应症状。

3. 血道转移 血道转移较晚发生,常可转移至肝、肺、骨以及肾、肾上腺和胰等器官和组织。

(四)病理与临床联系

鼻咽癌常因早期症状不明显而易被忽略,确诊时已多是中、晚期,常有转移,故治愈率低。本病的治疗原则以放疗为主,其疗效和预后与病理组织学类型有关。恶性程度高的低分化鳞状细胞癌和泡状核细胞癌对放疗敏感,经治疗后病情可明显缓解,但较易复发。

二、肺 癌

肺癌(lung cancer)是最常见的恶性肿瘤之一,半个世纪以来肺癌的患病率和患者死亡率一直呈明显上升趋势。

(一)病因及发病机制

肺癌的病因复杂。目前认为主要与以下因素有关:

1. 吸烟 现世界公认吸烟是肺癌致病的危险因素之一。大量研究已证明吸烟者肺癌的患病率比普通人高 20~25 倍,且与吸烟量和吸烟时间长短成正相关。香烟燃烧的烟雾中已确定的致癌物质有 3,4- 苯并芘、尼古丁、煤焦油、砷和镍等,都与肺癌的发生有关。

2. 空气污染 大城市和工业区肺癌的患病率较高,主要与交通工具、工业排放的废气或粉尘污染空气等密切相关。

3. 职业因素 从事某些职业的人群,如长期接触放射性物质(铀)或吸入含石棉、镍、砷等化学致癌粉尘的工人,肺癌的患病率明显增高。

(二)病理变化

肺癌绝大多数起源于支气管黏膜上皮,极少源于支气管腺体或肺泡上皮。

1. 大体类型 根据肿瘤在肺内分布部位,可将肺癌分为中央型、周围型和弥漫型三个主要类型。

(1)中央型(肺门型):肺癌发生于主支气管或叶支气管,在肺门部形成肿块。此型最常见,占肺癌总数的 60%~70%。癌组织常破坏支气管壁向周围肺组织浸润、扩展,在肺门部形成包绕支气管的巨大肿块。同时癌细胞经淋巴管转移至支气管和肺门淋巴结,肿大的淋巴结常与肺门肿块融合。

(2)周围型:此型起源于肺段或其远端支气管,故肿瘤位于肺叶周边部,形成孤立的结节状或球形癌结节,直径通常在 2~8cm,与支气管的关系不明显。该型占肺癌总数的 30%~40%,发生淋巴结转移常较中央型晚,但可侵犯胸膜。

(3)弥漫型:此型较少见,仅占全部肺癌的 2%~5%。癌组织起源于末梢肺组织,沿肺泡管及肺泡弥漫性浸润性生长,形成多个粟粒大小的结节,布满大叶的一部分或全肺叶;也可形成大小不等的多发性结节散布于多个肺叶内,易与肺转移癌混淆。

2. 组织学类型　肺癌组织学表现复杂多样,根据世界卫生组织关于肺癌的分类,将其分为以下5种基本类型。

（1）鳞状细胞癌:鳞状细胞癌为肺癌中最常见的类型,其中80%～85%为中央型肺癌。患者绝大多数为中老年男性,且大多有吸烟史。该型多发生于肺段以上大支气管,纤维支气管镜检查易被发现。组织学上鳞状细胞癌可分为角化型、非角化型和基底细胞样型。角化型癌巢中有角化珠形成,常可见细胞间桥;非角化型无角化珠形成,细胞间桥也很难见到;基底细胞样型是癌细胞较小,质少,似基底细胞样的形态,且癌巢周边的癌细胞呈栅栏状排列。

（2）腺癌:近年腺癌的患病率有明显上升趋势,是女性肺癌最常见的类型,多为非吸烟者。肺腺癌通常发生于较小支气管,故大多数为周围型肺癌。肿块通常位于胸膜下,境界不甚清晰,常累及胸膜。腺癌伴纤维化和瘢痕形成较多见。

（3）小细胞癌:小细胞癌占全部肺癌的15%～20%,患者多为男性,且与吸烟密切相关,是肺癌中分化最低、恶性度最高的一种。生长迅速、转移早而广泛,预后很差。手术切除效果差,但对放疗及化疗较为敏感。癌细胞小,常呈圆形或卵圆形,似淋巴细胞;也可呈梭形或燕麦形,胞质少,似裸核,癌细胞呈弥漫分布或呈片状、条索状排列,称为燕麦细胞癌（图10-12）;有时也可围绕小血管形成假菊形团结构。

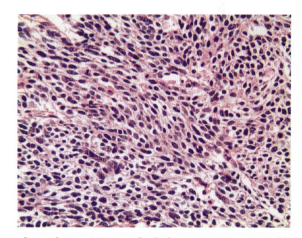

癌细胞小,梭形,胞质少,似裸核,平行排列呈片状。

图10-12　肺小细胞癌（燕麦细胞癌）

（4）大细胞癌:大细胞癌又称为大细胞未分化癌。主要特点是癌细胞体积大,胞质丰富,核圆形、卵圆形或不规则形,染色深,异型性明显,核分裂象多见。此型肺癌恶性程度高,生长迅速,转移早,预后差。

（5）腺鳞癌:腺鳞癌较少见。癌组织内含有腺癌和鳞状细胞癌两种成分。

 知识链接

早期肺癌和隐性肺癌

一般认为发生于肺段支气管以上大支气管的中央型早期肺癌,其癌组织仅局限于管壁内生长,包括腔内型和管壁浸润型,后者不突破外膜,未侵及肺实质,且无局部淋巴结转移。发生于小支气管的周围型早期肺癌,在肺组织内呈结节状,直径小于2cm,无局部淋巴结转移。

隐性肺癌一般指肺内无明显肿块,影像学检查阴性而痰细胞学检查癌细胞阳性,手术切除标本经病理学证实为支气管黏膜原位癌或早期浸润癌而无淋巴结转移。

无论是早期肺癌还是隐性肺癌,只要能及时发现,经治疗预后良好。因此,肺癌的早期诊断尤为重要。

(三)转移与扩散

1. 直接蔓延　中央型肺癌常直接侵犯纵隔、心包及周围血管,或沿支气管向同侧甚至对侧肺组织蔓延。周围型肺癌可直接侵犯胸膜并侵入胸壁。

2. 转移　肺癌淋巴道转移常发生较早,且扩散速度较快。癌组织首先转移到支气管旁、肺门淋巴结,再扩散到纵隔、锁骨上、腋窝及颈部淋巴结。周围型肺癌,癌细胞可进入胸膜下淋巴丛,形成胸膜下转移灶并引起血性胸腔积液。

血道转移常见于脑、肾上腺、骨等器官和组织,也可转移至肝、肾、甲状腺和皮肤等处。

(四)病理与临床联系

肺癌早期症状不明显,以后常有咳嗽、痰中带血、胸痛等症状,其中咯血较易引起患者的注意因而就诊。患者的症状和体征与肿瘤部位、大小及浸润转移有关。癌组织压迫支气管可引起远端肺组织局限性萎缩或肺气肿;若合并感染则引发化脓性炎或脓肿形成;癌组织侵入胸膜除引起胸痛外,还可致血性胸腔积液;侵入纵隔可压迫上腔静脉,导致面、颈部水肿及颈胸部静脉曲张。位于肺尖部的肿瘤常侵犯交感神经丛,引起病侧眼睑下垂、瞳孔缩小和皮肤无汗等交感神经麻痹症状;侵犯臂丛神经可出现上肢疼痛和肌肉萎缩等。小细胞癌有异位内分泌作用,能分泌大量 5- 羟色胺而引起类癌综合征,表现为支气管痉挛、阵发性心动过速、水样腹泻和皮肤潮红等。

肺癌患者预后大多不良,早发现、早诊断、早治疗对于提高治愈率和生存率至关重要。40 岁以上特别是长期吸烟者,若出现咳嗽、气急、痰中带血和胸痛或刺激性咳嗽、干咳无痰等症状应高度警惕并及时进行 X 线、痰液细胞学检查、肺纤维支气管镜检查及病理活体组织检查,以期尽早发现,提高治疗效果。

章末小结

本章学习重点是慢性支气管炎、大叶性肺炎和小叶性肺炎的病理变化、病理与临床联系及并发症;硅沉着病的病理变化及并发症;慢性肺源性心脏病的概念、病因;鼻咽癌和肺癌的病理变化、转移与扩散等。学习难点是慢性支气管炎、硅沉着病的病因及发病机制;鼻咽癌与肺癌的组织学类型。

慢性支气管炎反复发作,可并发肺气肿和慢性肺源性心脏病。

肺炎是发生在肺组织的急性渗出性炎,其中大叶性肺炎主要是由肺炎链球菌引起的纤维蛋白性炎,典型的病变发展过程可分充血水肿期、红色肝变期、灰色肝变期和溶解消散期四个阶段，在学习过程中注意学会用各期的病理变化推出每一期的临床表现。小叶性肺炎由多种细菌混合感染引起，属化脓性炎，常为某些疾病的并发症。学习中注意和大叶性肺炎区别。病毒性肺炎和支原体肺炎是肺间质渗出性炎。

硅沉着病是长期吸入含游离二氧化硅的粉尘沉着于肺组织所引起的一种常见职业病，主要病变是硅结节形成和肺弥漫性纤维化，晚期常并发肺结核病和慢性肺源性心脏病。

鼻咽癌是鼻咽部上皮组织发生的恶性肿瘤，目前认为其发生与EB病毒、遗传因素及某些化学致癌因素有关；按其组织学特征分为鳞状细胞癌和腺癌，其中以低分化鳞状细胞癌最常见，且对放疗敏感。肺癌是最常见的恶性肿瘤之一，目前认为其发生与吸烟、空气污染等密切相关。大体类型分为中央型、周围型和弥漫型三种；组织学分型复杂多样，可分为鳞状细胞癌、腺癌、小细胞癌、大细胞癌、腺鳞癌等基本类型。同学们可利用学过的肿瘤知识来学习鼻咽癌和肺癌。

（周士珍）

 思考与练习

简答题

1. 简述慢性支气管炎的病理变化及并发症。

2. 大叶性肺炎典型的病理变化分几期？根据大叶性肺炎红色肝样变期的病变特点，试推出此期患者的临床表现。

3. 简述小叶性肺炎的概念及其病理变化。

4. 简述大叶性肺炎与小叶性肺炎的区别。

5. 简述硅沉着病的病理变化及并发症。

6. 什么是慢性肺源性心脏病？最常见的病因是什么？

7. 简述鼻咽癌和肺癌的病理变化、转移与扩散。

第十一章 | 心血管系统疾病

11章 数字内容

1. 具有应用心血管系统疾病病理知识,指导、防治和护理心血管疾病患者的意识;养成良好生活习惯,增强风险意识,关爱生命,预防心血管疾病。
2. 掌握动脉粥样硬化、风湿病的基本病理变化;冠状动脉粥样硬化好发部位及冠心病的临床病理类型;原发性高血压的类型及病理变化;慢性心瓣膜病的血流动力学及心脏变化。
3. 熟悉动脉粥样硬化的致病因素;主动脉粥样硬化和脑动脉粥样硬化的病理变化;风湿性心脏病的病变特征;感染性心内膜炎的病理变化及病理与临床联系;慢性心瓣膜病的概念、病理变化及病理与临床联系。
4. 了解动脉粥样硬化的发病机制;原发性高血压、风湿病、感染性心内膜炎和慢性心瓣膜病的病因及发病机制;其他部位的风湿病变。
5. 能运用动脉粥样硬化、冠心病、原发性高血压、风湿病、感染性心内膜炎及慢性心瓣膜病的病理变化思考其临床表现。

心血管系统由心脏和血管组成,是保证机体新陈代谢、信息传递及维持内环境稳定的结构基础。心血管系统疾病是严重威胁人类健康的一类疾病,本章主要介绍常见的心血管系统疾病。

第一节 动脉粥样硬化

工作情景与任务

导入情景

患者,男,40岁,平素喜好烟酒,极爱肉食。2年前开始出现胸部疼痛症状,但因很快恢复,未引起重视。1d前突感胸部剧烈疼痛、呼吸困难,情况危急入院,经抢救无效死亡。尸体解剖:主动脉内膜有较多散在突起的灰黄色或灰白色斑块,部分有溃疡形成;胸主动脉局部管壁变薄,向外扩张、破裂;冠状动脉、髂动脉、肾动脉内均有广泛的斑块形成,致管腔狭窄。

工作任务:

1. 对该患者的死亡原因进行探究。

2. 对该患者动脉内膜灰黄色或灰白色斑块的形成进行分析。

动脉粥样硬化(atherosclerosis,AS)是心血管系统常见疾病,多见于中、老年人,主要累及大、中动脉,以血管内膜形成粥样斑块或纤维斑块为特征,使动脉壁增厚、变硬,管腔狭窄,并最终导致相应器官的缺血性病变。

一、病因及发病机制

(一)致病因素

动脉粥样硬化确切病因仍不清楚,下列因素被视为危险因素。

1. 高脂血症 高脂血症指血浆总胆固醇和/或甘油三酯异常增高,是导致动脉粥样硬化的主要危险因素。流行病学研究表明,动脉粥样硬化的严重程度随血脂水平的升高而加重。血浆中的脂质主要以脂蛋白的形式存在,根据分子大小,血浆脂蛋白可分为乳糜微粒(chylomicron,CM)、极低密度脂蛋白(very low density lipoprotein,VLDL)、低密度脂蛋白(low density lipoprotein,LDL)和高密度脂蛋白(high density lipoprotein,HDL)。LDL、VLDL持续升高和HDL水平降低与动脉粥样硬化的发生密切相关。

2. 高血压 血压升高可造成血管内膜机械性损伤。据统计,高血压患者动脉粥样硬化发病较早,且病变较重。

3. 吸烟 吸烟是冠心病主要的独立危险因素。吸烟时血中CO浓度升高,造成血管内皮细胞缺氧性损伤;吸烟时血中LDL易被氧化,促进单核细胞进入内膜转化为泡沫细胞。

4. 致继发性高脂血症的疾病 此类疾病如糖尿病、高胰岛素血症、甲状腺功能减退和肾病综合征等,均可引起血脂水平异常增高。

5. 其他因素 其他因素如遗传因素、年龄、性别、肥胖、感染及代谢综合征等。

 知识链接

代谢综合征

代谢综合征是一种合并有高血压以及葡萄糖与脂质代谢异常的综合征,伴有LDL升高和HDL降低,是高血压、血糖异常、血脂紊乱和肥胖症等多种代谢成分异常聚集的病理状态。它的直接后果是导致严重的心血管事件的发生,并造成死亡。

（二）发病机制

动脉粥样硬化的发病机制尚未阐明，有多种学说从不同角度进行阐述。其可归纳为：各种刺激因素（如机械性、LDL、高脂血症、吸烟、毒素和病毒等）使血管内皮细胞发生不同程度的损伤，脂质渗入内皮下间隙，单核细胞迁入内膜，摄取已进入内膜发生氧化的脂质，形成单核细胞源性泡沫细胞。动脉中膜平滑肌细胞迁入内膜并增生，吞噬脂质形成平滑肌细胞源性泡沫细胞。之后泡沫细胞坏死崩解，形成粥样坏死物质，粥样斑块形成。

二、基本病理变化

（一）基本病变分期

1. 脂纹期　脂纹期是肉眼可见的最早病变。肉眼观察：为点状或条纹状黄色不隆起或微隆起于内膜的病灶。镜下观察：病灶处内膜下有大量泡沫细胞聚集。泡沫细胞体积大，圆形或椭圆形，胞质呈空泡状（图11-1）。

2. 纤维斑块期　纤维斑块期由脂纹期发展而来。肉眼观察：内膜表面见散在不规则隆起的斑块，颜色初为浅黄、灰黄色，逐渐变为瓷白色（图11-2）。镜

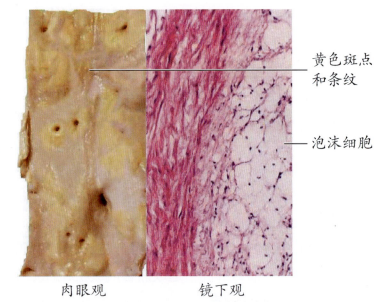

黄色斑点和条纹

泡沫细胞

肉眼观　　　　　镜下观

图 11-1　动脉粥样硬化（脂纹期）

下观察：斑块表面为一层由大量胶原纤维和散在平滑肌细胞等组成的纤维帽，其中胶原纤维可发生玻璃样变性。纤维帽下可见数量不等的泡沫细胞、平滑肌细胞、细胞外基质和炎症细胞等。

内膜表面散在隆起的淡黄色斑块

图 11-2　动脉粥样硬化（纤维斑块期）

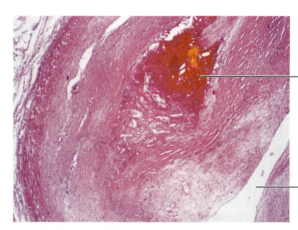

表层纤维帽 ———

深层坏死物质和
胆固醇结晶等 ———

中膜萎缩变薄 ———

图 11-3　动脉粥样硬化（粥样斑块期）

3. 粥样斑块期　粥样斑块又称为粥瘤。肉眼观察：内膜表面可见明显隆起的灰黄色斑块。切面，斑块既向内膜表面隆起又向深部压迫中膜。斑块表面的纤维帽为白色质硬组织，深部为黄色或黄白色质软的粥样物质。镜下观察：纤维帽下含有大量不定形的坏死崩解产物、胆固醇结晶（针状空隙）和钙盐沉积，斑块底部和边缘可见增生的肉芽组织、少量淋巴细胞和泡沫细胞。中膜因斑块压迫、平滑肌细胞萎缩、弹力纤维破坏而变薄（图 11-3）。

（二）继发改变

继发性病变常在纤维斑块和粥样斑块的基础上形成（图 11-4）。

1. 斑块内出血　斑块内新生的血管破裂形成血肿，血肿使斑块进一步隆起，甚至完全闭塞管腔，导致急性供血中断。

2. 斑块破裂　斑块表面的纤维帽破裂，粥样物质自裂口溢入血流，形成栓子，引起栓塞，局部形成溃疡。

3. 血栓形成　斑块破裂形成溃疡后，可促进血栓形成，引起动脉管腔阻塞，进而导致器官梗死。

4. 钙化　在纤维帽

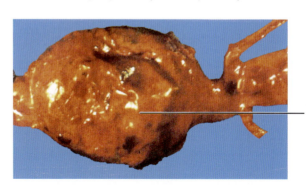

斑块内血管破裂，形成血肿

血管管腔进一步狭窄

继发性病变（斑块内出血）

腹主动脉壁局部向外明显扩张

继发性病变（腹主动脉瘤）

图 11-4　动脉粥样硬化继发性病变

和粥样斑块坏死灶内可见钙盐沉积，导致血管壁变硬、变脆。

5. 动脉瘤形成　病灶下方中膜发生萎缩和弹性下降，在血管内压力的作用下，动脉壁局限性扩张，形成动脉瘤，破裂可致大出血。

三、重要器官的动脉粥样硬化

（一）主动脉粥样硬化

主动脉粥样硬化好发于主动脉后壁及其分支开口处，以腹主动脉病变最为严重。病变严重者可形成主动脉瘤，动脉瘤破裂可引起致命性大出血。

（二）冠状动脉粥样硬化

冠状动脉粥样硬化具体内容见第十一章第二节。

（三）脑动脉粥样硬化

脑动脉粥样硬化最常见于基底动脉、大脑中动脉和大脑动脉环（Willis circle）。斑块导致动脉管腔狭窄甚至闭塞，脑组织因长期供血不足而发生脑萎缩。斑块处常继发血栓形成而阻塞管腔，引起脑梗死（脑软化）。脑动脉粥样硬化也可形成小动脉瘤，破裂而引起脑出血。

（四）肾动脉粥样硬化

肾动脉粥样硬化最常累及肾动脉主干及其大分支。斑块引起动脉管腔狭窄，导致肾组织缺血、肾实质萎缩和间质纤维组织增生。斑块合并血栓形成可致肾梗死，梗死灶机化后遗留较大凹陷性瘢痕，较多瘢痕形成使肾体积缩小、质地变硬，形成动脉粥样硬化性固缩肾。

（五）四肢动脉粥样硬化

四肢动脉粥样硬化以下肢动脉为重。当较大的动脉管腔狭窄时，可引起下肢供血不足，表现为间歇性跛行，严重时导致缺血部位发生干性坏疽。

第二节　冠状动脉粥样硬化及冠心病

一、冠状动脉粥样硬化

冠状动脉粥样硬化（coronary atherosclerosis）最常发生于左冠状动脉前降支，其余依次为右冠状动脉主干、左冠状动脉主干或左旋支。斑块多发生于血管的心壁侧，横切面上呈新月形，偏心位，使管腔呈不同程度狭窄。冠状动脉粥样硬化根据管腔狭窄的程度分为四级：Ⅰ级≤25%，Ⅱ级 26%～50%，Ⅲ级 51%～75%（图 11-5），

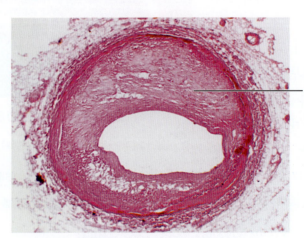

内膜不规则增厚，粥样斑块形成

图 11-5　冠状动脉粥样硬化（Ⅲ级）

Ⅳ级≥76%。冠状动脉粥样硬化常造成急性心脏供血减少甚至中断,引起冠心病的发生。

二、冠状动脉性心脏病

冠状动脉性心脏病(coronary artery heart disease,CHD)简称为冠心病,是因冠状动脉狭窄、供血不足而引起的心脏功能障碍和/或器质性病变。冠状动脉粥样硬化是冠心病最常见的原因,故临床一般习惯上将冠心病视为冠状动脉粥样硬化性心脏病。其主要临床病理类型:

(一)心绞痛

心绞痛是由于心肌急性、暂时性缺血、缺氧所引起的临床综合征。其发生可由于心肌耗氧量暂时增加,超出已狭窄的冠状动脉所能提供的氧量;也可因冠状动脉痉挛导致心肌供氧不足而引起。临床表现为阵发性心前区疼痛或压迫感,可放射至左肩、左臂,持续数分钟,经休息或用硝酸酯类制剂后症状可缓解。

(二)心肌梗死

心肌梗死是由于冠状动脉供血中断,致供血区持续缺血而导致较大范围的心肌坏死。临床上有剧烈而较持久的胸骨后疼痛,经休息或用硝酸酯类制剂后症状不能完全缓解,可并发心律失常、休克或心力衰竭等。

1. 病理变化 心肌梗死的部位与闭塞的冠状动脉分支供血区一致,多发生在左冠状动脉前降支的供血区,以左心室前壁、心尖部及室间隔前2/3最为多见。

心肌梗死属于贫血性梗死。一般梗死在6h后肉眼才能辨认,梗死灶呈苍白色,8～9h后呈土黄色。镜下观察:病变早期心肌细胞发生核碎裂、消失,间质水肿,有不同程度的中性粒细胞浸润。4d后梗死灶外围出现充血出血带。1～2周边缘区出现肉芽组织,3周后肉芽组织开始机化,逐渐形成瘢痕组织(图11-6)。

左心室前壁及室间隔前2/3的梗死区被灰白色瘢痕组织代替

肉眼观

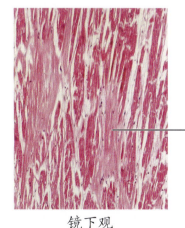

梗死灶机化,逐渐形成瘢痕

镜下观

图11-6 心肌梗死

2. 并发症　心肌梗死后可并发下列病变：

（1）心力衰竭：梗死后心肌收缩力丧失，可致左心、右心或全心衰竭。

（2）心脏破裂：坏死的中性粒细胞和单核细胞释放大量蛋白水解酶，使梗死灶溶解。左心室前壁破裂，血液涌入心包腔造成急性心脏压塞，导致患者迅速死亡。室间隔破裂，左心室血液流入右心室，导致急性右心室功能不全。

（3）室壁瘤：室壁瘤是梗死心肌或瘢痕组织在左心室内压力作用下形成的局限性向外膨隆。

（4）附壁血栓形成：心内膜受损或室壁瘤形成处血流形成涡流等可引起局部附壁血栓形成。

（5）心源性休克：心肌梗死面积 > 40% 时，心肌收缩力极度降低，心输出量显著减少，导致心源性休克。

（6）急性心包炎：坏死组织累及心包可引起纤维蛋白性心包炎。

（7）心律失常：心肌梗死累及传导系统，可引起传导紊乱；重者可导致心搏骤停、猝死。

（三）心肌纤维化

心肌纤维化是由于中、重度冠状动脉狭窄引起的心肌慢性、持续性缺血、缺氧，导致心肌细胞萎缩、间质纤维组织增生，逐渐发展为慢性心力衰竭。

（四）冠状动脉性猝死

冠状动脉性猝死多发生在冠状动脉粥样硬化的基础上，多见于 40～50 岁成年男性。可在某种诱因，如饮酒、劳累、吸烟及运动后，患者突然昏倒，四肢抽搐，小便失禁，或突然发生呼吸困难，口吐白沫，迅速昏迷，可立即死亡或数小时后死亡；有的则在夜间睡眠中死亡。

知识链接

冠心病的家庭护理

1. 患者遵医嘱按时用药，家属做好监护工作，避免患者出现漏服，定期复诊。

2. 重视精神调理，让患者保持乐观平和的心态，营造温馨轻松的家庭氛围，适当进行心理疏导，排解紧张、忧虑的情绪。

3. 合理安排日常生活，养成良好的生活习惯，避免过度劳累，保持充足睡眠，防止便秘、感染等。

4. 加强饮食调理，以清淡、易消化的饮食为主，戒烟酒，少食脂肪含量高的食物，多食蔬菜瓜果。

5. 患者家属掌握与冠心病相关的医学知识和简单的急救方法，以便能及时处理意外情况，为诊治提供帮助。

护理学而思

患者，女，68岁。某日20：00，患者在家中看电视时，突感左胸紧束样疼痛，呈持续性，并放射到左肩及左上肢，服用硝酸甘油后仍不能缓解，被家人紧急送入医院。

请思考：

1. 请运用所学的知识，判断患者发生了什么情况？判断的依据是什么？

2. 你作为当班护士，首先应该如何处理？

第三节　原发性高血压

工作情景与任务

导入情景

患者，男，56岁。患者近1年来劳累或生气后常出现头晕、头痛，休息后恢复正常，不影响日常工作和生活，因此未进行过任何诊治；几日前单位组织体检时，测量血压为145/90mmHg，随后到医院就诊。询问病史，既往体健，无糖尿病和心、肾、脑疾病史，吸烟30余年，父亲死于原发性高血压脑出血。查体：体温36℃，血压150/90mmHg。

工作任务：

1. 对该患者出现的头晕、头痛进行分析。

2. 对该患者的病变过程现处于哪个阶段进行判断。

3. 对该患者进行健康指导。

高血压是体循环动脉血压持续升高（成年人收缩压≥140mmHg和/或舒张压≥90mmHg）的常见临床综合征，可分为原发性高血压和继发性高血压。原发性高血压又称为高血压病，是一种原因未明、以体循环动脉血压升高为主要表现的独立性全身疾病。继发性高血压是由某些疾病引起的血压升高，如肾性高血压、内分泌性高血压等。本节主要讨论原发性高血压。

一、病因及发病机制

原发性高血压的病因及发病机制尚未完全明了。目前认为原发性高血压是一种遗传因素和环境因素相互作用所致的疾病。同时神经内分泌系统、体液因素及血流动力学等也发挥着重要的作用。

原发性高血压的危险因素

①遗传和基因因素：原发性高血压患者具有明显的遗传倾向。②超重肥胖、高盐膳食及饮酒：此类因素与原发性高血压发病显著相关。③精神心理因素：精神长期处于紧张状态，大脑皮质易发生功能失调，可引起全身细、小动脉痉挛而增加外周阻力，使血压升高。④神经内分泌因素：交感神经兴奋性增强，激素分泌增多，使血压升高。⑤其他因素：吸烟、空气污染、交通噪声、年龄增长和体力活动缺乏也是血压升高的危险因素。

二、分型、分期及病理变化

原发性高血压可分为良性高血压和恶性高血压。

（一）良性高血压

良性高血压又称为缓进型高血压，多见于中、老年人，病程长，可达十余年或数十年，按病变发展可分为三期。

1. 功能紊乱期　本期是早期阶段，其病变特点是全身细小动脉间歇性痉挛。临床表现为血压呈波动性升高，可伴有头痛、头晕，经适当休息和治疗，血压可恢复正常。

2. 动脉病变期　本期病变特点是全身细小动脉硬化。临床表现为血压明显升高，失去波动性，需服用抗高血压药来控制。

（1）细动脉硬化：细动脉硬化是良性高血压的主要病变特征，表现为细动脉玻璃样变性，最易累及肾入球动脉（图11-7）、视网膜和脾的中央动脉等。由于细动脉长期痉挛，内皮细胞受损，内膜通透性增高，血浆蛋白渗入血管壁中，形成均质红染的玻璃样物质，使管壁增厚、变硬，管腔狭窄。

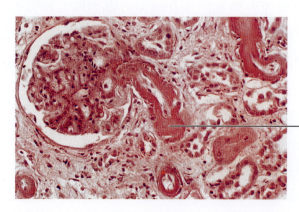

肾入球动脉管壁增厚呈红染均质状，管腔狭窄

图 11-7　高血压的肾入球动脉玻璃样变

（2）小动脉硬化：小动脉硬化主要累及肾小叶间动脉、弓形动脉及脑的小动脉等。小动脉内膜胶原纤维及弹力纤维增生，中膜平滑肌细胞增生、肥大，导致管壁增厚，管腔狭窄。

3. 内脏病变期　本期除全身细小动脉硬化外，心、肾、脑及视网膜等器官出现明显器质性病变。

（1）心脏：心脏主要表现为左心室肥大。肉眼观察：心脏体积增大，重量增加，可达400g以上，左心室壁增厚，可达 1.5～2.0cm，乳头肌和肉柱增粗，心腔不扩张，称为向心性肥大（图 11-8）。镜下观察：心肌细胞增粗、变长。晚期代偿失调，心腔扩张，称为离心性肥大；严重者可发生心力衰竭。心脏发生的上述病变，称为高血压性心脏病。

（2）肾：病变晚期，由于肾细小动脉硬化，管壁增厚、管腔狭窄，导致肾小球缺血，发生纤维化和玻璃样变性，相应肾小管因缺血而萎缩、消失，间质纤维组织增生和淋巴细胞浸润。病变相对较轻的肾单位发生代偿性肥大、扩张。肉眼观察：双侧肾对称性缩小，质地变硬，表面凹凸不平呈细颗粒状，切面肾皮质变薄，皮髓质界限模糊，称为原发性颗粒性固缩肾（图 11-9）。患者逐渐出现肾功能不全的表现，严重时可出现尿毒症。

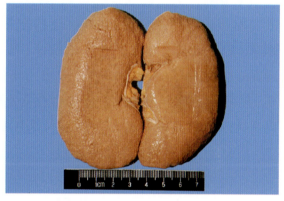

图 11-8　原发性高血压左心室向心性肥大　　　图 11-9　原发性颗粒性固缩肾

（3）脑：由于脑的细小动脉硬化，患者可出现脑水肿或高血压脑病、脑软化、脑出血等脑部病变。

1）脑水肿或高血压脑病：由于脑细小动脉痉挛和硬化，毛细血管通透性增加，发生脑水肿。患者可出现头痛、头晕、眼花、呕吐、视物障碍等高血压脑病症状，严重时可出现剧烈头痛、意识障碍、抽搐等，称为高血压危象。

2）脑软化：脑细小动脉硬化造成局部脑组织缺血而发生液化性坏死，形成多发性、小灶性软化灶，即微梗死灶。后期坏死组织被吸收，由胶质细胞增生修复。

3）脑出血：脑出血是高血压最严重且致命的并发症。脑出血常发生于基底节、内囊，因为供应该区域的豆纹动脉从大脑中动脉呈直角分支，直接受到大脑中动脉压力较高的血流冲击和牵引，易破裂出血；同时由于脑的细小动脉硬化变脆，血管壁弹性下降，形成小动脉瘤和微小动脉瘤，当血压突然升高时易引起破裂出血。

（4）视网膜：视网膜中央动脉发生细动脉硬化，眼底检查可见血管迂曲，反光增强，动静脉交叉处出现压痕。严重者视网膜出血,视神经乳头水肿,视力减退。临床上常通过检查眼底病变来判断原发性高血压的严重程度和预后。

（二）恶性高血压

恶性高血压又称为急进型高血压,多见于青壮年,血压显著升高,常超过230/130mmHg。病变进展迅速,可发生高血压脑病或较早出现肾衰竭。特征性病变是增生性小动脉硬化(血管壁呈层状洋葱皮样增厚)和坏死性细动脉炎(血管壁纤维蛋白样坏死),主要累及肾。多数患者在1年内死于尿毒症、脑出血或心力衰竭等并发症。

知识链接

原发性高血压健康指导

①病情指导:向患者及家属解释引起原发性高血压的危险因素及对健康的危害。②药物指导:告知患者及家属有关抗高血压药的名称、剂量、用法、作用与不良反应,并提供书面资料。教育其选择抗高血压药一定要在专业医生指导下进行,不可随意增减药量或突然撤换药物。③饮食指导:让患者坚持低盐、低脂饮食,补充适量蛋白质,多吃蔬菜水果,肥胖者控制体重。④生活指导:改变不良生活方式,戒烟酒,劳逸结合,保证充分睡眠。注意保暖,保持大便通畅,避免体位突变。保持乐观情绪,避免情绪激动、精神创伤,家属给予理解与支持。⑤运动指导:避免重体力活动、竞技性运动和力量型运动,根据年龄及病情选择慢跑、快步走、太极拳等。

第四节 风 湿 病

风湿病是一种与A组乙型溶血性链球菌感染有关的变态反应性疾病。病变主要累及全身结缔组织及血管,常侵犯心脏、关节、血管、皮肤及脑等处,以心脏病变最为严重。

风湿病急性期称为风湿热,有发热、心脏和关节损害、皮肤环形红斑和皮下结节、舞蹈症等表现,常伴有血沉加快、抗链球菌溶血素O滴度增高、白细胞增多等。本病常反复发作,累及心脏者可导致心瓣膜变形,形成风湿性心脏病。

风湿病多发于冬春阴雨季节,潮湿和寒冷是其重要诱因。好发年龄为5～15岁,6～9岁为发病高峰,男、女患病率无差别。

一、病因及发病机制

风湿病的病因及发病机制至今尚未完全阐明,但与A组乙型溶血性链球菌感染有关的观点已被普遍接受。部分风湿病患者在发病前曾有咽峡炎、扁桃体炎等上呼吸道链球菌感染史。抗生素广泛使用后，也明显减少了风湿病的发生和复发。

风湿病的发生目前多认为是链球菌的某些成分与人体组织相同或类似，引起交叉免疫反应，导致组织损伤。

二、基本病理变化

风湿病的病变发展过程可分为三期。

（一）变质渗出期

变质渗出期是风湿病的早期病变，可持续1个月。表现为病变部位的结缔组织基质的黏液样变性和胶原纤维的纤维蛋白样坏死，同时伴有浆液、纤维蛋白渗出，少量淋巴细胞、浆细胞、单核细胞浸润。

（二）增生期（肉芽肿期）

增生期持续2~3个月。病变特点是形成特征性的风湿性肉芽肿，即阿绍夫小体（Aschoff body），又可称为风湿小体，对风湿病具有诊断意义（图11-10）。风湿小体由聚集于纤维蛋白样坏死灶内成团的风湿细胞及少量的淋巴细胞和浆细胞构成。风湿细胞由增生的巨噬细胞吞噬纤维蛋白样坏死物质后转变而来，细胞体积大，胞质丰富，略嗜碱性，核大，核膜清晰，染色质集于核中央，横切面似枭眼状，纵切面呈毛虫状。

（三）纤维化期

此期持续2~3个月。风湿小体中的纤维蛋白样坏死物质逐渐被溶解吸收，风湿细胞变为成纤维细胞，使风湿小体逐渐纤维化，最后形成梭形小瘢痕。

上述整个病程为4~6个月。由于风湿病反复发作，故在受累的器官和组织中常可见到新旧病变同时并存。病变持续、反复进展，瘢痕不断形成，最终可导致组织器官结构破坏、功能障碍。

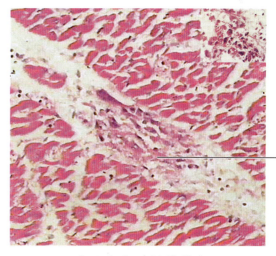

风湿小体

风湿小体（低倍镜）

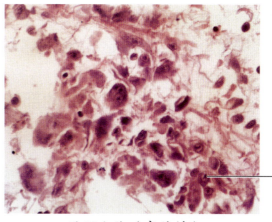

风湿细胞

风湿小体（高倍镜）

图11-10　风湿小体

三、风湿性心脏病

风湿性心脏病是风湿病累及心脏时所诱发的心脏病变,可表现为风湿性心内膜炎、风湿性心肌炎和风湿性心包炎。若病变累及心脏全层,则称为风湿性全心炎。

(一)风湿性心内膜炎

风湿性心内膜炎病变主要侵犯心瓣膜,以二尖瓣最常受累。病变初期,受累瓣膜内出现黏液样变性和纤维蛋白样坏死,浆液渗出和炎症细胞浸润,瓣膜肿胀,在关闭时碰撞,致使表面的内皮细胞受损、胶原纤维暴露,血小板和纤维蛋白在病变瓣膜表面(尤其是瓣膜闭锁缘)上形成单行排列、粟粒大小、灰白色、半透明的疣状赘生物(白色血栓),与瓣膜附着紧密,不易脱落(图11-11)。病变后期,赘生物机化,形成瘢痕。由于病变反复发作,导致瓣膜增厚、变硬、卷曲、短缩,瓣膜间相互粘连,腱索增粗、缩短,最终形成慢性心瓣膜病。

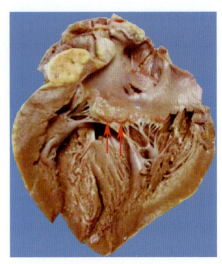

二尖瓣闭锁缘上可见细小赘生物(箭头示)。

图11-11 风湿性心内膜炎

(二)风湿性心肌炎

风湿性心肌炎病变主要累及心肌间质结缔组织;常表现为间质水肿,淋巴细胞浸润,在间质小血管附近形成风湿小体。病变反复发作,风湿小体纤维化形成小瘢痕。如累及传导系统,可出现传导阻滞,严重时可发生心力衰竭。

(三)风湿性心包炎

风湿性心包炎病变主要累及心包膜脏层,呈浆液性或纤维蛋白性炎。当以大量浆液渗出为主时,可形成心包积液。当以纤维蛋白渗出为主时,覆盖于心外膜表面的纤维蛋白因心脏不停搏动和牵拉而形成绒毛状,称为绒毛心。如渗出的纤维蛋白不能被完全溶解吸收,则发生机化,致心包粘连,形成缩窄性心包炎。

四、其他部位的风湿病变

(一)风湿性关节炎

风湿性关节炎常侵犯膝、踝、肩、腕、肘等大关节,呈游走性、反复发作性。关节腔内有浆液及少量纤维蛋白渗出,关节局部出现红、肿、热、痛和功能障碍等。急性期后,渗出物易被完全吸收,一般不留后遗症。

(二)皮肤风湿病变

风湿病急性期,皮肤出现环形红斑和皮下结节,具有诊断意义。环形红斑为渗出性病变,多见于躯干和四肢皮肤,为淡红色环状红晕,中央色泽正常,常在 1~2d 消退。皮下结节为增生性病变,多见于大关节附近的伸侧面皮下结缔组织,呈圆形或椭圆形,质硬、无压痛的结节。

(三)风湿性动脉炎

风湿性动脉炎以小动脉受累较为常见。急性期,血管壁发生纤维蛋白样坏死和淋巴细胞浸润,并伴有风湿小体形成。后期,血管壁纤维化增厚,管腔狭窄,可并发血栓形成。

(四)风湿性脑病

风湿性脑病好发于 5~12 岁儿童,女童较多。主要病变为脑的风湿性动脉炎和皮质下脑炎。当锥体外系受累时,患儿出现肢体不自主运动,称为风湿性舞蹈症。

第五节 感染性心内膜炎

感染性心内膜炎是由病原微生物经血液途径直接侵袭心内膜、心瓣膜或邻近大动脉内膜而引起的炎症性疾病,根据病情和病程,分为急性和亚急性两种类型。

一、急性感染性心内膜炎

(一)病因及发病机制

急性感染性心内膜炎主要由金黄色葡萄球菌、溶血性链球菌、肺炎链球菌等致病力强的化脓菌引起;常继发于严重的化脓性感染,如化脓性骨髓炎、痈、产褥热等。当机体抵抗力降低时,细菌入血引起脓毒血症、败血症并侵犯心内膜。

(二)病理变化

病变主要侵犯二尖瓣和主动脉瓣。病变特征为急性化脓性心瓣膜炎,在受累瓣膜上形成赘生物。赘生物主要由脓性渗出物、血栓、坏死组织和大量细菌菌落混合组成。赘生物体积大,灰黄色或灰绿色,质地松软,极易脱落形成栓子,引起心、脑、肾、脾等器官感染性梗死和脓肿。受累瓣膜可发生破裂、穿孔或腱索断裂,引起急性心瓣膜功能不全。

(三)病理与临床联系

本病起病急,病程短,病情严重,患者多在数日或数周内死亡。

二、亚急性感染性心内膜炎

(一)病因及发病机制

亚急性感染性心内膜炎主要由毒力相对较弱的草绿色链球菌所引起,肠球菌、革兰氏阴性杆菌、真菌等也可引起。病原体可自感染灶(扁桃体炎、牙周炎等)入血,或者因拔牙、心导管或心脏手术等医源性操作入血,侵入瓣膜。

（二）病理变化

亚急性感染性心内膜炎常在有病变的瓣膜上形成赘生物（图11-12），最常侵犯二尖瓣和主动脉瓣。赘生物由血小板、纤维蛋白、坏死组织和细菌菌落等组成，肉眼呈息肉状或菜花状，质脆，易脱落，可引起动脉性栓塞和血管炎。栓塞最多见于脑，由于细菌毒力弱，一般仅引起无菌性梗死。

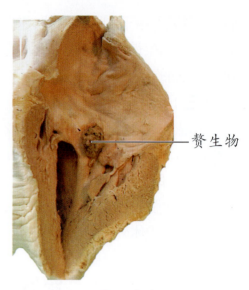

赘生物

图11-12　亚急性感染性心内膜炎

（三）病理与临床联系

由于心脏瓣膜病变可致瓣膜口狭窄或关闭不全，临床可听到相应的杂音，严重者出现心力衰竭；除心脏体征外，还因赘生物脱落入血，致患者有长期发热、点状出血、栓塞症状、白细胞增多、脾大和进行性贫血等败血症表现。

 护理学而思

患者，女，26岁。患者2年前出现心悸；1个月前牙痛拔牙后，开始出现发热、全身乏力，检查发现皮肤有出血点，脾大，心尖区可闻及双期杂音。

请思考：

请运用所学的知识，判断患者最可能发生的疾病是什么？

第六节　慢性心瓣膜病

一、概　　述

慢性心瓣膜病是心瓣膜受各种原因损伤后或先天性发育异常所造成的器质性病变，表现为瓣膜口狭窄和／或关闭不全，最后导致心功能不全。瓣膜口狭窄是瓣膜开放时不能完全张开，导致血液通过障碍。瓣膜关闭不全是瓣膜关闭时不能完全闭合，造成部分血液反流。瓣膜口狭窄和关闭不全可单独存在，也可合并存在，后者称为联合瓣膜病。

二、二尖瓣狭窄

二尖瓣狭窄多由风湿性心内膜炎反复发作所致，少数由感染性心内膜炎引起。病变早期瓣膜轻度增厚呈隔膜状；后期瓣叶增厚、硬化，腱索缩短，使瓣膜呈鱼口状（图11-13）。

（一）心脏及血流动力学改变

早期由于二尖瓣狭窄，在心脏舒张期，血液从左心房流入左心室受阻，导致左心房代偿性扩张、肥大。后期左心房代偿失调，左心房内血液淤积，肺静脉回流受阻，引起肺淤血、肺水肿。临床出现呼吸困难、发绀、咳嗽和咳出带血的泡沫状痰等左心衰竭的表现。肺淤血和肺静脉压升高又可反射性引起肺内小动脉痉挛，促使肺动脉压升高。长期肺动脉高压可使右心室代偿性肥大，并逐渐出现失代偿性扩张，引起三尖瓣相对性关闭不全，最终导致右心功能不全，出现体循环淤血。

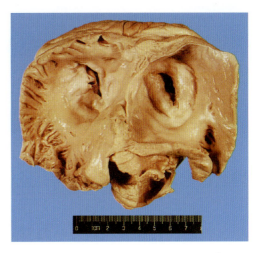

图 11-13 二尖瓣鱼口状狭窄

（二）病理与临床联系

临床上出现颈静脉怒张、肝大、下肢水肿等心力衰竭的表现，听诊心尖区闻及舒张期隆隆样杂音。X 线显示左心房、右心室及右心房增大，左心室略缩小，呈倒置的"梨形心"。

三、二尖瓣关闭不全

二尖瓣关闭不全多为风湿性心内膜炎的后果，也可由亚急性感染性心内膜炎等引起。

（一）心脏及血流动力学改变

二尖瓣关闭不全时，在心脏收缩期，左心室部分血液通过未关闭全的瓣膜口反流到左心房内，加上从肺静脉来的血液，使左心房的血容量较正常增多，久之左心房发生代偿性肥大；当心脏舒张时，左心室接受左心房的血液亦较正常增多，负荷加重，左心室也逐渐发生代偿性肥大。由于左心室的代偿作用，可以在较长时期内维持正常的血液循环。最后左心房和左心室均发生代偿失调，依次出现肺淤血、肺动脉高压、右心衰竭和体循环淤血。

（二）病理与临床联系

临床上听诊时在心尖区可听到收缩期吹风样杂音。X 线显示晚期四个腔室均增大，呈"球形心"影像。

四、主动脉瓣狭窄

主动脉瓣狭窄主要由风湿性主动脉炎引起，少数由先天发育异常或动脉粥样硬化引起的瓣膜钙化所致。

（一）心脏及血流动力学改变

主动脉瓣狭窄时，在心脏收缩期，左心室血液排出受阻，左心室因压力负荷升高而发生代偿性肥大，即向心性肥大。晚期左心室代偿失调，出现肌源性扩张，即离心性肥大，左心室淤血。当左心室高度扩张时,可引起房室瓣环扩大而出现二尖瓣相对性关闭不全,使部分血液在左心室收缩期反流入左心房,增加左心房负荷。最后依次引起左心衰竭、肺淤血、肺动脉高压、右心衰竭和体循环淤血。

(二)病理与临床联系

临床上听诊时可听到收缩期粗糙、喷射性杂音。X 线检查心脏向左下扩大呈"靴形心"影像。由于心输出量减少,患者动脉血压降低,造成心、脑供血不足,可发生心绞痛和眩晕。

五、主动脉瓣关闭不全

主动脉瓣关闭不全主要由风湿性主动脉炎引起,亦可由感染性心内膜炎、主动脉粥样硬化、梅毒性主动脉炎等引起。

(一)心脏及血流动力学改变

主动脉瓣关闭不全时,在心脏舒张期,主动脉内部分血液反流至左心室,使左心室血容量增加,发生代偿性肥大,最后代偿失调,相继发生左心衰竭、肺淤血、肺动脉高压、右心衰竭和体循环淤血。

(二)病理与临床联系

临床上,主动脉瓣关闭不全的患者听诊时可听到舒张期吹风样杂音,可出现水冲脉、颈动脉搏动明显及毛细血管搏动等现象。

章末小结

　　本章主要包括动脉粥样硬化、冠状动脉硬化性心脏病、原发性高血压、风湿病、感染性心内膜炎及慢性心瓣膜病等学习内容。学习重点是动脉粥样硬化、风湿病的基本病理变化;冠状动脉粥样硬化好发部位及冠心病的临床病理类型;原发性高血压的类型及病理变化;慢性心瓣膜病的血流动力学及心脏变化。学习难点为动脉粥样硬化的基本病理变化的过程和继发改变以及与冠心病之间的联系;良性高血压的病变过程、各器官的病变及后果;风湿性心脏病的病变特点;慢性心瓣膜病血流动力学的改变。

　　在学习过程中应紧密联系心脏和血管正常的解剖和生理知识,了解疾病发生的原因和机制,掌握各心血管系统疾病发生时心脏、血管及其他器官的形态结构和功能变化,理解心血管系统疾病之间的联系;注意比较冠状动脉性心脏病、高血压性心脏病和风湿性心脏病的区别;风湿性心内膜炎与感染性心内膜炎的区别。通过病理知识的掌握,提高对心血管系统疾病患者护理的意识和运用知识解决问题的能力。

（曹冬霞）

思考与练习

一、简答题

1. 动脉粥样硬化的基本病理变化和继发性病变有哪些?
2. 简述心肌梗死的病理变化及并发症。
3. 良性高血压的病变过程分为几期? 各期有何病变特点?
4. 简述风湿病的基本病理变化。
5. 试述二尖瓣狭窄的血流动力学改变。

二、案例分析题

患者,男,50岁。患者1年前开始经常出现胸痛,在休息或服用硝酸酯类制剂后症状缓解消失;1d前因情绪激动,出现心前区持续性疼痛,并放射到左肩、左臂,服用硝酸甘油后无缓解,遂急诊入院。心电图检查示左心室前壁、心尖部及室间隔前2/3心肌梗死。

请思考:

(1)根据学过的病理学知识,试分析患者疾病的发生、发展过程。
(2)试判断患者病变最可能发生在哪支动脉?

第十二章 | 消化系统疾病

12章 数字内容

 工作情景与任务

导入情景

患者，男，65岁。患者胃溃疡病史15年；1h前，因大量饮酒后，突发上腹部剧烈疼痛，伴恶心、呕吐。急诊入院后查体：全腹压痛、反跳痛、肌紧张。给予患者胃镜检查。

工作任务：

1. 患者腹部疼痛的主要原因是什么？

2. 胃镜检查的目的是什么？

消化系统由消化管和消化腺组成，其中消化管是由口腔、食管、胃、小肠、大肠及肛门组成的连续性管道系统；消化腺包括唾液腺、肝、胰及消化管黏膜腺体等。临床上消化系统疾病发病率较高,如胃炎、消化性溃疡、肝硬化、食管癌、胃癌、原发性肝癌、大肠癌等。本章主要介绍消化系统常见疾病。

第一节 慢 性 胃 炎

慢性胃炎(atrophic gastritis)是胃黏膜的慢性非特异性炎症,临床发病率高。

一、病因及发病机制

目前尚未完全明了,可能与下列因素有关:①幽门螺杆菌感染;②不良的饮食习惯和药物,如长期吸烟、酗酒、饮食不规律、暴饮暴食、喜食热烫及刺激性食物、滥用水杨酸类药物等;③十二指肠液反流胃内,破坏胃黏膜的屏障作用;④自身免疫损伤。

二、类型及病理变化

根据病理变化的不同,慢性胃炎可分为慢性浅表性胃炎、慢性萎缩性胃炎、慢性肥厚性胃炎和疣状胃炎四种类型。

(一)慢性浅表性胃炎

慢性浅表性胃炎(chronic superficial gastritis)又称为慢性单纯性胃炎,临床最常见。病变常见于胃窦部,呈多灶性或弥漫性。肉眼观察:病变部位黏膜充血、水肿,可伴点状出血和糜烂,表面可有灰白色或灰黄色黏液性渗出物覆盖。镜下观察:黏膜浅层固有膜内淋巴细胞、浆细胞等炎症细胞浸润,但腺体结构正常,无萎缩性改变。依据炎症细胞浸润深度,可将慢性浅表性胃炎分为轻、中、重度三级。轻度病变局限于黏膜层上 1/3,中度病变局限于黏膜层上 1/3～2/3,重度病变炎症细胞浸润超过黏膜层 2/3 或达黏膜全层。

大多数患者经合理饮食或治疗后而痊愈,少数演变为慢性萎缩性胃炎。

(二)慢性萎缩性胃炎

慢性萎缩性胃炎(chronic atrophic gastritis)以胃黏膜萎缩变薄,黏膜腺体减少或消失并伴有肠上皮化生,固有层内有慢性炎症细胞浸润为特点。患者可出现上腹部不适、食欲不佳、消化不良等症状。其病因较复杂,部分可能与长期吸烟、饮酒、药物滥用等有关;部分可由慢性浅表性胃炎迁延发展而来;也有部分属于自身免疫性疾病。根据发病是否与自身免疫有关以及是否伴有恶性贫血,慢性萎缩性胃炎可分为 A 型和 B 型(表 12-1)。B 型慢性萎缩性胃炎在我国多见。

A 型和 B 型慢性萎缩性胃炎的胃黏膜变化基本相似。肉眼观察:胃黏膜由正常的橘红色变为灰色或灰绿色,黏膜层变薄,黏膜皱襞变浅甚至消失,黏膜下血管清晰可见,偶

表 12-1　A 型、B 型慢性萎缩性胃炎比较

区别	A 型慢性萎缩性胃炎	B 型慢性萎缩性胃炎
病因	自身免疫	吸烟、饮酒、药物滥用等
病变部位	胃体部或胃底部	胃窦部
抗 B 细胞和内因子抗体	阳性	阴性
维生素 B$_{12}$ 吸收情况	有障碍	无障碍
恶性贫血	常有	无
血清胃泌素水平	增高	正常
癌变	无关	有关

可见出血及糜烂。

镜下观察：①胃黏膜变薄，腺体变小，数目减少，可伴有囊状扩张。②固有层内有大量淋巴细胞和浆细胞浸润，并常有淋巴滤泡形成。③腺上皮化生，可表现为肠上皮化生和假幽门腺化生。肠上皮化生（图 12-1）较为常见，可分为完全化生和不完全化生。胃黏膜上皮被吸收细胞、杯状细胞及帕内特细胞等肠型腺上皮替代者，称为完全化生；而只有杯状细胞者，则为不完全化生，此型易发展为肠型胃癌。胃底或胃体部腺体的壁细胞和主细胞消失，被类似幽门腺的黏液分泌细胞所取代，称为假幽门腺化生。④病变部位胃黏膜内可见纤维组织增生。

（三）慢性肥厚性胃炎

慢性肥厚性胃炎（chronic hypertrophic gastritis）又称为巨大肥厚性胃炎，病因尚不明确。病变常见于胃底及胃体部。肉眼观察：①黏膜皱襞粗大加深变宽，呈脑回状。②黏膜皱襞可见横裂，有多个疣状隆起的小结。③黏膜隆起顶部可见糜烂或溃疡。镜下观察：腺体肥大增生，腺管延长，有时可见增生的腺体穿过黏膜肌层。黏膜表面黏液分泌细胞数量增加，分泌增多。黏膜固有层炎症细胞浸润不明显。

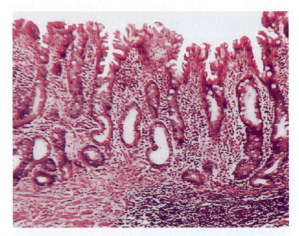

图 12-1　慢性萎缩性胃炎伴肠上皮化生

三、病理与临床联系

慢性胃炎是临床上的常见病，发病率较高，患者可出现胃部不适、食欲不佳、胃痛等临床表现。慢性萎缩性胃炎可发生恶性贫血，严重患者可能导致癌病，需高度重视。

第二节　消化性溃疡

消化性溃疡(peptic ulcer)又称为溃疡病,是以胃或十二指肠黏膜形成慢性溃疡为特征的一种常见病。临床上多见于20～50岁的成年人,男性多于女性。十二指肠溃疡比胃溃疡多见,前者约占70%,后者约占25%,约5%的患者胃和十二指肠溃疡同时存在,称为复合性溃疡。本病易反复发作,呈慢性经过,主要临床表现为周期性上腹部疼痛、反酸、嗳气等。

一、病因及发病机制

目前尚未完全清楚,认为与下列因素有关:

(一)幽门螺杆菌感染

研究表明,幽门螺杆菌感染在消化性溃疡的发病机制中具有重要作用(图12-2)。幽门螺杆菌主要通过释放细菌型血小板激活因子、尿素酶、蛋白酶、磷酸酯酶等,破坏黏膜防御屏障,导致胃酸直接接触上皮并进入黏膜内,使黏膜上皮细胞被破坏,诱发消化性溃疡发生。

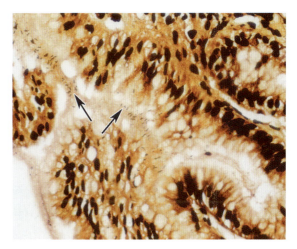

图12-2　幽门螺杆菌

(二)黏膜的抗消化能力减弱

正常胃和十二指肠黏膜通过胃黏膜分泌黏液形成的黏液屏障和黏膜上皮细胞的脂蛋白形成的黏膜屏障,保护黏膜不被胃酸和胃蛋白酶消化。各种因素如吸烟,长期服用非固醇类药物如阿司匹林等,可破坏胃黏液或黏膜屏障,引起抗消化能力减弱,引发消化性溃疡。

(三)胃液的消化作用

在黏膜防御屏障削弱的基础上,胃酸和胃蛋白酶对胃壁或十二指肠壁组织不断进行的自我消化是消化性溃疡形成的主要原因。

(四)神经内分泌功能紊乱

消化性溃疡患者时常有精神过度紧张或忧虑、过度脑力劳动等现象。研究表明,精神因素刺激可引起自主神经功能紊乱。迷走神经功能亢进,可促使胃酸分泌增多,这与十二指肠溃疡的发生有关;而迷走神经兴奋性降低,胃蠕动减弱,机体则通过增加胃泌素分泌进而促使胃酸分泌增加,这与胃溃疡的发生有关。

(五)遗传因素

消化性溃疡在一些家庭中呈高发趋势,提示其发生可能与遗传因素有关系。

二、病理变化

胃溃疡与十二指肠溃疡病理变化大致相同。

(一)胃溃疡

1. 肉眼观察　胃溃疡多位于胃小弯近幽门侧，尤以胃窦部多见。溃疡多为单发，少数可达2~3个，称为多发性溃疡。溃疡常呈圆形或椭圆形缺损，直径多在2cm以内。溃疡边缘整齐，状似刀切。溃疡周围黏膜皱襞呈放射状向溃疡集中(图12-3)。溃疡底部平坦，洁净，常可穿越黏膜层、黏膜下层、肌层甚至浆膜层。

胃小弯近幽门处溃疡，边缘整齐，周围黏膜水肿，黏膜皱襞放射状向溃疡集中。

图12-3　胃溃疡(肉眼观)

2. 镜下观察　溃疡底部由胃腔表面向胃壁深部可分为四层结构(图12-4)。①炎性渗出层：主要为少量的纤维蛋白和中性粒细胞构成。②坏死组织层：由红染、无结构的坏死组织构成。③肉芽组织层：由增生的成纤维细胞和新生的毛细血管及少量炎症细胞构成。④瘢痕组织层：主要由大量胶原纤维、少数纤维细胞等构成。瘢痕底部小动脉常发生增殖性动脉内膜炎，引起管腔狭窄或血栓形成，造成局部缺血而妨碍修复，使溃疡不易愈合。溃疡底部的神经节细胞和神经纤维可变性、断裂而发生小球状增生，与产生疼痛有关。

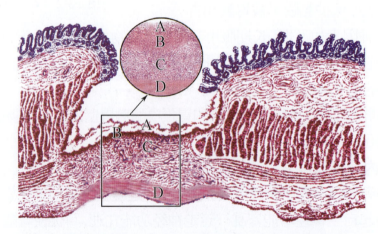

溃疡断面呈斜置漏斗状，深达肌层，溃疡底部由内向外分为四层。A.炎性渗出层；B.坏死组织层；C.肉芽组织层；D.瘢痕层。

图12-4　胃溃疡(镜下观)

（二）十二指肠溃疡

十二指肠溃疡多发生于十二指肠球部前壁或后壁，一般较胃溃疡小而浅，直径多在1cm以内，较易愈合。

三、结局及并发症

（一）愈合

消化性溃疡经过积极治疗后，大多可愈合。渗出物及坏死组织逐渐被吸收和排出，已被破坏的肌层由肉芽组织增生并形成瘢痕组织修复，同时周围黏膜上皮再生覆盖溃疡面而愈合（图12-5）。

（二）并发症

如果溃疡长期反复发作，持续进展可出现以下并发症。

1. 出血　出血是消化性溃疡最为常见的并发症，占10%~35%。主要因溃疡底部

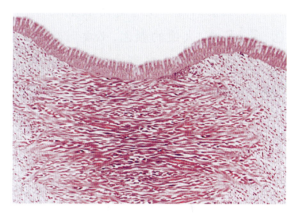

图12-5　消化性溃疡愈合（镜下观）

血管破裂导致。如毛细血管破裂出血，患者可出现大便潜血阳性；如较大血管被侵蚀破裂，则发生消化道大出血，出现黑便及呕血，严重者可发生失血性休克。

2. 穿孔　穿孔是消化性溃疡最危险的并发症，约占5%。十二指肠因肠壁较薄更易发生穿孔。穿孔后，胃内容物漏入腹腔引起急性弥漫性腹膜炎。

3. 幽门梗阻　约3%的患者因溃疡经久不愈，反复修复而形成大量瘢痕。瘢痕组织收缩可造成幽门狭窄，引起幽门梗阻，胃内容物通过受阻，出现反复呕吐隔夜宿食，严重者可致碱中毒。

4. 癌变　消化性溃疡癌变率约1%，多发生于胃溃疡，十二指肠溃疡几乎不癌变。

四、病理与临床联系

（一）周期性上腹部疼痛

周期性上腹部疼痛是消化性溃疡主要的临床表现。疼痛常与进食有明显关系。一般胃溃疡表现为餐后1~2h疼痛最明显的"饱痛"，下次餐前减弱或消失。该疼痛是因为进餐后胃泌素分泌亢进，引起胃酸分泌增多，胃酸刺激溃疡局部的神经末梢以及胃壁平滑肌痉挛而致。十二指肠溃疡表现为空腹或夜间发作的"饿痛"，这与迷走神经兴奋性增高，导致胃酸分泌增多，刺激溃疡周围神经末梢引起疼痛有关，进食后有所缓解。

（二）返酸、嗳气

返酸、嗳气与胃幽门括约肌痉挛，胃逆蠕动，胃内容物排空受阻，滞留在胃内的食物发酵等有关。

 知识链接

消化性溃疡患者的护理

1. 观察病情　观察患者腹痛的部位、性质、发生的时间和持续的时间，呕吐物的颜色、量、气味，大便的颜色，必要时观察血压情况等。

2. 对症护理　胃酸过多患者给予碱性药物，疼痛剧烈者给予解痉止痛药，呕吐严重时，给予补液治疗，纠正水、电解质紊乱。

3. 健康教育　对患者进行健康指导，养成良好的饮食习惯，饮食定时、定量、定质，戒烟戒酒等，避免辛辣等对胃有刺激的食物。

第三节　病毒性肝炎

病毒性肝炎（viral hepatitis）是由一组肝炎病毒感染引起的以肝细胞变性、坏死为主要病变的一种常见传染病。主要临床表现为不同程度的食欲缺乏、厌油腻、乏力、肝大、肝区疼痛和肝功能障碍等。

一、病因及发病机制

发病机制较复杂，至今尚未完全阐明。目前已证实的能够引起病毒性肝炎的肝炎病毒有甲型肝炎病毒（hepatitis A virus，HAV）、乙型肝炎病毒（hepatitis B virus，HBV）、丙型肝炎病毒（hepatitis C virus，HCV）、丁型肝炎病毒（hepatitis D virus，HDV）、戊型肝炎病毒（hepatitis E virus，HEV）和庚型肝炎病毒（hepatitis G virus，HGV）6 种。我国以 HBV 感染的乙型肝炎最为常见。

各类肝炎病毒的传播途径不尽相同，HAV 和 HEV 主要通过消化道传播；HBV、HDV和 HGV 主要通过血液和密切接触传播；HCV 主要通过血液传播。

病毒性肝炎的发病取决于感染的病毒种类和机体的免疫功能状态。一般认为，甲型肝炎是由 HAV 在肝细胞内复制，直接损伤肝细胞所致；乙型肝炎是 HBV 通过细胞免疫机制导致肝细胞损伤的结果。机体细胞免疫能力的强弱决定肝炎的病变程度，从而表现出不同类型的肝炎。免疫功能正常，感染的病毒数量少、毒力较弱时，多引起急性普通型肝炎；免疫功能超强，感染的病毒数量多、毒力强时，常引起重型肝炎；免疫功能低下或缺乏者，往往只携带病毒而不发病。

二、病 理 变 化

病毒性肝炎的病变特征是以肝细胞变性、坏死为主的变质性炎,伴有不同程度的炎症细胞浸润,肝细胞再生和纤维组织增生。

（一）肝细胞变性

1. 细胞水肿　细胞水肿为最常见的病变。镜下观察:肝细胞体积增大,胞质疏松呈网状、半透明,称为胞质疏松化。病变进一步发展,肝细胞大呈球形,胞质几乎完全透明,称为气球样变。

2. 嗜酸性变　嗜酸性变一般仅累及单个或几个肝细胞,散在于肝小叶内。镜下观察,肝细胞胞质水分脱失,浓缩,肝细胞体积变小,苏木精 - 伊红染色见胞质嗜酸性增强,呈均匀致密的深红色(图 12-6)。

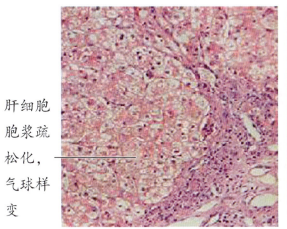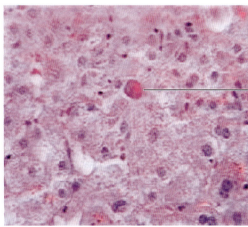

图 12-6　病毒性肝炎肝细胞变性(镜下观)

（二）肝细胞坏死

1. 嗜酸性坏死　嗜酸性坏死由嗜酸性变发展而来。细胞质进一步浓缩,细胞核消失,最终形成均匀浓染成红色的圆形小体,称为嗜酸性小体。

2. 溶解性坏死　溶解性坏死由气球样变发展而来。因溶解性坏死的范围和分布不同,其可呈现不同的特点。

（1）点状坏死:点状坏死指坏死仅累及单个或几个肝细胞,常见于急性普通型肝炎。

（2）碎片状坏死:碎片状坏死指在肝小叶周边部界板处肝细胞的灶性坏死,常见于慢性肝炎。

（3）桥接坏死:桥接坏死指在中央静脉与汇管区之间,两个小叶中央静脉之间或两个汇管区之间出现的互相连接的带状坏死,常见于中、重度慢性肝炎。

（4）大片坏死:大片坏死指几乎累及整个肝小叶的大范围肝细胞坏死,常见于重型肝炎。

（三）炎症细胞浸润

炎症细胞浸润主要是淋巴细胞和单核细胞散在性或灶状浸润于肝小叶内或汇管区。

（四）肝细胞再生

坏死的肝细胞由邻近的肝细胞通过再生而修复。再生的肝细胞体积较大，核大而染色较深，可见双核。再生的肝细胞可沿原有网状支架排列。如肝细胞坏死严重，原肝小叶内的网状支架塌陷，再生的肝细胞则呈团块状排列，称为结节状再生。

（五）增生

1. 间质反应性增生　①库普弗细胞（Kupffer cell）增生，并可脱入窦腔内变为游走的吞噬细胞，参与炎症细胞浸润。②间叶细胞及成纤维细胞增生并参与损伤的修复。若纤维组织大量增生，可发展为肝硬化。

2. 小胆管增生　汇管区内或大片坏死灶内可见小胆管增生。

三、类型、病变特点、病理与临床联系

各型病毒性肝炎引起的病理变化和临床表现基本相同。临床上病毒性肝炎可分为普通型肝炎，包括急性肝炎（黄疸型、无黄疸型）和慢性肝炎（轻度、中度、重度）；重型肝炎（急性、亚急性）。

（一）普通型肝炎

普通型肝炎分为急性肝炎和慢性肝炎两种。

1. 急性肝炎　急性肝炎最常见，又分黄疸型肝炎和无黄疸型肝炎。我国以无黄疸型肝炎居多，其中大部分为乙型肝炎，部分为丙型肝炎。黄疸型肝炎的病变略重，病程较短，多见于甲型、丁型和戊型肝炎。

（1）病理变化：肉眼观察，肝体积肿大，表面光滑，被膜紧张，质较软。镜下观察，肝细胞广泛变性，以胞质疏松化和气球样变为主。坏死轻微，主要为点状坏死。在汇管区及肝小叶内有轻度的炎症细胞浸润（图12-7）。

（2）病理与临床联系：因肝大引起肝区疼痛或压痛。肝细胞坏死造成肝细胞内的酶释放入血，血清谷丙转氨酶（glutamic-pyruvic transaminase，GPT）升高，肝功能异常，病变严重者出现黄疸。

（3）结局：大多在半年内可治愈，但乙型、丙型肝炎往往恢复较慢，其中5%～10%的乙型肝炎、70%的丙型肝炎可转变成慢性肝炎。

2. 慢性肝炎　病程持续在半年以上即为慢性肝炎。许多因素可导致慢性肝炎，如感染的病毒类型、免疫因素、治疗不当、营养不良、饮酒或服用对肝有损害的药物等。慢性肝炎根据

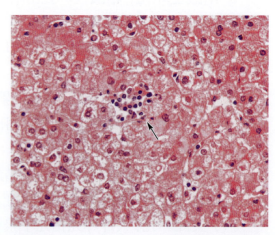

肝细胞水肿，箭头示点状坏死处伴炎细胞浸润。

图 12-7　急性普通型肝炎（镜下观）

其炎症、坏死及纤维化程度，分为三型。

（1）轻度慢性肝炎：①肝细胞点状坏死，偶见轻度碎片状坏死。②汇管区慢性炎症细胞浸润，周围有少量纤维组织增生。③肝小叶结构完整。

（2）中度慢性肝炎：①肝细胞变性、坏死较明显，有中度碎片坏死，出现特征性的桥接坏死。②汇管区及小叶内炎症细胞浸润。③肝小叶内有纤维间隔形成，小叶结构大部分保存。

（3）重度慢性肝炎：①肝细胞变性、坏死严重且广泛，有重度碎片坏死及大范围桥接坏死，坏死区肝细胞结节状再生。②汇管区多量淋巴细胞、单核细胞浸润。③大量纤维组织增生重新分隔肝小叶，出现肝硬化倾向。

慢性肝炎患者主要表现为肝区不适、肝区疼痛，消化系统症状、肝功能障碍等，晚期可逐渐转为肝硬化。若发生新鲜的大片坏死，即转为重型肝炎。

（二）重型肝炎

重型肝炎是最严重的病毒性肝炎，较少见，根据起病缓急及病变程度的不同，可分为急性重型和亚急性重型肝炎两种。

1. 急性重型肝炎　急性重型肝炎少见。起病急骤，病程短，病变发展迅速，死亡率高，临床上又称为暴发型肝炎或恶性肝炎。

（1）病理变化：肉眼观察，肝体积明显缩小，重量可减轻至 600～800g（正常约 1500g），以肝左叶更明显。肝被膜皱缩，质地柔软。切面呈黄色或红褐色，部分区域呈红黄相间的斑纹状，又称为急性黄色肝萎缩或急性红色肝萎缩。镜下观察，肝细胞坏死严重而且广泛，呈弥漫性大片坏死，仅小叶周边部残留少许变性的肝细胞。网状支架塌陷，残留的肝细胞再生不明显。肝窦明显扩张充血，甚至出血。库普弗细胞增生肥大，吞噬活跃。肝小叶内及汇管区有大量淋巴细胞及巨噬细胞浸润（图12-8）。

（2）病理与临床联系：大量肝细胞迅速溶解坏死。这可导致：①胆红素大量入血而

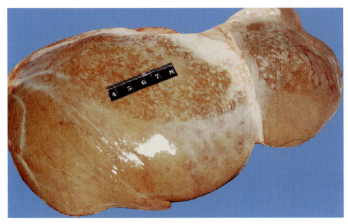

肉眼观

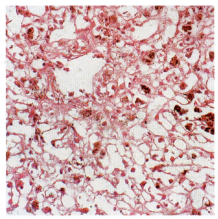

镜下观

肉眼观肝细胞体积明显缩小，重量明显减轻，被膜皱缩，质地柔软；镜下观肝细胞弥漫性大片坏死消失，仅残留网状支架，库普弗细胞增生肥大，吞噬活跃。

图 12-8　急性重型肝炎

引起肝细胞性黄疸。②凝血因子合成障碍,引起明显出血倾向。③肝衰竭,对各种代谢产物的解毒功能发生障碍,引起肝性脑病。④由于胆红素代谢及血液循环障碍等,可诱发肾衰竭,称为肝肾综合征。

（3）结局:大多数患者在短期内死亡,死亡原因主要为肝衰竭(肝性脑病),其次为消化道大出血,急性肾衰竭及DIC等。少数迁延转为亚急性重型肝炎。

2. 亚急性重型肝炎　亚急性重型肝炎多数是由急性重型肝炎迁延而来。少数病例可由普通型肝炎恶化而来。病程较长,可达数周至数月。

（1）病理变化:肉眼观察,肝体积缩小,被膜皱缩不平,质地略硬,呈黄绿色。镜下观察,既有肝细胞大片坏死,又有肝细胞结节状再生。肝小叶内外可见以淋巴细胞和单核细胞为主的炎症细胞浸润(图12-9)。肝小叶周边部有小胆管增生,较陈旧的病变区有明显的结缔组织增生。

（2）结局:如能及时恰当地治疗,病变可停止发展并有治愈的可能。多数继续发展而转变为坏死后肝硬化。

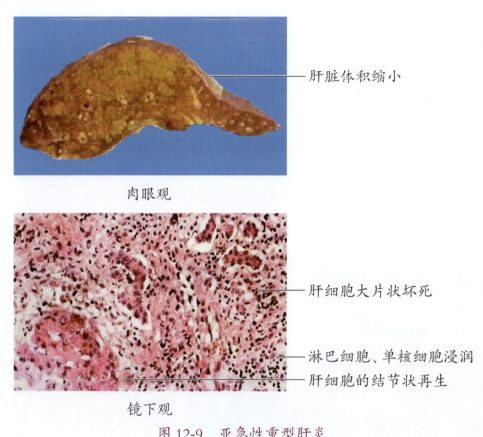

肉眼观

镜下观

图12-9　亚急性重型肝炎

第四节　肝　硬　化

肝硬化(liver cirrhosis)是由各种病因引起的肝细胞弥漫性变性、坏死,纤维组织增生和肝细胞结节状再生,这三种病变反复交错进行,导致肝小叶结构破坏和肝血液循环途径改建,最终导致肝变形、变硬的慢性肝脏疾病。

肝硬化类型复杂,国际上根据形态表现将其分为小结节型、大结节型、大小结节混合型和不全分隔型四型。我国常结合病因、病变特点及临床表现进行分型,肝硬化可分为门脉性肝硬化、坏死后肝硬化、胆汁性肝硬化、寄生虫性肝硬化和淤血性肝硬化等。

一、门脉性肝硬化

门脉性肝硬化(portal cirrhosis)是最常见的一种肝硬化,相当于国际分类的小结节型肝硬化。

(一)病因及发病机制

病因尚未完全清楚。目前研究表明,与门脉性肝硬化发生有关的因素如下:

1. 病毒性肝炎 病毒性肝炎是我国肝硬化的主要病因,尤其是慢性乙型和丙型肝炎,与肝硬化的发生密切相关。

2. 慢性酒精中毒 长期酗酒引起酒精中毒是肝硬化的另外一个重要因素。随着人们饮酒量的增加,门脉性肝硬化发病率呈上升趋势。酒精在体内代谢过程中产生的乙醛对肝细胞有直接毒害作用,使肝细胞发生脂肪变性、坏死而逐渐发展为肝硬化。

3. 有毒物质的损伤作用 长期服用损肝的药物或接触有毒物质(如四氯化碳、磷、砷等),可致肝脂肪变性和弥漫性中毒性肝坏死,继而出现结节状再生而发展为肝硬化。

4. 营养不良 食物中长期缺乏甲硫氨酸或胆碱类物质时,使肝合成磷脂障碍而经过脂肪肝发展为肝硬化。

以上因素可引起肝细胞变性坏死,但肝细胞还可以通过再生而修复。如果病因没有消除,肝细胞反复发生变性、坏死及修复,纤维组织增生,分割肝小叶,加之肝细胞不规则结节状再生,最终形成假小叶,导致肝的正常组织结构被破坏,肝内血液循环改建,最终导致肝变形变硬而形成肝硬化。

(二)病理变化

肉眼观察:①早期,肝体积正常或略大,重量增加,质地正常或稍硬。②晚期,肝体积明显缩小,被膜增厚,重量减轻,质地变硬。表面及切面呈弥漫全肝的小结节,结节大小相仿,直径多为0.15~0.5cm,一般不超过1cm。切面见圆形或类圆形岛屿状结构,其周围有较窄的、均匀一致的灰白色纤维组织条索或间隔包绕。

镜下观察:肝硬化的病变特征是正常肝小叶结构破坏,被假小叶取代。假小叶指广泛增生的纤维组织将残存的和再生的肝细胞重新分割、包绕,形成大小不等的圆形或类圆形肝细胞团。假小叶特征表现为①假小叶内肝细胞索排列紊乱,可见变性、坏死及再生的肝细胞。②假小叶内中央静脉缺如、偏位或两个以上。③包绕假小叶的纤维间隔宽窄较一致,内有少量淋巴细胞和单核细胞浸润,并可见小胆管增生(图12-10)。

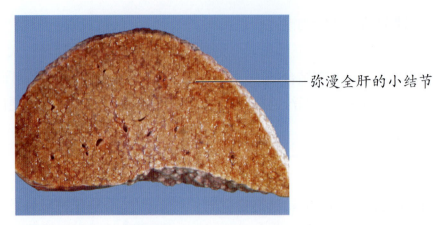

弥漫全肝的小结节

肉眼观

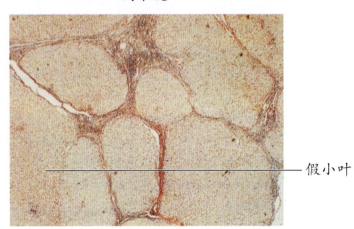

假小叶

镜下观

图 12-10　门脉性肝硬化

（三）病理与临床联系

门脉性肝硬化临床上主要表现为门脉高压症和肝功能障碍。

1. 门脉高压症　门脉高压症的主要原因：①广泛增生的纤维组织压迫肝血窦和小叶下静脉，导致门静脉血液回流受阻。②肝内肝动脉小分支和门静脉小分支之间形成异常吻合。这两个原因，破坏和改建肝的血管系统，从而引起门静脉压力增高。其主要有以下临床表现：

（1）脾大：脾大因门静

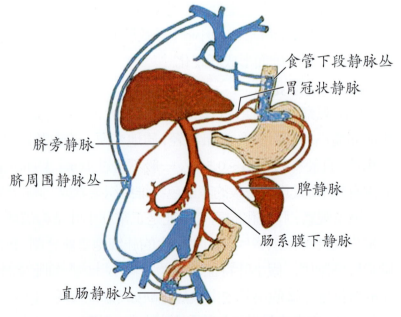

食管下段静脉丛

胃冠状静脉

脐旁静脉

脐周围静脉丛

脾静脉

肠系膜下静脉

直肠静脉丛

图 12-11　门脉高压侧支循环模式图

脉压力升高,脾静脉回流受阻所致,常引起贫血,出血倾向及白细胞减少等脾功能亢进的表现。

(2)腹水:腹水为淡黄色透明的漏出液。腹水较多时,可致腹部明显膨隆。腹水形成的原因:①门静脉压力增大使门静脉系统的毛细血管内流体静压升高,管壁通透性增大,导致液体漏入腹腔。②肝合成蛋白质功能降低尤其是血浆白蛋白合成减少,加之消化不良引起低蛋白血症,导致血浆胶体渗透压降低,水分漏出增多。③肝对醛固酮和抗利尿激素灭活减少,引起钠水潴留而促使腹水形成。

(3)侧支循环形成:正常门静脉血液经肝静脉注入下腔静脉。门静脉压力增高时,门静脉与腔静脉之间的侧支循环开放,部分门静脉血液绕过肝,通过侧支循环直接回流到体循环静脉,后至右心。主要的侧支循环途径(图12-11):①门静脉血液经胃冠状静脉—胃底和食管下段静脉丛—奇静脉,入上腔静脉。常引起胃底和食管下段静脉丛曲张,当发生腹压升高或受粗糙食物磨碰时,可导致其破裂引起致命性大出血,这是肝硬化常见的死亡原因之一。②门静脉血液经肠系膜下静脉—直肠静脉丛—髂内静脉,入下腔静脉,可引起直肠静脉丛曲张,形成痔核,破裂出现便血。③门静脉血液经脐静脉—脐周静脉丛,上经胸腹壁静脉入上腔静脉,下经腹壁下静脉入下腔静脉,引起脐周浅静脉高度扩张,形成"海蛇头"现象。

(4)胃肠道淤血:胃肠道淤血因门静脉压力升高,胃肠道静脉血液回流受阻所致。表现为食欲下降、腹胀等。

2. 肝功能障碍 肝功能障碍因肝细胞长期反复受损伤引起,主要有以下表现:

(1)蛋白质合成障碍:因肝细胞受损,合成白蛋白功能降低,使白蛋白减少,因免疫系统受刺激,球蛋白合成增加,出现白蛋白/球蛋白比值下降,甚至倒置。

(2)雌激素灭活减少:肝对雌激素灭活减少,血中雌激素水平增加,可引起男性睾丸萎缩及乳腺发育、女性月经不调等。患者颈、面和胸部小动脉末梢扩张,出现蜘蛛痣。掌面大小鱼际发红称为肝掌。

(3)出血倾向:出血倾向因肝合成凝血因子减少及脾功能亢进,血小板破坏过多所致,表现为鼻出血、牙龈出血和皮下瘀斑等。

(4)黄疸:黄疸主要与肝细胞坏死和毛细胆管淤胆有关。

(5)血清酶活性改变:肝细胞变性、坏死时,胞质内的酶可释放入血,导致血浆中谷丙转氨酶、谷草转氨酶等增高。

(6)肝性脑病(又称为肝昏迷):肝性脑病与肝解毒功能下降有关,是肝功能极度衰竭的表现,也是导致患者死亡的又一重要原因。

二、坏死后肝硬化

坏死后肝硬化(postnecrotic cirrhosis)相当于国际形态学分类中的大结节型和大小结节混合型肝硬化。

（一）病因及发病机制

坏死后肝硬化常见于亚急性重型肝炎、药物及化学物质中毒等，导致肝细胞大片坏死、进而出现肝细胞结节状再生而发展为坏死后肝硬化。

（二）病理变化

肉眼观察：肝体积缩小，尤以左叶为甚，重量减轻、质地变硬，表面有大小不等的结节，直径在 0.5～6cm，切面见结节周围有较宽的纤维组织带包绕。镜下观察：肝正常结构破坏，可见大小不等的假小叶。大者中间可见包绕有一个或数个正常的肝小叶，小者仅有几个肝细胞。假小叶内肝细胞常有不同程度的变性、坏死和淤胆。假小叶周围的纤维组织间隔宽窄不均，其内有较多的炎症细胞浸润和显著的小胆管增生。

（三）病理与临床联系

坏死后肝硬化因肝细胞坏死严重，肝功能障碍明显且出现较早，癌变率较高，预后较差。

 知识链接

胆汁性肝硬化

1. 病因及发病机制　胆汁性肝硬化是因胆道阻塞淤胆而引起的肝硬化，较少见，可分为继发性与原发性两类，我国以继发性多见。

2. 病理变化　肉眼观察：早期肝体积常增大，表面较光滑或呈细颗粒状，中等硬度；晚期体积缩小，表面可呈结节状，硬度增加，呈绿色或绿褐色。镜下观察：肝细胞大，胞质疏松成网状，核消失，称为网状或羽毛状坏死；假小叶呈不完全分隔型。毛细胆管淤胆、胆栓形成，坏死区胆管破裂，胆汁外溢，形成"胆汁湖"；汇管区胆管扩张及小胆管增生，可见中性粒细胞浸润。

3. 病理与临床联系　患者可表现为长期阻塞性黄疸和因胆汁刺激引起的皮肤瘙痒等。

第五节　消化系统常见肿瘤

一、食　管　癌

食管癌（esophageal carcinoma）是由食管黏膜上皮或腺体发生的恶性肿瘤，为我国最常见的恶性肿瘤之一。男性发病较高，发病年龄在 40 岁以上，尤其以 50～60 岁者居多。临床上主要表现为不同程度的吞咽困难。

（一）病因及发病机制

食管癌的病因和发病机制尚不明确，可能与以下因素有关：

1. 生活习惯　长期饮酒、吸烟及食入过热或粗糙饮食等与食管癌发病有关。食物中所含的亚硝酸盐较多（如腌制的酸菜），也可诱发食管癌。

2. 慢性炎症 各种长期不愈的食管炎可能是食管癌的癌前病变。有研究表明,食管癌患者食管黏膜的非癌部分均有不同程度的慢性炎症,即使是非常早期的食管癌甚至是原位癌,其癌旁非癌上皮及固有膜均呈慢性炎症改变,有时炎症非常明显。

3. 遗传因素 在食管癌高发区中,食管癌家族聚集的现象较为明显。研究发现,另外食管癌发病可能与遗传易感性有关。

(二)类型及各型病理变化

食管癌好发于三个生理性狭窄部,以中段最多见,其次为下段,上段最少。根据病理变化,结合临床表现和影像学检查,食管癌可分为早期、中期和晚期。

1. 早期癌 临床常无明显症状。病变局限,多为原位癌或黏膜内癌,未侵犯肌层,无淋巴结转移。肉眼观察:癌变处黏膜轻度糜烂或表面呈颗粒状、微小的乳头状。镜下观察:绝大部分为鳞状细胞癌。早期食管癌及时治疗后,预后较好,5年存活率达90%以上。

2. 中晚期癌 中晚期癌又称为进展期癌,此期患者多出现吞咽困难等典型的临床症状,根据肉眼形态特点可分为四型(图12-12)。

(1)髓质型:髓质型食管癌最多见。癌组织在食管壁内浸润性生长,累及食管全周或大部分,管壁增厚、管腔狭窄。切面呈灰白色,质地较软,似脑髓,表面常有溃疡。

(2)蕈伞型:癌组织呈卵圆形扁平肿块,呈蘑菇状突入食管腔,表面有浅溃疡,边缘外翻,常侵犯食管管周的部分或大部。

(3)溃疡型:肿瘤表面形成形状不规则、边缘隆起、底部凹凸不平、深达食管肌层的较深溃疡,多浸润食管管周的一部分。

(4)缩窄型:癌组织质硬,内有明显的结缔组织增生并浸润食管全周,因而使局部食管壁呈环形狭窄,狭窄上端食管腔则明显扩张。

镜下观察:我国最常见的食管癌为鳞状细胞癌(约占90%以上),腺癌、腺鳞癌次之,其他类型如神经内分泌癌、黏液表皮样癌等少见。

 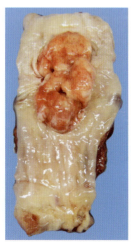 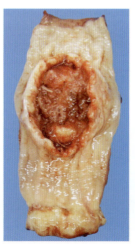 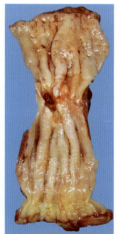

髓质型　　　　蕈伞型　　　　溃疡型　　　　缩窄型

图12-12　中晚期食管癌(肉眼观)

（三）转移与扩散

1. 直接蔓延　癌组织穿透食管壁直接侵入周围组织及器官。食管上段癌可侵入喉、气管和颈部软组织；中段癌可侵犯支气管或蔓延到胸膜、肺、脊柱等处，少数可侵入主动脉；下段癌常蔓延到心包、膈肌等处。

2. 转移　①淋巴道转移：为食管癌主要的转移方式，转移部位与食管淋巴引流途径一致。上段癌可转移至颈及上纵隔淋巴结；中段癌常转移到食管旁或肺门淋巴结；下段癌常转移至食管旁、贲门旁及腹腔上部淋巴结。②血道转移：晚期可发生血道转移，以肝、肺转移最为常见。

（四）病理与临床联系

早期癌组织无明显浸润，无肿块形成，故症状不明显，部分患者可出现轻微的胸骨后疼痛、烧灼感或哽噎感。中晚期由于肿瘤不断浸润生长，使管壁狭窄，患者出现吞咽困难，甚至不能进食，最终导致恶病质，使全身衰竭而死亡。

二、胃　癌

胃癌（carcinoma of stomach）指胃黏膜上皮和腺上皮发生的恶性肿瘤。好发年龄在40～60岁，男性多于女性。

（一）病因及发病机制

尚未完全阐明，可能与以下因素有关：

1. 环境因素　胃癌的发生有一定的地理分布特点。

2. 饮食习惯　胃癌的发生与长期食用鱼、肉类熏制食品，含有黄曲霉毒素及亚硝酸盐的食物，饮食过热等有关。

3. 幽门螺杆菌　流行病学调查发现，幽门螺杆菌感染与胃癌的发生可能有关。研究显示，幽门螺杆菌可以导致胃黏膜上皮细胞肿瘤相关基因甲基化，诱发细胞凋亡。

4. 其他　某些长期未治愈的慢性胃疾病如 B 型慢性萎缩性胃炎、胃息肉、胃溃疡伴胃黏膜上皮不典型增生和肠上皮化生等与胃癌的发生有关。

（二）类型及各型病理变化

胃癌好发于胃窦部，尤以胃窦部小弯侧多见（约占 75%），胃底、贲门部和胃体部较少见。按照病程和病理变化，胃癌可分为早期胃癌和进展期胃癌两大类。

1. 早期胃癌　早期胃癌指癌组织浸润仅限于黏膜层或黏膜下层，无论有无淋巴结转移。早期胃癌中，若直径 <0.5cm 称为微小癌，直径 0.6～1.0cm 称为小胃癌。胃镜检查时在该癌变处钳取活体组织检查确诊为癌；但手术切除标本经节段性连续切片均未发现癌，称为一点癌。早期胃癌肉眼形态可分为三种类型。

（1）隆起型：此型较少。肿瘤从黏膜面明显隆起或呈息肉状。

（2）表浅型：肿瘤呈扁平状，稍隆起于黏膜表面。

（3）凹陷型：此型最多见。系溃疡周边黏膜的早期癌。

镜下观察：早期胃癌管状腺癌多见，其次为乳头状腺癌，最少见者为未分化癌。

早期胃癌术后五年生存率90%以上，10年生存率75%，小胃癌及微小胃癌术后五年生存率约100%。

认识早期胃癌，提高早期胃癌的发现率，可提高胃癌手术后的5年存活率及改善预后。

2. 中晚期胃癌（进展期胃癌） 中晚期胃癌指癌组织浸润超过黏膜下层的胃癌，常有局部蔓延或转移。癌组织侵袭越深，预后越差。肉眼观察可分为三型（图12-13）。

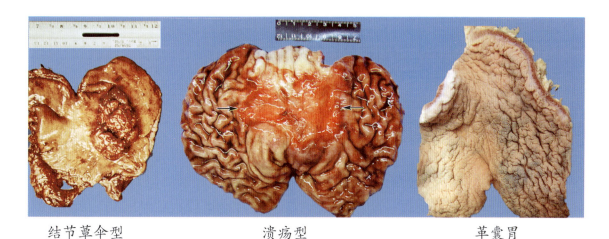

结节蕈伞型　　　　　　　溃疡型　　　　　　　革囊胃

图 12-13　中晚期胃癌（肉眼观）

（1）息肉型或蕈伞形：癌组织向胃腔内突起，呈息肉状或蕈伞状，表面常有深浅不一的溃疡。

（2）溃疡型：癌组织坏死脱落，形成边缘隆起的似火山口状或皿状的较深溃疡，直径多＞2cm，边界不清，溃疡底部污秽、凹凸不平。胃癌需与良性溃疡区别（表12-2）。

表12-2　胃良性、恶性溃疡的肉眼形态鉴别表

区别	良性溃疡（胃溃疡）	恶性溃疡（溃疡型胃癌）
外形	圆形或椭圆形	不规则、火山口状或皿状
大小	直径一般＜2cm	直径一般＞2cm
深度	较深	较浅
边缘	整齐，不隆起	不整齐、隆起
底部	较平坦	凹凸不平、有坏死出血
周围黏膜	黏膜皱襞向溃疡集中	黏膜皱襞中断、呈结节状肥厚

（3）浸润型：癌组织向胃壁内局限性或弥漫性浸润，与周围正常组织分界不清楚。其表面胃黏膜皱襞大部分消失，有时可见浅表溃疡。如为弥漫性浸润，可导致胃壁增厚变硬，胃腔变小，状如皮革，故可称为"革囊胃"。当癌细胞分泌大量黏液时，癌组织呈半透明的胶冻状，称为胶样癌。

中晚期胃癌按组织学形态和分化程度分类：①乳头状腺癌，癌组织形成乳头状突起，恶性度较低。②管状腺癌，癌组织呈腺样结构，分化较高，恶性度较低。③低分化腺癌，癌细胞分化差，排列成实性条索状或片块状，腺样结构不明显，恶性度较高。④未分化癌，癌细胞小，弥漫成片，恶性度高。⑤黏液腺癌，癌细胞产生大量黏液，分泌到细胞外或充溢在间质中，形成大片"黏液糊"，癌细胞漂浮于黏液中。⑥印戒细胞癌，癌细胞胞质内含大量黏液，将细胞核挤向一侧，状似印戒，恶性程度高。此外，胃癌还有一些特殊类型，如鳞状细胞癌、小细胞癌、神经内分泌癌等，均较少见。

（三）转移与扩散

1. 直接蔓延　癌组织向胃壁各层浸润，当穿透胃壁浆膜后，癌组织可向周围组织和邻近器官广泛蔓延，可蔓延至肝、胰腺、大网膜等处。

2. 转移

（1）淋巴道转移：淋巴道转移为其主要转移途径，一般首先转移到胃幽门和胃小弯的局部淋巴结。进一步转移至腹主动脉旁淋巴结、肝门或肠系膜根部淋巴结。晚期可经胸导管转移至左锁骨上淋巴结。

（2）血道转移：血道转移多发生于胃癌晚期，常经门静脉转移至肝，也可转移到肺、脑及骨等器官。

（3）种植性转移：胃癌特别是胃黏液癌癌细胞浸润至胃浆膜表面时可脱落至腹腔，种植于腹腔及盆腔器官的浆膜上。常在双侧卵巢形成转移性黏液癌，称为Krukenberg瘤。

（四）病理与临床联系

早期胃癌患者临床表现不明显，随着瘤体的增大及继发性坏死和出血，患者可出现上腹部不适、疼痛、呕血、便血、消瘦、贫血等临床表现。当癌组织侵蚀到大血管时，可引起上消化道大出血，位于贲门、幽门等部位的肿块可引起梗阻等症状。晚期癌症患者，可出现恶病质。

三、大　肠　癌

大肠癌（colorectal carcinoma）是大肠黏膜上皮和腺体发生的恶性肿瘤，包括结肠癌与直肠癌。近年来，大肠癌的发生率呈上升趋势，尤其是结肠癌的发生率增长速度迅猛。发病高峰年龄为30～50岁，城市高于农村，男性多于女性。这可能与生活水平提高、饮食结构发生改变密切相关。临床上患者常有贫血、消瘦、大便次数增多、黏液血便、腹痛、腹部肿块或肠梗阻等表现。

（一）病因及发病机制

1. 饮食习惯　高脂肪而少纤维的饮食与本病发生有关。这可能因为此类饮食不利于有规律的排便，延长了肠黏膜与食物中可能含有的致癌物质的接触时间。

2. 遗传因素　家族遗传性、多发性大肠腺瘤样息肉病患者大肠癌的发生率极高。

3. 其他　慢性溃疡性结肠炎、大肠腺瘤、慢性血吸虫病等疾病也与大肠癌的发生有关。

（二）类型及各型病理变化

大肠癌以直肠最为多见，其余依次为乙状结肠、盲肠、升结肠、横结肠、降结肠。

肉眼观察，一般形态分为四型。

1. 隆起型　隆起型大肠癌多发生在右侧大肠，肿瘤呈息肉状、扁平状或菜花状向肠腔内突起，可伴表浅溃疡、出血或坏死，多为分化较高的腺癌。

2. 溃疡型　溃疡型大肠癌较多见，肿瘤表面形成较深溃疡，直径多在 2cm 以上，呈火山口状。

3. 浸润型　浸润型大肠癌多发生在左侧结肠，癌组织向肠壁深层弥漫浸润，常累及肠管全周，导致局部肠壁增厚、变硬，若同时伴有肿瘤间质结缔组织明显增多，则使局部肠管周径明显缩小，形成环状狭窄。

4. 胶样型　肿瘤表面及切面均呈半透明、胶冻状。此型少见，预后较差。

镜下观察，组织学类型有管状腺癌、黏液腺癌、印戒细胞癌、髓样癌、未分化癌、鳞状细胞癌等。临床上主要以管状腺癌多见。

 知识链接

大肠癌的临床分期

根据大肠癌变扩散范围及有无局部淋巴结与远隔脏器转移，大肠癌可分为四期，即改良杜克分期（Dukes's staging），这对大肠癌的预后判断有一定的意义。A 期：癌组织限于黏膜层（重度上皮内瘤变），未累及淋巴结。B 期：癌组织侵及或穿透肌层。C 期：癌已发生淋巴结转移。D 期：癌已发生远隔器官转移。

（三）转移与扩散

1. 直接蔓延　当癌组织浸润肌层达到浆膜后，可直接蔓延到邻近器官，如前列腺、膀胱、子宫及阴道、腹膜及腹后壁等处。

2. 转移

（1）淋巴道转移：癌组织一般首先转移到癌所在部位局部的淋巴结。如结肠癌先转移到结肠上、旁、中间或末端淋巴结，直肠癌首先转移到直肠旁淋巴结，以后再向远处淋巴结扩散，偶尔可经胸导管转移到左锁骨上淋巴结。

（2）血道转移：血道转移多发生在大肠癌晚期。最常见的是肝转移，还可转移到肺、肾、骨及脑等处。

（3）种植性转移：癌组织穿破浆膜层后，癌细胞可脱落、播散到腹腔内形成种植性转移。

（四）病理与临床联系

大肠癌的临床表现可因发生部位和累及范围不同而异。

左侧大肠癌患者可出现腹痛、腹胀、便秘和肠蠕动亢进等表现，主要是因为左侧肠腔较小，且癌肿多呈环状生长，故易发生肠狭窄引起急性或慢性肠梗阻。肿瘤破溃出血时，大便可带鲜血。

右侧大肠癌则因肠腔较宽，癌肿较少引起肠梗阻，但常可在右下腹部触及肿块。因癌组织质脆，易破溃、出血及继发感染，患者常有贫血和由感染及毒素吸收而引起的中毒表现。

四、原发性肝癌

原发性肝癌（primary carcinoma of liver）是由肝细胞或肝内胆管上皮细胞发生的恶性肿瘤，根据组织学来源和特点可分为肝细胞癌、胆管细胞癌和兼有二者的混合细胞癌。

（一）病因及发病机制

尚不明确，与以下因素相关：

1. 肝炎病毒　HBV 与原发性肝癌有密切关系。研究显示，原发性肝癌病例乙型肝炎表面抗原（hepatitis B surface antigen，HBsAg）阳性率高达 80%，在 HBV 阳性的原发性肝癌患者可见 HBV 基因整合到肝癌细胞的 DNA 中，因此认为 HBV 是原发性肝癌发生的重要因素。近年来发现丙型肝炎也与原发性肝癌发生有关，HCV 感染也被认为是原发性肝癌的病因之一。

2. 肝硬化　肝硬化为癌前病变，由肝硬化发展为原发性肝癌一般约需 7 年，其中以坏死后肝硬化最为多见。

3. 真菌及其毒素　黄曲霉菌等可引起实验性原发性肝癌，尤其是黄曲霉毒素 B_1 与肝细胞癌关系密切。

4. 亚硝胺类化合物　研究发现我国原发性肝癌高发地区的土壤里硝酸盐和亚硝酸盐的含量高于低发区。

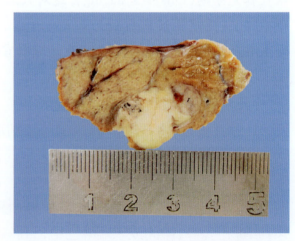

图 12-14　小肝癌（肉眼观）

（二）类型及各型病理变化

肝细胞癌发生于肝细胞，占原发性肝癌的90%以上。肝细胞癌的发生率较高，属于常见的恶性肿瘤之一，发病年龄多在中年以上，男性多于女性。

肉眼观察，可分为以下类型：

1. 早期肝细胞癌 早期肝细胞癌指单个癌结节直径在3cm以内或两个癌结节直径和在3cm以内的原发性肝癌，又称为小肝癌（图12-14）。癌结节多呈球形，灰白色，与周围组织分界清楚，切面无出血、坏死。

图12-15 巨块型肝细胞癌（肉眼观）

2. 中晚期肝细胞癌

（1）结节型：结节型肝细胞癌最常见。肿瘤形成多个圆形或椭圆形的结节，散在分布，大小不等，直径一般在5cm以下，也可融合成较大结节。

（2）弥漫型：癌组织弥散于肝内，无明显结节或结节极小，常发生在肝硬化基础上，形态上与肝硬化易混淆。此型较少见，占1%左右。

（3）巨块型：肿瘤呈圆形，体积巨大，直径多＞10cm，右叶多见。切面中心部常有出血、坏死。瘤体周围常有多少不一的卫星状癌结节（图12-15）。本型不合并或仅合并轻度肝硬化。

镜下观察：肝细胞癌分化程度差异较大。分化高者癌细胞异型性小，癌细胞排列呈巢状，血管多（似肝血窦），间质少。分化低者异型性明显，癌细胞大小不一，形态各异，可见瘤巨细胞或小癌细胞。

（三）转移与扩散

1. 肝内蔓延或转移 原发性肝癌首先在肝内直接蔓延而使肿瘤范围不断扩展；也可在肝内沿门静脉分支播散、转移，形成多处转移性癌结节；还可逆行至肝外门静脉主干，形成癌栓，阻塞管腔，导致门静脉高压。

2. 肝外转移 原发性肝癌通过淋巴道转移，常转移至肝门、上腹部及腹膜后淋巴结。晚期经肝静脉转移至肺、脑、骨等处，以肺转移最为多见。侵入到肝表面的癌细胞脱落后可形成种植性转移。

（四）病理与临床联系

原发性肝癌发病隐匿。早期可无明显的临床表现，随着肿瘤的增大并不断破坏肝组织、影响肝功能，临床可出现肝区疼痛、肝区肿块、食欲减退、消瘦、乏力、黄疸、腹水等表现。晚期的临床经过较为迅速，预后通常较差，死亡率极高。多因全身广泛转移、肝衰竭、癌结节破裂引起大出血等而导致死亡。

本章主要讲述了慢性胃炎、消化性溃疡、病毒性肝炎、肝硬化、食管癌、胃癌、大肠癌、肝癌等消化系统常见疾病。其中消化系统各类常见病的病因和发病机制为本章了解内容,而各类常见病的类型及病理变化为本章重点。此外,同学们还需要熟悉消化系统各类常见病的病理与临床联系,特别是消化性溃疡的并发症。目前,消化系统肿瘤的发生呈上升趋势,同学们要高度重视相关内容的学习。

（蔺媛媛）

 思考与练习

一、简答题

1. 简述慢性胃炎的常见类型及各型的病理变化特点。

2. 简述消化性溃疡的病理变化。

3. 简述肝硬化的概念及各型病变特点。

4. 简述病毒性肝炎的概念、类型及各型病变特点。

5. 简述食管癌的类型及各型病变特点。

6. 简述胃癌的类型及各型病变特点。

7. 简述大肠癌的类型及各型病变特点。

8. 简述肝癌的类型及各型病变特点。

二、案例分析题

1. 患者,男,65岁。患者因长期饮食不规律,致上腹部不适10余年;3个月前,因上腹部不适加重后到院就诊,被诊断为"胃溃疡";1h前,因大量饮酒后出现上腹部剧烈疼痛,伴有恶心、呕吐,遂入院。查体:腹部压痛,肌紧张,肝浊音界缩小。X线检查可见膈下游离气体。

请思考:

（1）该患者出现了什么病变?

（2）简述胃溃疡的病理变化。

（3）胃溃疡的并发症有哪些?

2. 患者,男,45岁。患者有胃溃疡10年;近1个月来,出现上腹部不适、疼痛、反酸、嗳气等;入院后,经胃镜检查,被诊断为溃疡性胃癌。

请思考:

（1）胃癌的好发部位有哪些?

（2）良性溃疡和恶性溃疡的区别有哪些?

（3）胃癌的转移途径有哪些?

第十三章 | 泌尿系统疾病

13章 数字内容

学习目标

1. 具有积极对待和正确认识泌尿系统疾病的意识和严谨求实的职业实践态度。
2. 掌握肾小球肾炎、肾盂肾炎、肾细胞癌、膀胱癌的类型及各型病理变化。
3. 熟悉肾小球肾炎、肾盂肾炎、肾细胞癌、膀胱癌的病理与临床联系；肾细胞癌、膀胱癌的转移与扩散。
4. 了解肾小球肾炎、肾盂肾炎、肾细胞癌、膀胱癌的病因及发病机制。
5. 能运用泌尿系统病理知识分析和解释泌尿系统常见疾病的临床表现。

泌尿系统由肾、输尿管、膀胱和尿道组成。肾是泌尿系统中最重要的脏器，主要功能是排泄代谢产物，调节水、电解质代谢和维持酸碱平衡。肾还具有内分泌功能，可分泌肾素、促红细胞生成素、前列腺素和 1,25-二羟维生素 D_3 等生物活性物质，参与血压调节、红细胞生成和促进钙吸收等。泌尿系统疾病的种类很多，本章主要介绍肾小球肾炎、肾盂肾炎及泌尿系统常见肿瘤。

第一节 肾小球肾炎

工作情景与任务

导入情景

患儿，男，5岁。患儿因尿量减少 3d，伴眼睑水肿入院；半个月前曾有咽喉痛病史。查体：血压 151/92mmHg，眼睑水肿，双侧扁桃体红肿。实验室检查：24h 尿量为 400ml，尿蛋白（++），尿红细胞（++），透明管型（+），颗粒管型（+）。入院诊断：急性肾小球肾炎。

患儿治疗 2 周后,痊愈出院。

工作任务:

结合急性肾小球肾炎的病理变化解释其临床表现。

肾小球肾炎(glomerulonephritis)简称为肾炎,指以肾小球损伤和病变为主的一组疾病。临床主要表现有蛋白尿、血尿、水肿和高血压,根据病因可分为原发性、继发性和遗传性肾小球肾炎。原发性肾小球肾炎是原发于肾的独立性疾病,肾为唯一或主要受累的脏器。继发性肾小球肾炎是由其他疾病引起的肾小球病变,或作为全身疾病的一部分,如红斑狼疮性肾炎、紫癜性肾炎、糖尿病肾病等。遗传性肾小球肾炎是一组以肾小球病变为主的遗传性家族性肾脏疾病。本节主要介绍原发性肾小球肾炎。

知识链接

肾 单 位

肾的基本结构和功能单位为肾单位,由肾小球和肾小管构成(图 13-1)。

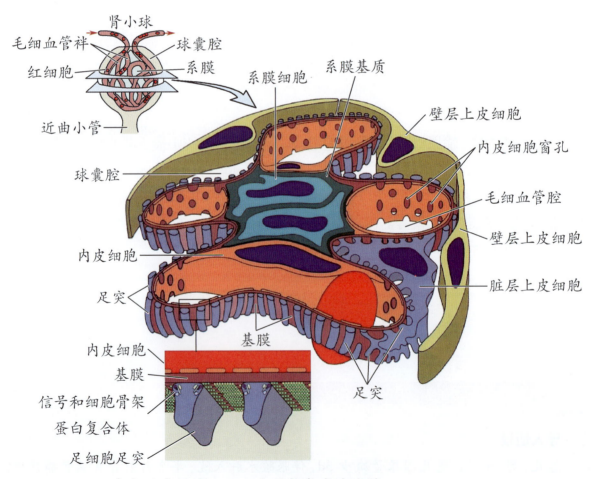

相邻足突间的Nephrin分子构成滤过隙膜

图 13-1 肾小球结构示意图

1. 肾小球　肾小球由血管球和肾小囊构成。血管球由盘曲的毛细血管襻组成。肾小囊内层为脏层上皮细胞（足细胞），外层为壁层上皮细胞（图13-1）。肾小球滤过膜由毛细血管内皮细胞、基底膜和脏层上皮细胞构成。毛细血管间为肾小球系膜，由系膜细胞和系膜基质组成。

2. 肾小管　肾小管与肾小囊壁层相连的一条细长上皮性小管，肾小管按不同的形态结构、分布位置和功能分成近端小管、髓襻和远端小管。

一、病因及发病机制

（一）病因

原发性肾小球肾炎的确切病因和发病机制尚未完全阐明，但已确定大部分由免疫机制引起。抗原抗体反应是引起肾小球损伤和病变的主要原因。与肾小球肾炎有关的抗原有内源性和外源性两大类。

1. 内源性抗原　内源性抗原包括肾小球性抗原（肾小球基底膜抗原、足细胞、内皮细胞和系膜细胞的细胞膜抗原等）和非肾小球性抗原（DNA、核抗原、免疫球蛋白、肿瘤抗原和甲状腺球蛋白等）。

2. 外源性抗原　外源性抗原包括细菌、病毒、寄生虫、真菌和螺旋体等病原体的成分，以及药物、外源性凝集素、异种血清等。

（二）发病机制

抗原抗体结合形成的免疫复合物沉积于肾小球，引起肾小球病变，主要通过以下两种机制：

1. 循环免疫复合物沉积　由非肾小球性抗原刺激机体产生相应抗体，抗原与抗体在血液循环中结合形成免疫复合物，随血液流经肾，沉积于肾小球，引起肾小球病变。

2. 原位免疫复合物形成　肾小球内固有的或者植入到肾小球的抗原成分，刺激机体产生相应抗体，抗原与抗体在肾小球内结合形成免疫复合物，引起肾小球损伤。

二、类型、病变、病理与临床联系

（一）毛细血管内增生性肾小球肾炎

毛细血管内增生性肾小球肾炎（endocapillary proliferative glomerulonephritis）又称为急性弥漫增生性肾小球肾炎（acute diffuse proliferative glomerulonephritis），病变特点是弥漫性毛细血管内皮细胞和系膜细胞增生，为临床常见的肾炎类型，多见于儿童，成人亦有发生，儿童预后比成年人好。患者起病急，进展快，症状体征明显，预后好，故临床上称为急性肾小球肾炎。其发病与A组乙型溶血性链球菌感染有关，通常发生于咽部或皮肤链球菌感染1～4周后。多由免疫复合物沉积所致。

1. 病理变化

（1）肉眼观察：双侧肾轻至中度肿大，被膜紧张，表面光滑、颜色较红，故称为"大红肾"。有的肾表面可见散在粟粒大小的出血点，似跳蚤咬过，称为"蚤咬肾"。切面皮髓质分界清楚，皮质增厚。

（2）镜下观察：病变累及双肾大部分肾小球。肾小球体积增大，毛细血管内皮细胞和系膜细胞增生、肿胀，肾小球内有较多的中性粒细胞和少量的单核细胞浸润。增生细胞压迫肾小球毛细血管壁，使毛细血管狭窄或闭塞，从而导致肾小球缺血。严重时肾小球内毛细血管壁可发生节段性纤维蛋白样坏死及微血栓形成，血管破裂出血。因肾小球缺血，肾小管上皮细胞发生变性，管腔内可出现多种管型。肾间质充血、水肿，并伴有少量炎症细胞浸润（图13-2）。

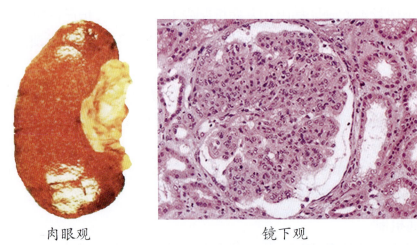

肉眼观　　　　　　　　　镜下观

图13-2　毛细血管内增生性肾小球肾炎

2. 病理与临床联系　本型主要表现为急性肾小球肾炎综合征。

（1）尿的变化：出现少尿、无尿、血尿、蛋白尿和管型尿。血尿为常见症状，可为肉眼血尿或镜下血尿。

（2）水肿：水肿出现较早，轻者为晨起眼睑水肿，重者可发生全身性水肿。主要原因是肾小球滤过率降低引起钠水潴留。变态反应引起的毛细血管通透性增高可使水肿加重。

（3）高血压：大部分患者出现轻至中度高血压，原因可能是钠水潴留，血容量增加引起。

3. 结局　患儿预后较好，有不到1%的患儿转变为新月体性肾小球肾炎，另有1%～2%转为慢性肾小球肾炎。成人预后较差，转变为慢性肾小球肾炎的比例较高。

（二）新月体性肾小球肾炎

新月体性肾小球肾炎（crescentic glomerulonephritis）又称为急进性肾小球肾炎，较少见，多见于成年人。患者起病急，进展快，病变严重，如不及时治疗，在数周至数月内死于急性肾衰竭，故临床上又称为快速进行性肾小球肾炎。本型肾炎主要病变特点是肾小囊壁层上皮细胞增生，形成新月体。病因和发病机制尚未完全明了，多数为原发性，部分为抗肾小球基底膜型肾炎或其他肾小球疾病转变而来。

1. 病理变化

（1）肉眼观察：双肾体积增大，颜色苍白，表面可有点状出血。切面皮质增厚。

（2）镜下观察：多数肾小囊内有新月体形成。新月体主要由增生的肾小囊壁层上皮细胞构成，可有中性粒细胞、单核细胞和淋巴细胞浸润（图13-3）。这些成分在肾小囊内层层堆积，形成新月体或环状体。早期新月体以细胞成分为主，称为细胞性新月体；之后胶原纤维增多，转变为纤维-细胞性新月体；最终成为纤维性新月体。新月体阻塞肾小囊并压迫毛细血管丛，影响肾小球滤过功能。严重者肾小球毛细血管壁发生纤维蛋白样坏死、出血，肾小球纤维化及玻璃样变，所属肾小管萎缩消失，整个肾单位失去功能。

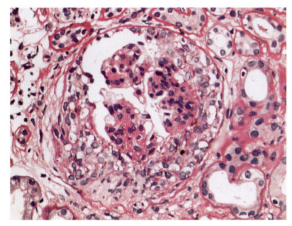
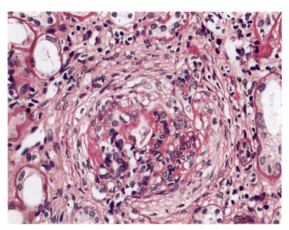

细胞性新月体   纤维性新月体

图13-3　新月体性肾小球肾炎——新月体形成（过碘酸希夫染色）

2. 病理与临床联系　本型主要表现为急进性肾炎综合征。常表现为血尿，伴红细胞管型，中度蛋白尿，并有不同程度的高血压；由于大量新月体形成，肾小囊闭塞，患者迅速出现少尿、无尿和氮质血症，并发展为尿毒症。

3. 结局　本型预后极差。患者的预后与出现新月体的肾小球比例有关。若能度过急性期，绝大部分转为慢性肾小球肾炎。

（三）膜性肾小球肾炎

膜性肾小球肾炎（membranous glomerulonephritis）又称为膜性肾病，是成人肾病综合征最常见的原因。病变特点是肾小球毛细血管基底膜弥漫性增厚。其多见于青、中年人，男性多于女性。膜性肾病为免疫复合物引起的疾病。约有85%的膜性肾病为原发性，被认为是与易感基因有关的自身免疫性疾病。其余病例为系统性疾病的组成部分，属于继发性膜性肾病。

1. 病理变化

（1）肉眼观察：双侧肾弥漫性体积增大，重量增加，颜色呈苍白色，称为"大白肾"。切面皮质增厚，皮髓质分界不清。

（2）镜下观察：肾小球基底膜呈均匀一致的弥漫性增厚，呈车轨状。电镜下观察：早期肾小球毛细血管基底膜弥漫性增生、增厚。中期基底膜外侧呈钉状或梳齿状增生，穿插在免疫复合物之间。晚期钉状或梳齿状突起的外侧相互融合，将免疫复合物包绕于基底膜内，使基底膜弥漫增厚，压迫肾小球毛细血管，导致肾小球缺血，纤维化、玻璃样变性。基底膜内的免疫复合物溶解，致使基底膜呈虫蚀状缺损，通透性明显增高。

2. 病理与临床联系　临床上主要为肾病综合征，即出现"三高一低"的表现。

（1）大量蛋白尿：大量蛋白尿是由于肾小球基底膜严重损伤，通透性明显增加所致。

（2）低蛋白血症：因大量蛋白质随尿液排出，导致血浆蛋白降低。

（3）高度水肿：由于低蛋白血症，使血浆胶体渗透压降低；或继发醛固酮和抗利尿激素分泌增多，钠水潴留，引起高度水肿。

（4）高脂血症：高脂血症原因不明，可能与低蛋白血症刺激肝合成含有胆固醇的脂蛋白代谢有关。

3. 结局　本型起病缓慢，病史长。部分患者经积极治疗，病情可得到控制或缓解。大多数患者蛋白尿持续阳性，少数患者可死于肾衰竭和尿毒症。

（四）硬化性肾小球肾炎

硬化性肾小球肾炎（sclerosing glomerulonephritis）是不同类型肾小球肾炎发展的终末阶段，又称为慢性肾小球肾炎。其病变特点是大量肾小球发生玻璃样变和硬化。本病多见于成人，病程长，常引起慢性肾衰竭和尿毒症。

1. 病理变化

（1）肉眼观察：双侧肾对称性体积缩小，颜色苍白，质地变硬，表面呈弥漫性细颗粒状，称为继发性颗粒性固缩肾。切面皮质变薄，皮髓质分界不清。

（2）镜下观察：病变呈弥漫性分布，大量肾小球纤维化及玻璃样变，所属肾小管萎缩、消失。残存的病变较轻的肾小球发生代偿性肥大，肾小管代偿性扩张，管腔可见各种管型。间质纤维组织增生，并且有多量淋巴细胞及浆细胞浸润。间质内小动脉硬化，管壁增厚、管腔狭窄（图13-4）。

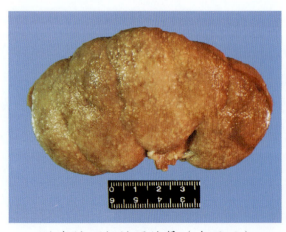
继发性颗粒性固缩肾（肉眼观）

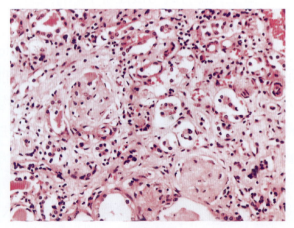
镜下观

图13-4　硬化性肾小球肾炎

2. 病理与临床联系　主要表现为慢性肾炎综合征。

（1）尿的变化：出现多尿、夜尿及低比重尿。是由于大量肾单位受损，功能丧失，血液流经残留肾单位时速度加快，但肾小管重吸收功能有限，尿浓缩功能降低所致。

（2）高血压：由于肾缺血，肾素分泌增多，导致高血压，高血压引起细小动脉硬化，肾缺血加重，肾素分泌进一步增加，加重高血压，出现恶性循环。

（3）贫血：贫血主要由于肾组织破坏，促红细胞生成素分泌减少；此外，体内代谢产物堆积可破坏红细胞或抑制骨髓造血功能。

（4）氮质血症和尿毒症：肾单位的大量破坏，导致体内代谢产物堆积，引起氮质血症，严重者可出现尿毒症。

3. 结局　本型预后差，如不能及时有效地血液透析或肾移植，最终多因尿毒症或高血压引起的心力衰竭或脑出血而死亡。

第二节　肾盂肾炎

 工作情景与任务

导入情景

患者，女，40岁，公交车司机。患者因尿频、尿急、尿痛伴发热 2d 入院。查体：体温 38.8℃，血常规示中性粒细胞增高，有明显的尿频、尿急、尿痛。尿常规示尿中性粒细胞（＋＋＋）、尿蛋白（＋）、尿红细胞（＋），细菌培养有大肠埃希菌。

工作任务：

1. 结合患者的临床症状和体征判断其最可能诊断。

2. 查找该患者可能的病因。

肾盂肾炎（pyelonephritis）是肾盂、肾间质和肾小管的炎症性疾病，是肾最常见的疾病之一，分为急性和慢性两类。女性发病率较高，多见于已婚妇女。

一、病因及发病机制

肾盂肾炎主要由大肠埃希菌等革兰氏阴性菌引起，其他细菌和真菌也可致病。急性肾盂肾炎多由一种细菌感染引起，慢性肾盂肾炎多为两种或两种以上细菌混合感染。细菌可经以下两条途径引起感染：

1. 上行感染　上行感染是引起肾盂肾炎的主要感染途径。尿道炎和膀胱炎等下尿路感染时，细菌可沿输尿管或输尿管周围淋巴管上行至肾盂、肾盏和肾间质引起炎症，故又称为尿路感染。致病菌主要为革兰氏阴性菌,大肠埃希菌占绝大多数,其次为变形杆菌、产气杆菌、肠杆菌和葡萄球菌等。病变可为单侧性,也可为双侧性。女性尿道短,尿道括约肌作用弱,细菌容易侵入,故女性尿道感染远较男性多见。

2. 下行(血源性)感染 下行感染较少见。发生败血症或感染性心内膜炎时,细菌随血液进入肾,在肾小球或肾小管周围毛细血管内停留,引起炎症。病变多累及双侧肾。最常见的致病菌为金黄色葡萄球菌。

上行感染引起的病变首先累及肾盂、肾盏,炎症性病变自肾盂、肾盏波及肾间质。而血源性感染引起的肾盂肾炎,常先累及肾皮质,病变主要发生于肾小球及其周围的肾间质,逐渐扩展,破坏邻近组织,并向肾盂蔓延。

二、类型、病变、病理与临床联系

(一)急性肾盂肾炎

急性肾盂肾炎是细菌感染引起的肾盂、肾间质和肾小管的化脓性炎。

1. 病理变化

(1)肉眼观察:肾体积增大,表面充血呈暗红色,可见散在、稍隆起的黄白色小脓肿,周围见紫红色充血带。病灶可多发、弥漫分布,也可局限于某一区域。多个病灶可相互融合,形成较大的脓肿。切面髓质内见黄色条纹,并向皮质延伸。肾盂黏膜充血水肿,表面有脓性渗出物。严重时肾盂内有脓液蓄积。

(2)镜下观察:肾盂黏膜充血、水肿,并有大量中性粒细胞浸润。肾间质内大量中性粒细胞浸润,并形成大小不等的脓肿。病变严重者,脓肿可破入肾小管腔内,引起肾小管坏死和肾小管腔内中性粒细胞集聚。肾小球常无病变。

2. 病理与临床联系 急性肾盂肾炎起病急,患者出现寒战、发热和白细胞增多等全身症状。肾肿大,常有腰部酸痛和肾区叩痛,并有尿频、尿急和尿痛等膀胱和尿道的刺激症状。尿液检查显示脓尿、菌尿、蛋白尿和管型尿,也可出现血尿。

3. 结局 急性肾盂肾炎一般预后较好。及时彻底治疗,大部分病例可在短期内痊愈。如果治疗不彻底或致病因素未消除,可引起肾乳头坏死、肾盂积脓、肾周脓肿等并发症。反复发作,迁延不愈可转为慢性肾盂肾炎。

(二)慢性肾盂肾炎

慢性肾盂肾炎为肾盂、肾间质的慢性炎症,是慢性肾衰竭的常见原因之一。晚期病变特点是肾间质慢性炎症、纤维化和瘢痕形成,常伴有肾盂和肾盏变形。

1. 病理变化

(1)肉眼观察:一侧或双侧肾体积缩小,表面出现不规则的凹陷性瘢痕。如病变为双侧性,则两侧改变不对称。切面皮髓质界限不清,肾乳头萎缩,肾盂、肾盏因瘢痕收缩而变形,肾盂黏膜粗糙。

（2）镜下观察：病变呈灶状分布。病灶内肾间质纤维化，局部淋巴细胞、浆细胞浸润。晚期病灶内的肾小球也可发生纤维化和玻璃样变性。所属肾小管萎缩消失，部分残存肾小管扩张，管内可见均质红染的蛋白管型，形似甲状腺滤泡。病灶内细、小动脉可发生玻璃样变性和硬化。病灶之间为正常肾组织或代偿肥大的肾单位。肾盂和肾盏黏膜及黏膜下纤维组织增生，慢性炎症细胞浸润（图13-5）。

肉眼观

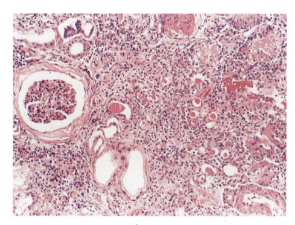
镜下观

图 13-5　慢性肾盂肾炎

2. 病理与临床联系　急性肾盂肾炎常起病缓慢，也可表现为反复急性发作，伴有腰背部疼痛、发热，频发脓尿和菌尿。患者早期表现为多尿和夜尿，病变进一步发展可引起低钠、低钾血症及代谢性酸中毒，晚期可出现高血压、氮质血症和尿毒症等。

3. 结局　病变严重者可因尿毒症或高血压引起心力衰竭危及生命。

第三节　泌尿系统常见肿瘤

 工作情景与任务

导入情景

患者，男，65岁，因无痛性血尿10d入院。膀胱镜检查示膀胱三角区见一菜花状肿物，突入膀胱腔，表面呈小乳头状，质地脆，触之易出血。

工作任务：

1. 判断该患者应诊断为什么疾病。

2. 说出该疾病有何病变及临床表现。

一、肾 细 胞 癌

肾细胞癌（renal cell carcinoma）简称为肾癌或肾腺癌，是由肾小管上皮细胞发生的恶性肿瘤。肾细胞癌多发生于 40 岁以后，男性高于女性，是肾最常见的恶性肿瘤。

（一）病因及发病机制

流行病学调查显示，吸烟是肾细胞癌最重要的危险因子。吸烟者肾细胞癌的发生率是非吸烟者的两倍。其他危险因素包括肥胖（特别是女性）、高血压，接触石棉、石油产品和重金属等。

肾细胞癌具有散发性和遗传性两种类型。散发性占绝大多数，发病年龄大，多发生于一侧肾。家族性肾细胞癌为常染色体显性遗传，发病年龄小，肿瘤多为双侧、多灶性。遗传性肾细胞癌仅占 4%。

（二）类型及各型病理变化

1. 肉眼观察　肾细胞癌多见于肾上、下两极，上极多见。常表现为单个圆形、椭圆形肿物，直径 3~15cm。切面呈淡黄色或灰白色，伴有灶状出血、坏死、软化或钙化等改变，表现为红、黄、灰、白等多种颜色相交错的多彩性外观特征。

肿瘤界限清楚，可有假包膜形成。乳头状癌可为多灶和双侧性。肿瘤体积较大时，常伴有出血、坏死和囊性变。肿瘤可蔓延到肾盏、肾盂和输尿管，并常侵犯肾静脉，静脉内柱状的瘤栓可延伸至下腔静脉，甚至右心。

2. 镜下观察　以往根据瘤细胞形态，肾细胞癌可分为透明细胞型或颗粒细胞型及肉瘤样细胞癌。基于对肾细胞癌遗传学和组织病理学的综合研究，肾细胞癌的分类进行了修订。新分类的组织学类型主要有以下三种：

（1）透明细胞癌（clear cell carcinoma）：透明细胞癌为最常见的类型，占肾细胞癌的 70%~80%。镜下观察，肿瘤细胞体积较大，圆形或多边形，胞质丰富，透明或颗粒状，间质具有丰富的毛细血管和血窦。

（2）乳头状癌（papillary carcinoma）：乳头状癌占肾细胞癌的 10%~15%。肿瘤细胞呈立方状或矮柱状，乳头状排列。乳头中轴间质内常见砂粒体和泡沫细胞，并可发生水肿。

（3）嫌色细胞癌（chromophobe cell carcinoma）：嫌色细胞癌在肾细胞癌中约占 5%。镜下肿瘤细胞大小不一，细胞膜较明显，胞质淡染或略嗜酸性，核周常有空晕。此种预后较好（图 13-6）。

（三）病理与临床联系

肾细胞癌早期症状不明显，发现时肿瘤体积常已较大。间歇无痛性血尿是其主要症状，早期可仅表现为镜下血尿。腰痛、肾区肿块和血尿为具有诊断意义的三个典型症状，但三者同时出现的比例很小。肿瘤可产生异位激素和激素样物质，患者可出现多种副肿瘤综合征，如红细胞增多症、高钙血症、库欣综合征和高血压等。

肾细胞癌（肉眼观）

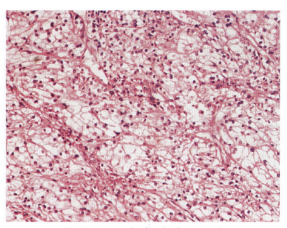
肾透明细胞癌（镜下观）

图 13-6　肾细胞癌

（四）转移与扩散

肾细胞癌容易转移。转移最常发生于肺和骨，也可发生于局部淋巴结、肝、肾上腺和脑。肾细胞癌患者预后较差，五年生存率约为 45%，无转移者可达 70%。肿瘤侵及肾静脉和肾周组织，五年生存率可降至 15%～20%。

二、膀　胱　癌

膀胱癌（bladder cancer）指来源于膀胱黏膜上皮、腺体的恶性肿瘤，是泌尿系统最常见的恶性肿瘤。膀胱癌 90% 为移行细胞癌，其余为鳞状细胞癌、腺癌和未分化癌；多发生于 50～70 岁，男性发病率是女性的 2～3 倍。

（一）病因及发病机制

膀胱癌的发生与吸烟、接触芳香胺、埃及血吸虫感染、辐射和膀胱黏膜的慢性刺激等有关。吸烟是最重要的影响因素，可明显增加膀胱癌发病危险性。

（二）类型及各型病理变化

膀胱癌多发生于膀胱侧壁和膀胱三角区近输尿管开口处。

1. 肉眼观察　肿瘤可单发或多发，大小不等，直径从数毫米至数厘米。分化较好者呈乳头状、息肉状或菜花状，底部有蒂与膀胱壁相连。分化较差者常呈扁平状或斑块状突起，基底宽，无蒂，并向深层浸润。切面灰白色，肿瘤表面可有出血、坏死及溃疡形成。

2. 镜下观察　癌细胞核浓染，部分细胞异型性明显，核分裂象较多，可有病理性核分裂象。细胞排列紊乱，极性消失。

（三）病理与临床联系

无痛性血尿是膀胱癌最常见和最突出的症状。部分病例因肿瘤侵犯膀胱壁，刺激膀胱黏膜或并发感染，出现尿频、尿急和尿痛等膀胱刺激症状。肿瘤阻塞输尿管开口时可引起肾盂积水、肾盂肾炎，甚至肾盂积脓。膀胱移行细胞癌术后易复发。

（四）转移与扩散

膀胱癌可累及邻近的前列腺、精囊和输尿管等。有的可形成与阴道或直肠相通的瘘管。约40%的膀胱癌可发生局部淋巴结转移。晚期可发生血行转移，常累及肝、肺和骨髓等。

（徐威威）

思考与练习

一、简答题

1. 简述毛细血管内增生性肾小球肾炎的病理变化。
2. 简述新月体性肾小球肾炎的病理变化。
3. 简述膜性肾小球肾炎的病理与临床联系。
4. 简述急性、慢性肾盂肾炎的病理变化。

二、案例分析题

患者，男，56岁，主诉无痛性血尿而就诊。患者长期在印染厂工作，既往体健。膀胱镜检查：膀胱黏膜表面有细长的乳头状突起。组织学检查：见乳头表面被覆的移行上皮较厚，细胞大小不一，核大深染，部分瘤细胞侵及固有膜。实验室检查：尿中红细胞（+++）。

请思考：

1. 患者应诊断为何种疾病？其诊断依据是什么？
2. 患者为什么出现无痛性血尿？

第十四章 ｜ 传 染 病

14章 数字内容

学习目标

1. 具有传染病的预防、隔离、消杀意识和对传染病患者的关爱精神。
2. 掌握结核病的基本病理变化、基本病变转归；原发性肺结核、继发性肺结核、细菌性痢疾的类型及病理变化；梅毒的类型、分期及各期病理变化；艾滋病的病理变化。
3. 熟悉流行性乙型脑炎、流行性脑脊髓膜炎、手足口病、淋病、尖锐湿疣、狂犬病的病理变化及病理与临床联系；细菌性痢疾、梅毒的病理与临床联系。
4. 了解结核病、流行性乙型脑炎、流行性脑脊髓膜炎、细菌性痢疾、手足口病、性传播疾病、狂犬病等常见传染病的病因及发病机制。
5. 能应用传染病的病理变化解释和分析临床上各种传染性疾病的临床表现。

传染病是由病原体通过一定的传播途径进入易感人群个体，所引起的一组具有传染性的疾病，能在人群中引起流行。传染病在人群中发生或流行是一个复杂的过程，必须同时具备传染源、传播途径和易感人群三个基本环节。

传染病在世界各地流行，曾严重威胁人类健康。目前有些传染病已经消灭，如天花；有的传染病也接近消灭，如麻风等；而另一些原已得到控制的传染病，由于种种原因又死灰复燃，其发病率上升或有上升趋势，如梅毒、淋病、结核病等；同时，还出现一些新的传染病，如获得性免疫缺陷综合征、埃博拉出血热、严重急性呼吸综合征、人感染高致病性禽流感、手足口病和新型冠状病毒肺炎等。近年来，由于基因诊断技术和有效抗生素的应用，传染病的诊断和治疗取得了很大进展。本章重点介绍结核病、流行性乙型脑炎、流行性脑脊髓膜炎、细菌性痢疾、手足口病、性传播疾病以及狂犬病。

第一节 结 核 病

工作情景与任务

导入情景

患者,男,45岁。患者偏瘦,在建筑工地做工,吃住在工地,食宿条件较差;最近常觉疲乏无力,体重有下降,发热,以午后为主,夜间盗汗,连续数周咳嗽、咳痰,偶见痰中带血,抗感冒治疗未见好转。到医院检查,体温37.6℃,X线片示右锁骨下见一片边缘模糊的云絮状阴影。结核菌素试验阳性,痰结核菌培养阳性。

工作任务:

1. 该患者是什么疾病?诊断依据是什么?

2. 此疾病的基本病理变化和转归有哪些?

结核病(tuberculosis)是由结核分枝杆菌引起的累及全身各组织器官的一种慢性肉芽肿性炎,以肺结核最常见。典型病变为结核结节形成伴有不同程度的干酪样坏死。临床上主要表现为午后低热,夜间盗汗,疲乏无力,食欲缺乏及进行性消瘦等。

一、概 述

(一)病因及发病机制

结核病的病原菌是结核分枝杆菌,为细长弯曲、革兰阳性需氧菌。引起人类结核病的主要致病菌是人型和牛型。患者和带菌者是传染源。结核分枝杆菌主要通过呼吸道感染,也可经消化道感染,少数经皮肤伤口感染。

结核分枝杆菌的致病性与菌体细胞壁的结构成分密切相关。结核病的发病机制即由结核分枝杆菌引起的细胞免疫和Ⅳ型变态反应,一方面吞噬和杀伤细菌,一方面导致组织破坏。结核病的免疫反应和变态反应常同时发生并相伴出现。因此机体对结核分枝杆菌感染所呈现的临床表现,取决于机体反应性及感染细菌的数量和毒力。

(二)基本病理变化

结核病的病变特征是形成结核结节并伴有不同程度的干酪样坏死。因进入机体的细菌数量及毒力、机体的反应性和累及的组织特性不同,可呈现三种不同的病理变化(表14-1)。

表14-1　结核病基本病变与机体免疫状态的关系

结核病基本病变	机体状态		结核分枝杆菌		病理特征
	免疫力	变态反应	菌量	毒力	
渗出为主	低	较强	多	强	浆液或浆液纤维蛋白渗出
增生为主	较强	较弱	少	较低	结核结节
坏死为主	低	强	多	强	干酪样坏死

1. 以渗出为主的病变　出现在结核病的早期或机体抵抗力低下，菌量多，毒力强或变态反应较强时，主要表现为浆液性或浆液纤维蛋白性炎。早期局部有中性粒细胞浸润，但很快被巨噬细胞所取代。在渗出物和巨噬细胞中可查见结核分枝杆菌。此型病变好发于肺、浆膜、滑膜和脑膜等处。渗出物可完全吸收，也可转变为以增生为主或以坏死为主的病变。

2. 以增生为主的病变　当细菌量少，毒力较低或人体免疫反应较强时，则发生以增生为主的变化，形成具有诊断价值的结核结节。肉眼观察：单个结核结节很小，肉眼不易看见，几个结节融合成较大结节时才能见到，约粟粒大小，呈灰白透明状，有干酪样坏死时则略呈黄色，境界清楚，微隆起于脏器表面。镜下观察：结核结节是在细胞免疫的基础上形成的，由上皮样细胞、朗汉斯巨细胞（Langhans giant cell）加上外周局部集聚的淋巴细胞和少量反应性增生的成纤维细胞构成，典型的结节中央有干酪样坏死。上皮样细胞是由吞噬结核分枝杆菌的巨噬细胞转变而来，呈梭形或多角形，胞质丰富，细胞边界不清，核呈圆形或卵圆形，染色质少，核内有1～2个核仁。朗汉斯巨细胞由多个上皮样细胞融合而成，细胞体积大，胞质丰富，核多，可达十几个、几十个甚至上百个，排列在胞质的周边，呈马蹄形或花环状（图14-1）。

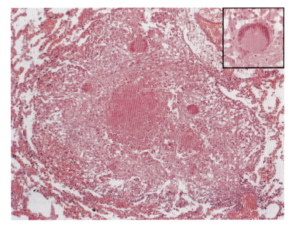

中央为干酪样坏死，周围为上皮样细胞、朗汉斯巨细胞及淋巴细胞等，右上插图为朗汉斯巨细胞的高倍。

图14-1　结核结节

3. 以坏死为主的病变　当结核分枝杆菌数量多，毒力强，机体抵抗力低或变态反应强烈时，以渗出为主或以增生为主的病变均可发展为干酪样坏死。肉眼观察：坏死组织含脂质较多而呈淡黄色，质地松软、细腻，状似奶酪，故称为干酪样坏死（图14-2）。镜下观察：为红染无结构的颗粒状物。干酪样坏死对于结核病病理诊断具有一定意义。坏死物中大都会有一定量的结核分枝杆菌，可成为结核病恶化进展的原因。

上述三种病变往往同时存在，并以其中一种病变为主，而且可以互相转化。

图 14-2　肺结核球——干酪样坏死

（三）基本病变转归

1.转向愈合

（1）吸收、消散：吸收、消散为渗出性病变的主要愈合方式，渗出物经淋巴管吸收而使病灶缩小或消散。X线检查可见边缘模糊、密度不均、呈云絮状的渗出性病变的阴影逐渐缩小或被分割成小片，以致完全消失，临床上称为吸收好转期。较小的干酪样坏死灶和结核结节，经积极治疗也有吸收消散或缩小的可能。

（2）纤维化、纤维包裹及钙化：结核结节、小的干酪样坏死灶及未被吸收的渗出性病变可逐渐纤维化形成瘢痕而愈合。较大的干酪样坏死灶难以全部纤维化，则由其周边增生的纤维组织将其包裹，并有钙盐沉积而钙化。包裹和钙化的结核灶内常有少量结核分枝杆菌残留，可成为以后复发进展的原因。X线检查可见纤维化病灶呈边缘清楚，密度增高的条索状阴影；钙化灶为密度甚高、边缘清晰的阴影，临床称为硬结钙化期。

2.转向恶化

（1）浸润进展：疾病恶化时，原有的病灶周围出现渗出性病变，范围不断扩大，并继发干酪样坏死。X线检查，原病灶周围出现絮状阴影，边缘模糊，临床上称为浸润进展期。

（2）溶解播散：当病情恶化时，干酪样坏死物可发生液化，液化坏死物经体内的自然管道（如支气管、输尿管等）排出，致局部形成空洞。空洞内液化的干酪样坏死物中含有大量结核分枝杆菌，可通过自然管道播散到其他部位，形成新的结核病灶。X线检查可见病灶阴影密度深浅不一，出现透亮区及大小不等的新播散病灶阴影，临床称为溶解播散期。此外，结核分枝杆菌还可循血道、淋巴道播散至全身各处。

二、肺 结 核 病

肺结核病是结核病中最常见的类型。因初次感染和再次感染结核分枝杆菌时机体反应性不同，而致肺部病变发生、发展各有不同特点，分为原发性肺结核和继发性肺结核两大类。

（一）原发性肺结核

原发性肺结核是机体第一次感染结核分枝杆菌所引起的肺结核病，多见于儿童，偶见于未感染过结核分枝杆菌的青少年或成人。

1.病变特点　原发性肺结核的病理特征是原发综合征形成。结核分枝杆菌经呼吸道吸入肺内，最初在通气较好的肺上叶下部或下叶上部近胸膜处形成 1～1.5cm 大小的原发病灶，病灶呈圆形，色灰黄。病变开始为渗出性变化，继而发生干酪样坏死。因初次感染结核分枝杆菌，机体缺乏免疫力，原发病灶的病菌很快侵入淋巴管，随淋巴液引流到肺门淋巴结，引起结核性淋巴管炎及肺门淋巴结结核，表现为淋巴结肿大和干酪样坏死。肺的原发病灶、结核性淋巴管炎和肺门淋巴结结核合称为原发综合征（primary complex）（图14-3）。X线呈哑铃状阴影。临床上常无明显的症状和体征。

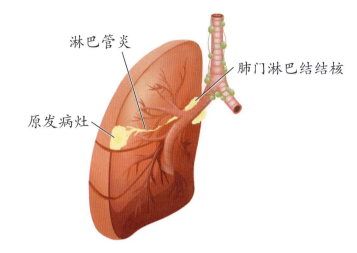

右侧肺上叶下部胸膜下见黄白色原发病灶，肺门部见肿大的淋巴结，二者之间以淋巴管炎相连。

图14-3　肺结核原发综合征模式图

2. 转归　绝大多数（约95%）原发性肺结核患者随机体对结核分枝杆菌免疫力增强，通过纤维化、纤维包裹或钙化等方式自然愈合。少数营养不良或同时患有其他疾病的患儿，因机体抵抗力低下，病变恶化，肺门淋巴结病变可继续发展，形成支气管淋巴结结核，甚至发生经淋巴道、血道播散至整个肺组织及全身其他器官，形成全身粟粒性结核病或粟粒性肺结核病。

（二）继发性肺结核

继发性肺结核指机体再次感染结核分枝杆菌所引起的肺结核病，多见于成人；可在原发性肺结核后很短时间内发生；但大多在初次感染后十年或几十年后，由于机体抵抗力下降使静止的原发病灶再度活化而形成。

继发性肺结核由于机体对结核分枝杆菌已产生一定免疫力，病变易局限于肺内，不易经血道、淋巴道播散，以支气管播散为主；病变复杂，新旧病变并存，病情时好时坏，病程较长。

原发性和继发性肺结核的区别点见表14-2。

表14-2　原发性与继发性肺结核比较

内容	原发性肺结核	继发性肺结核
结核分枝杆菌感染	初次	再次
发病人群	儿童	成人
对结核分枝杆菌的免疫力或致敏性	无	有
病变起始部位	上叶下部，下叶上部近胸膜处	肺尖部
病变特征	原发综合征	病变多样，新旧病灶并存
主要播散途径	淋巴道或血道	支气管
病程	短，大多自愈	长，需治疗

继发性肺结核根据病变特点和临床经过可分为以下几种类型：

1. 局灶型肺结核　局灶型肺结核是继发性肺结核的早期病变。X线示肺尖部有单个或多个结节状病灶。病灶常位于肺尖部，直径0.5～1cm。镜下观察：病变以增生为主，中央为干酪样坏死。患者常无自觉症状，多在体检时发现，属无活动性肺结核病。

2. 浸润型肺结核　浸润型肺结核是临床上最常见的活动性、继发性肺结核。多由局灶型肺结核发展而来。X线示锁骨下边缘模糊的云絮状阴影。病变以渗出为主，中央有干酪样坏死，病灶周围有炎症包绕。患者常有低热、疲乏、盗汗、咳嗽等症状。如及早发现，合理治疗，渗出性病变可吸收；增生、坏死性病变可通过纤维化、钙化而愈合。若患者免疫力低或未经及时治疗，坏死物液化后经支气管排出，局部形成急性空洞，洞壁坏死层内含大量结核分枝杆菌，经支气管播散，可引起干酪性肺炎（溶解播散）。急性空洞一般经适当治疗后，洞壁肉芽组织增生，形成瘢痕组织而愈合。如果急性空洞经久不愈，则可发展为慢性纤维空洞型肺结核。

3. 慢性纤维空洞型肺结核　慢性纤维空洞型肺结核有以下特点：①肺内有一个或多个厚壁空洞。多位于肺上叶，大小不一，形状不规则。壁厚可达1cm以上（图14-4）。镜下观察：洞壁分三层，内层为含有大量结核分枝杆菌的干酪样坏死物；中层为结核性肉芽组织；外层为纤维结缔组织。②空洞内的干酪样坏死物不断经与其相连的支气管在肺内播散，在同侧甚至对侧肺形成许多新旧不一、大小不等、病变类型不同的病灶，部位愈靠下病变愈新鲜。如空洞较小，病变趋向静止，经适当治疗后亦可通过纤维组织增生、瘢痕形成而愈合。严重的慢性纤维空洞型肺结核由于肺组织大量破坏，肺组织广泛纤维化，可使肺体积缩小、变形、变硬、胸膜广泛增厚并与胸壁粘连，最终演变为硬化型肺结核，可严重影响肺功能。如空洞壁的干酪样坏死侵蚀较大血管，可引起大咯血，患者可因

图14-4　慢性纤维空洞型肺结核

吸入大量血液而窒息死亡。空洞突破胸膜可引起气胸或脓气胸。经常排出含菌痰液可引起喉结核，咽下含菌痰液可引起肠结核。后期由于肺动脉高压而致肺源性心脏病。由于病变空洞与支气管相通，空洞内结核分枝杆菌向外排放，成为结核病的主要传染源，故此型又称为开放性肺结核。

4. 干酪性肺炎　干酪性肺炎可由浸润型肺结核恶化进展而来，也可由急、慢性空洞内的细菌经支气管播散所致。镜下观察主要为大片干酪样坏死灶，肺泡腔内有大量浆液纤维蛋白性渗出物。临床上患者中毒症状明显，病情危重，病死率高。

5. 结核球　结核球又称为结核瘤，是由纤维包裹的孤立的境界分明的干酪样坏死

灶（图 14-5）。直径 2~5cm，多为单个，常位于肺上叶。病变相对静止，临床上多无症状。X 线片上有时很难与周围型肺癌相鉴别。由于其病灶周围有纤维组织包裹，抗结核药不易发挥作用，且有恶化进展的可能，因此临床上多采取手术切除。

6. 结核性胸膜炎　结核性胸膜炎根据病变性质可分干性和湿性两种，以湿性多见。湿性结核性胸膜炎又称为渗出性结核性胸膜炎，多见于年轻人。病变主要为浆液纤维蛋白性炎。一般经适当治疗可吸收，如渗出物中纤维蛋白较多，不易吸收，则可因机化而使胸膜增厚粘连。干性结核性胸膜炎又称为增生性结核性胸膜炎，

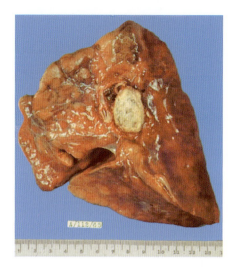

图 14-5　结核球

常发生于肺尖，病变多为局限性，以增生性改变为主。一般通过纤维化而愈合，因而使局部胸膜增厚、粘连。

知识链接

肺外器官结核病

肺外结核病除淋巴结结核由淋巴道播散所致，消化道结核可由咽下含菌的食物或痰液直接感染引起，皮肤结核可通过损伤的皮肤感染外，其他各器官的结核病多为原发性肺结核血源播散所形成的潜伏病灶进一步发展所致。

肺外结核病常见有肠结核病、结核性腹膜炎、结核性脑膜炎、骨与关节结核病、淋巴结结核病、肾结核病、生殖系统结核病。其中附睾结核是男性不育的重要原因之一；输卵管结核为女性不孕的原因之一。

（崔丽萍）

第二节　流行性乙型脑炎

工作情景与任务

导入情景

秋季，患儿，女，9 岁。患儿因突然发热、呕吐、头痛、抽搐、嗜睡 2d 入院。查体：体温 40.2℃，脉搏 90 次/min，呼吸 30 次/min；病理征阳性，脑膜刺激征阴性。血常规：白细胞计数 $12 \times 10^9/L$，中性粒细胞占比 0.57，淋巴细胞占比 0.40。脑脊液检查：清亮，未检出细菌。

工作任务:

1. 该患儿应诊断为什么疾病?

2. 患儿为什么会出现上述症状?

流行性乙型脑炎(epidemic encephalitis type B)是由乙型脑炎病毒感染引起的以中枢神经系统神经细胞变性、坏死为主的变质性炎,简称为乙脑。流行性乙型脑炎起病急、进展快、病情重、病死率高。临床主要表现为高热、嗜睡、抽搐、昏迷等。此病多发生于夏秋季,儿童发病率高于成人,尤以 10 岁以下儿童多见。潜伏期一般为 10~14d。

一、病因及发病机制

(一)病因

乙型脑炎病毒为嗜神经性核糖核酸(ribonucleic acid,RNA)病毒。传染源为乙型脑炎患者和中间宿主家畜(牛、马、猪等隐性感染率最高)、家禽。传播媒介为库蚊、伊蚊和按蚊(在我国主要是三节吻库蚊)。传播方式是带有流行性乙型脑炎病毒的蚊虫叮咬。

(二)发病机制

当带病毒的蚊虫叮咬人时,病毒可侵入人体,在局部组织细胞、淋巴结及血管内皮细胞内增殖,并不断入血形成病毒血症。病毒是否进入中枢神经系统,取决于机体的免疫力和血脑屏障功能状态。成人因免疫力较强,血脑屏障健全,多为隐性感染。儿童因免疫力较低,血脑屏障功能不健全,病毒易侵入中枢神经系统,在神经细胞内繁殖,引起病变。

二、病 理 变 化

病变可累及整个中枢神经系统,以大脑皮质、基底核、视丘最为严重;小脑皮质、丘脑及脑桥次之,脊髓病变轻微,常仅限于颈段脊髓。

1. **肉眼观察** 脑膜血管扩张充血,脑组织水肿,表现为脑回变宽、脑沟变窄变浅;病变严重者,脑实质切面可见散在的点状出血及粟粒状、半透明的软化灶,软化灶境界清楚,弥漫分布或聚集呈灶性分布。

2. 镜下观察

(1)神经细胞变性、坏死:病毒在神经细胞内生长繁殖,破坏其结构,影响其功能。表现为神经细胞肿胀、尼氏体消失、胞质内出现空泡、核偏位等,严重者神经细胞可发生坏死,表现为核固缩、碎裂、溶解和消失。由增生的少突胶质细胞围绕在变性、坏死的神经细胞周围的现象,称为神经细胞卫星现象。由增生的小胶质细胞和中性粒细胞侵入变性、坏死的神经细胞内,称为噬神经细胞现象。

(2)软化灶形成:神经组织局灶性液化坏死后,形成边界清楚、质地疏松、染色较浅的筛网状病灶,称为筛状软化灶(图14-6)。软化灶可被吸收或由增生的胶质细胞取代,形成胶质瘢痕。软化灶的出现有助于流行性乙型脑炎诊断。

(3)胶质细胞增生:神经细胞变性、坏死后,无再生能力,需由胶质细胞增生修复。胶质细胞的增生可呈弥漫性或局灶性。若增生的胶质细胞聚集成群,称为胶质细胞结节,多位于小血管旁或坏死的神经细胞附近。

(4)血管变化和炎症反应:脑实质内血管高度扩张充血,有时可见小灶状出血。脑实质水肿,血管周围间隙增宽,在增宽的血管周围间隙内可见淋巴细胞、单核细胞为主的炎症细胞浸润。浸润的炎症细胞围绕在血管周围,形成淋巴细胞"袖套"状浸润(图14-7)。

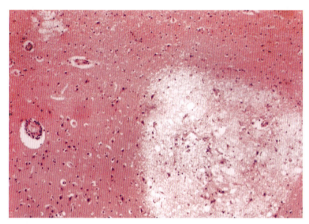

图14-6　流行性乙型脑炎软化灶(镜下观)

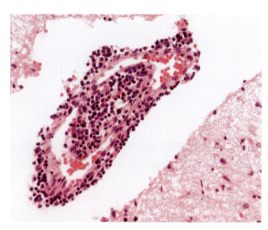

图14-7　流行性乙型脑炎的淋巴细胞"袖套"状浸润

三、病理与临床联系

1. 病毒血症表现　因乙型脑炎病毒入血,引起病毒血症。患者可有发热、头痛、头晕、乏力、食欲缺乏、恶心、呕吐等全身中毒症状。

2. 中枢神经系统的症状　由于中枢神经系统神经细胞广泛变性、坏死,患者可出现嗜睡、抽搐、昏迷、失语等症状。脑神经核团受损可导致脑神经麻痹。

3. 颅内压升高　由于炎症作用、脑血管扩张充血、血管壁通透性升高,引起脑水肿,临床上有颅内压升高的表现,患者出现剧烈的头痛、喷射状呕吐等,严重者可引起脑疝,其中小脑扁桃体疝可致延髓呼吸中枢受压、呼吸骤停而致死。

4. 脑膜刺激症状　少数流行性乙型脑炎患者,若病情严重者,病变也可从脑实质波及相应部位的脑膜,引起脑膜刺激征,但比较轻微。

5. 脑脊液检查　外观清亮,淡黄色,压力增高,蛋白含量增多,糖和氯化物不变,细胞数目增加,以淋巴细胞、巨噬细胞增高为主,细菌检查阴性。

流行性乙型脑炎典型病例的病程如下:

1. 初期　起病急,体温急剧上升至39℃,伴头痛、恶心和呕吐,部分患者有嗜睡或意识障碍,并有颈项轻度强直,病程1～3d。

2. 极期　体温持续上升,可达40℃以上。症状逐渐加重,意识障碍、昏睡乃至昏迷。重者可出现全身抽搐、强直性痉挛或瘫痪,少数也可软瘫。严重患者可因脑实质病变而出现中枢性呼吸衰竭。体检可发现脑膜刺激征、病理征如巴宾斯基征等阳性。

3. 恢复期　体温逐渐下降,精神、神经系统症状好转。重症患者仍神志迟钝、痴呆、失语、四肢强直性痉挛等。经积极治疗多数可在1～3个月恢复。

4. 后遗症期　少数重症患者6～12个月后仍有精神神经症状者为后遗症,主要表现为意识障碍、痴呆、失语等,如给予积极治疗可有不同程度的恢复。

（于　琨）

第三节　流行性脑脊髓膜炎

 工作情景与任务

导入情景

患儿,男,16岁。患儿2d前突然出现发热,自测体温39℃,自觉发冷并有寒战、头痛、喷射性呕吐等表现。入院时查体:体温39.5℃,脉搏100次/min,呼吸24次/min;皮肤散在少量出血点,咽部充血(＋),颈部有抵抗,克尼格征(＋)。血常规:白细胞计数$15.2×10^9$/L,中性粒细胞占比0.83。

工作任务:

1. 该患者首先考虑的诊断是什么?

2. 该疾病有何临床表现?

流行性脑脊髓膜炎(epidemic cerebrospinal meningitis)简称为流脑,是由脑膜炎奈瑟菌引起的脑脊髓膜的急性化脓性炎。好发于儿童及青少年。临床表现主要为高热、头痛、呕吐、皮肤黏膜瘀点、瘀斑和脑膜刺激症状,重者可出现中毒性休克。常为散发,多见于冬春季。

一、病因及发病机制

（一）病因

流行性脑脊髓膜炎的致病菌是脑膜炎奈瑟菌,属革兰阴性菌。主要致病物质是荚膜、菌毛和内毒素,其中内毒素起重要作用,荚膜能抵抗体内白细胞的吞噬作用,增加细菌侵袭力。流行性脑脊髓膜炎的传染源为患者和带菌者。病原体存在于患者或带菌者鼻咽部，通过咳嗽、喷嚏等由飞沫经呼吸道传播。人是该菌的唯一宿主，人群对其普遍易感。

（二）发病机制

病原菌经呼吸道侵入机体，在鼻咽部繁殖，成为健康带菌者，或仅有轻微上呼吸道炎症而成为隐性感染者；若机体免疫力低下或细菌毒力较强，病原菌则从鼻咽部侵入血流，形成菌血症或败血症；约2%～3%的病例病原菌随血流到达脑脊髓膜引起化脓性脑脊髓膜炎。

二、病 理 变 化

流行性脑脊髓膜炎的病情发展过程可分为三期。

1. 上呼吸道感染期　上呼吸道感染期主要病变为上呼吸道黏膜充血、水肿，炎症细胞浸润和分泌物增多。

2. 败血症期　败血症期大多数患者皮肤、黏膜出现瘀点、瘀斑，为细菌栓塞在小血管和内毒素对血管壁损害所致。此期血培养阳性，患者可有高热、头痛、呕吐及外周血白细胞增多等表现。

3. 脑膜炎期　脑膜炎期特征性病变是脑脊髓膜的化脓性炎。

肉眼观察：脑脊髓膜血管高度扩张、充血。蛛网膜下腔充满灰黄色脓性渗出物，并覆盖脑沟及脑回，特别是脑沟，使之结构模糊。以大脑额叶、顶叶面最为明显。由于渗出物阻塞，脑脊液循环障碍，引起脑室扩张。

镜下观察：蛛网膜、软脑膜血管高度扩张、充血，蛛网膜下腔增宽，其内可见大量中

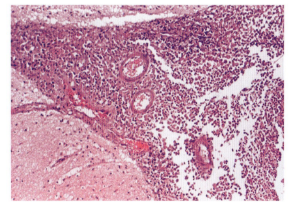

图 14-8　流行性脑脊髓膜炎时蛛网膜下腔内含大量中性粒细胞（镜下观）

性粒细胞、纤维蛋白和少量单核细胞、淋巴细胞渗出（图14-8）。脑实质一般不受累，邻近的脑皮质可有轻度水肿。严重者，脑膜血管发生脉管炎和血栓形成，导致脑实质的缺血和坏死。

三、病理与临床联系

根据临床病程及病理变化的特点，流行性脑脊髓膜炎分为普通型及暴发型。

1. 普通型流行性脑脊髓膜炎

（1）脑膜刺激症状：表现为颈项强直和克尼格征阳性。颈项强直是由于炎症累及脊髓神经根周围的蛛网膜及软脑（脊）膜，使神经根在通过椎间孔处受压，患者在进行颈背部运动时，牵拉受压的神经根而产生疼痛，颈部肌肉所发生的保护性痉挛而呈僵硬紧张的状态。婴幼儿因其腰背部肌肉发生保护性痉挛，可形成"角弓反张"体征。克尼格征（Kernig sign）是由于腰骶节段神经后根受炎症波及而受压，当屈髋伸膝时，坐骨神经受到牵拉而发生疼痛。

（2）颅内压力升高：脑膜血管扩张、充血，蛛网膜颗粒因脓性渗出物阻塞而致脑脊液回流障碍，使颅内压升高。临床表现为剧烈头痛、喷射状呕吐、昏迷、视神经盘水肿，甚至脑疝形成、小儿前囟门饱满等症状或体征。

（3）脑脊液改变：脑脊液外观浑浊，脓性，脑脊液压力增高，蛋白含量增多，糖和氯化物含量减少；镜检可见大量脓细胞；脑脊液（沉渣）涂片或细菌培养可见病原菌。

大多数患者经过及时治疗而痊愈。少数患者若治疗不当，可转为慢性，甚至出现脑积水、神经受损、脑梗死、蛛网膜炎等后遗症。

2. 暴发型流行性脑脊髓膜炎　暴发型流行性脑脊髓膜炎又称为暴发性脑膜炎，是由于病原菌在毛细血管内皮细胞内迅速繁殖释放内毒素，导致微循环障碍，激活凝血系统导致DIC。起病急骤，病情凶险，病死率高。多见于儿童。患儿以周围循环衰竭、中毒性休克、DIC、皮肤黏膜广泛出血点、瘀斑，两侧肾上腺皮质广泛出血及急性肾衰竭为特征。绝大多数患儿在发病24h内死亡，其机制是内毒素引起的败血症、中毒性休克和DIC形成。

（于　琨）

第四节　细菌性痢疾

 工作情景与任务

导入情景

患者，男，32岁。患者因食用不洁食物后出现发热、全身不适，腹痛、腹泻，黏液脓血便，10余次/d，里急后重。查体：体温39.5℃，左下腹有压痛。白细胞计数17.0×10^9/L，中性粒细胞占比0.91。粪便常规检查：红细胞（++）、脓细胞（++++）。

工作任务：

1. 该患者诊断为何种疾病？

2. 诊断依据是什么？

3. 患者为什么会出现腹痛、腹泻、黏液脓血便、里急后重等临床表现？

细菌性痢疾(bacillary dysentery)简称为菌痢,是由痢疾杆菌所引起的一种假膜性肠炎。病变多局限于结肠,以大量纤维蛋白渗出形成假膜为特征,假膜脱落形成不规则浅表溃疡。临床主要表现为腹痛、腹泻、里急后重、黏液脓血便等。

一、病因及发病机制

痢疾杆菌是志贺菌属的革兰阴性短杆菌。按抗原结构和生化反应可分四群,即福氏、宋内氏、鲍氏和痢疾志贺菌。四群均能产生内毒素,志贺菌尚可产生外毒素。

菌痢患者和带菌者是本病的传染源。痢疾杆菌从粪便中排出后,可直接或间接(通过苍蝇等)污染食物、水源、食具、日常生活用具和手等,再经口传染给健康人。食物和水源的污染有时可引起菌痢的暴发流行。菌痢全年均可发病,但以夏秋季多见。好发于儿童,其次是青壮年。

痢疾杆菌经口进入消化道后,是否发病取决于多种因素。抵抗力较强的健康人大部分病菌可被胃酸杀灭,少量未被杀灭的病菌进入肠道后也可通过肠道正常菌群的拮抗作用将其排斥,使其不能侵袭肠黏膜引起发病。当肠道防御功能及全身抵抗力降低时,进入肠道的病原菌就可以侵入肠黏膜上皮细胞,在其中繁殖,而后穿过基底膜侵入黏膜固有层进一步繁殖,释放毒素,引起肠黏膜炎症反应,毒素入血,引起全身中毒症状。

二、类型及病理变化

细菌性痢疾的病变主要发生于大肠,尤以乙状结肠和直肠为重。病变严重者可波及整个结肠甚至回肠下段。根据肠道病变特征、全身变化及临床经过的不同,细菌性痢疾分为以下三种。

1. 急性细菌性痢疾　典型病变过程为初期的急性卡他性炎,随后的特征性假膜性炎和溃疡形成,最后愈合。

病变初期呈急性卡他性炎,表现为黏液分泌亢进,黏膜充血、水肿、中性粒细胞浸润,可见点状出血。病变进一步发展,黏膜浅表层坏死,大量纤维蛋白渗出。渗出的纤维蛋白、炎症细胞与坏死组织及细菌一起形成特征性假膜(假膜性炎),覆盖在肠黏膜表面。假膜呈灰白色,糠皮状,随着病变的扩大可融合成片。大约1周假膜开始脱落,形成大小不等,形状不一的"地图状"溃疡,溃疡多较表浅。炎症消退后,溃疡愈合,一般不留后遗症。

2. 慢性细菌性痢疾　菌痢病程超过2个月者称为慢性细菌性痢疾。多由急性细菌性痢疾转变而来,以福氏菌感染者居多,有的病程可长达数月或数年。肠道病变常此起彼伏,原有溃疡尚未愈合,新的溃疡又形成,因此新旧病灶同时存在。慢性溃疡边缘常不规则,黏膜常过度增生而形成息肉。肠壁各层有慢性炎症细胞浸润和纤维组织增生,乃至瘢痕形成，使肠壁不规则增厚、变硬，严重者可致肠腔狭窄。

3. 中毒性细菌性痢疾　该型的特征是起病急骤，全身中毒症状严重，但肠道病变和症状轻微。肠道病变一般为卡他性炎，有时肠壁集合和孤立淋巴小结滤泡增生肿大，而呈滤泡性肠炎改变。多见于2~7岁儿童，发病后数小时即可出现中毒性休克或呼吸衰竭而死亡。病原菌常为毒力较低的福氏或宋内氏痢疾杆菌。

三、病理与临床联系

急性细菌性痢疾临床上由于病变肠管蠕动亢进并有痉挛，引起阵发性腹痛、腹泻等症状。由于炎症刺激直肠壁内的神经末梢及肛门括约肌，导致里急后重和排便次数增多。与肠道的病变相对应，最初为稀便混有黏液，待肠内容物排尽后转为黏液脓血便，偶尔排出片状假膜。急性菌痢的病程一般1~2周，经适当治疗大多痊愈。肠出血、肠穿孔等并发症少见，少数病例可转为慢性。慢性细菌性痢疾表现为腹痛、腹胀、腹泻，大便常带有黏液或少量脓血。若炎症加剧，临床上表现为急性细菌性痢疾的症状。少数可无明显症状和体征，但大便痢疾杆菌培养持续阳性，成为慢性带菌者及传染源。中毒性细菌性痢疾病情凶险，死亡率高。

（崔丽萍）

第五节　手足口病

手足口病（hand foot mouth disease）是由肠道病毒引起的急性发热出疹性疾病，发病人群以5岁以下儿童为主，同一儿童可因感染不同血清型的肠道病毒而多次发病。由于病毒的传染性很强，常造成流行。大多数患者症状轻微，主要表现为口腔和四肢末端的斑丘疹、疱疹。少数病例可出现无菌性脑膜炎、脑干脑炎、脑脊髓炎、急性迟缓性麻痹、神经源性肺水肿或肺出血、心力衰竭、呼吸衰竭等重症表现，病情进展迅速甚至导致死亡，给儿童的生命健康带来严重威胁。

一、病因及发病机制

主要病原体是肠道病毒71型（enterovirus71，EV71）和柯萨奇病毒A16型（Coxsackie virus A16，CV-A16），近年来CV-A6和CV-A10感染也呈上升趋势，均属于小RNA病毒科肠道病毒属。该类病毒对外界抵抗力较强，在4℃可存活一年。适合在湿热的环境中生存，不易被胃酸和胆汁灭活。因病毒结构中无脂质，对乙醚、来苏儿、氯仿等不敏感，但病毒不耐强碱，对紫外线及干燥敏感。高锰酸钾、漂白粉、甲醛、碘酊等均能使其灭活。

人类是已知的人肠道病毒的唯一宿主。手足口病患者和隐性感染者为传染源，主要通过粪-口途径传播,亦可经接触患者呼吸道分泌物、疱疹液及污染的物品而感染,疾病流行季节医源性传播也不容忽视。人群对手足口病病毒普遍易感,但成人大多通过隐性感染获得相应的抗体,因此临床上以儿童感染为主。感染后可获得免疫力,但抗体持续时间尚不明确。发病前数日,感染者咽部分泌物与粪便中就可检出病毒,粪便中排出病毒的时间可长达3~5周。我国于2008年将手足口病纳入法定报告的丙类传染病。

手足口病(特别是EV71感染)的发病机制目前还不完全清楚。肠道病毒由消化道或呼吸道侵入机体后,在局部黏膜或淋巴组织中繁殖,由此进入血液循环导致病毒血症,并随血流播散至脑膜、脑、脊髓、心脏、皮肤、黏膜等器官组织继续复制,引发炎症性病变并出现相应的临床表现。大多数患者由于宿主的防御机制,感染可被控制而停止发展,成为无症状感染或临床表现为轻症;仅极少数患者,病毒在靶细胞广泛复制,成为重症感染。

二、病 理 变 化

口腔黏膜疹出现比较早,起初为粟米样斑丘疹或水疱,周围有红晕,主要位于舌及两颊部,唇齿侧也常发生。手、足等远端部位出现或平或凸的斑丘疹或疱疹,皮疹不痒,斑丘疹在5d左右由红变暗,然后消退。疱疹呈圆形或椭圆形扁平凸起,内有混浊液体,长径与皮纹走向一致,如黄豆大小不等,一般无疼痛及痒感,愈合后不留痕迹。手、足、口病变在同一患者不一定全部出现。部分患儿臀部也会有出疹现象。

重症患者还会出现脑组织神经元变性、坏死和软化灶形成、噬神经现象、血管套、脑实质内单核巨噬细胞/小胶质细胞弥漫或结节状增生。肺组织淤血、水肿,炎症细胞浸润。心肌纤维明显增粗,胞质变淡呈水肿性改变;心肌内外膜及心肌间质内可见灶性炎症细胞浸润,局部伴有脂肪细胞浸润,心肌间质内血管充血。

三、病理与临床联系

手足口病的临床表现复杂而多样。根据临床病情的轻重程度,分为普通病例和重症病例。

1. 普通病例　急性起病,可发热或不伴发热,多有咳嗽、流涕、食欲降低等非特异性症状。手、足、口、臀等部位可见散发性的皮疹和疱疹,偶见于躯干。口腔内疱疹多位于舌、颊黏膜和硬腭等处,常发生溃疡。皮疹不留瘢痕或色素沉着。无并发症表现。多在1周内痊愈,预后良好。

2. 重症病例　少数病例除了手足口病的临床表现外,病情迅速进展,伴有以下任一系统并发症的病例,为重症病例。

(1)神经系统:神经系统可发生无菌性脑膜炎、脑炎、脑干脑炎、脑脊髓炎、急性弛缓性麻痹等。患儿持续高热,伴头痛、呕吐、精神萎靡、嗜睡或激惹、易惊、谵妄甚至昏迷;

肢体抖动、肌阵挛、眼球震颤、共济失调、眼球运动障碍；肌无力或急性弛缓性麻痹、惊厥等。颈项强直，在1~2岁的儿童中较为明显，腱反射减弱或消失，克尼格征和布鲁津斯基征阳性。

（2）呼吸系统：呼吸系统可发生肺水肿、肺出血、呼吸衰竭等。患儿呼吸增快并浅促、呼吸困难、呼吸节律改变或呼吸窘迫，口唇发绀，咳嗽加重，咳白色、粉红色或血性泡沫样痰液，肺部可闻及湿啰音。

（3）心血管系统：心率增快或减慢、面色灰白、皮肤花纹、四肢发凉、出冷汗、指（趾）端发绀；持续血压降低，毛细血管充盈时间延长或有心肌收缩力下降的表现。

本病流行期间不宜到人群聚集的公共场所。注意保持环境卫生，勤洗手，居室要经常通风，勤晒衣被。

（崔丽萍）

第六节　性传播疾病

性传播疾病（sexually transmitted diseases，STD）指通过性接触而传播的一类疾病，简称为性病。传统的性病仅包括梅毒、淋病、软下疳、性病性淋巴肉芽肿和腹股沟淋巴肉芽肿。近二十年来性传播疾病谱增宽，其病种已多达20余种。本节仅叙述梅毒、淋病、艾滋病和尖锐湿疣等常见性传播疾病。

一、梅　　毒

梅毒（syphilis）是由梅毒螺旋体引起的慢性性传播疾病。本病特点是病程的长期性和潜匿性，病原体可侵犯任何器官，临床表现多样，也可隐匿多年而无临床症状。梅毒流行于世界各地。

（一）病因及发病机制

梅毒螺旋体是梅毒的病原体，体外活力低，不易生存。对理化因素的抵抗力极弱，对四环素、青霉素、汞、砷、铋剂敏感。95%以上通过性接触传播，少数可因输血、接吻、医务人员不慎受染等直接接触传播（后天性梅毒）。梅毒螺旋体还可经胎盘感染胎儿（先天性梅毒）。梅毒患者为唯一的传染源。

机体在感染梅毒后第6周血清出现具有诊断价值的梅毒螺旋体特异性抗体及反应素，但可呈假阳性，要特别注意。随着抗体产生，机体对螺旋体的免疫力增强，病变部位的螺旋体数量减少，因此早期梅毒有不治自愈的倾向。然而治疗不彻底或不治疗者，体内的螺旋体常难以完全消灭，成为复发梅毒和晚期梅毒的原因。少数人感染了梅毒螺旋体后，可在体内终身隐伏（血清反应阳性而无病变和临床症状），或在二、三期梅毒时局部病变消失而血清反应持续阳性，均称为隐性梅毒。

（二）基本病理变化

1. 闭塞性动脉内膜炎和小血管周围炎 闭塞性动脉内膜炎指小动脉内皮细胞及纤维细胞增生，管壁增厚、血管腔狭窄闭塞。小动脉周围炎指单核细胞、淋巴细胞和浆细胞围管性浸润。浆细胞恒定出现是本病的病变特点之一。此类病变可见于各期梅毒。

2. 树胶样肿（gumma） 树胶样肿又称为梅毒瘤（syphiloma），是梅毒的特征性病变。病灶灰白色，大小不一，小者仅镜下可见，大者可达数厘米。因其质韧而有弹性，如树胶，故而得名树胶样肿。镜下结构颇似结核结节，中央为凝固性坏死，形态类似干酪样坏死，但坏死不如干酪样坏死彻底，弹力纤维尚保存。弹力纤维染色可见组织内原有血管壁的轮廓。坏死灶周围组织中富含淋巴细胞和浆细胞，而上皮样细胞和朗汉斯巨细胞较少，且必有闭塞性小动脉内膜炎和小动脉周围炎。树胶样肿后期可被吸收、纤维化，最后使器官变形，但绝少钙化。树胶样肿可发生于任何器官，最常见于皮肤、黏膜、肝、骨和睾丸。仅见于三期梅毒。

（三）类型、分期及各期病理变化

1. 后天性梅毒 分一、二、三期。一、二期梅毒称为早期梅毒，有传染性。三期梅毒又称为晚期梅毒，传染性小，因常累及内脏，故又称为内脏梅毒。

（1）第一期梅毒：梅毒螺旋体侵入人体后3周左右，侵入部位发生炎症反应，形成下疳。下疳常为单个，直径约1cm，表面可发生糜烂或溃疡，溃疡底部及边缘质硬，称为硬性下疳。病变多见于阴茎冠状沟、龟头、子宫颈、阴唇，亦可发生于口唇、舌、肛周等处。病变部位镜下见闭塞性小动脉内膜炎和动脉周围炎。下疳出现后1~2周，局部淋巴结肿大，呈非化脓性增生性反应。下疳经1个月左右多自然消退，仅留浅表的瘢痕，局部肿大的淋巴结也消退。临床上处于静止状态，但体内螺旋体仍继续繁殖。

（2）第二期梅毒：下疳发生后7~8周，体内螺旋体又大量繁殖，由于免疫复合物的沉积，引起全身皮肤、黏膜广泛的梅毒疹和全身性非特异性淋巴结肿大。镜下呈典型的血管周围炎改变，病灶内可找到螺旋体。故此期梅毒传染性大。梅毒疹可自行消退。

（3）第三期梅毒：常发生于感染后4~5年，病变累及内脏，特别是心血管和中枢神经系统，形成特征性的树胶样肿。由于树胶样肿纤维化、瘢痕收缩引起严重的组织破坏、变形和功能障碍。

2. 先天性梅毒 根据被感染胎儿发病的早晚有早发性和晚发性之分。早发性先天性梅毒指胎儿或婴幼儿期发病的先天性梅毒。晚发性先天性梅毒多发生在2岁以后，患儿发育不良，智力低下，可引发间质性角膜炎、神经性耳聋及楔形门齿，并有骨膜炎及马鞍鼻等体征。

（四）病理与临床联系

临床上，早期梅毒主要表现为硬性下疳和梅毒疹。晚期梅毒主要表现为树胶样肿形成，累及内脏器官，病变侵犯主动脉，可引起梅毒性主动脉炎、主动脉瓣关闭不全、主动脉瘤等。梅毒性主动脉瘤破裂常是患者猝死的主要原因。神经系统病变主要累及中枢神经及脑脊髓膜，可导致麻痹性痴呆和脊髓痨。肝病变主要形成树胶样肿，肝呈结节性肿大，继而发生纤维化、瘢痕收缩，以致肝呈分叶状。此外，病变常造成骨和关节损害，鼻骨被破坏形成马鞍鼻。长骨、肩胛骨与颅骨亦常受累。

二、淋　病

淋病（gonorrhea）是由淋球菌感染引起的急性化脓性炎，是最常见的性传播疾病。多发生于15～30岁年龄段，以20～24岁最常见。成人几乎全部通过性接触传染，儿童可通过接触患者用过的衣物等传染。人类是淋球菌的唯一宿主，至今尚无免疫预防方法，加之耐药菌株的出现，给本病的控制带来了严重困难。

淋球菌主要侵犯泌尿生殖系统，对柱状上皮和移行上皮有特别的亲和力。男性的病变从前尿道开始，可逆行蔓延至后尿道，波及前列腺、精囊和附睾。女性的病变累及外阴和阴道腺体、子宫颈内膜、输卵管及尿道。临床上患者常有尿道口溢脓、红肿以及尿频、尿急、尿痛等尿路刺激征。女性可有脓性白带，女童淋病可见弥漫性阴道炎和外阴炎，还可累及肛门和直肠。

三、艾　滋　病

艾滋病即获得性免疫缺陷综合征（acquired immunodeficiency syndrome，AIDS）由人类免疫缺陷病毒（human immunodeficiency virus，HIV）感染引起，其特征为严重免疫抑制，导致机会性感染、继发性肿瘤及神经系统症状。临床表现为发热、乏力、体重下降、全身淋巴结肿大及神经系统症状。

（一）病因及发病机制

1. 病因　本病由 HIV 感染所引起。HIV 属反转录病毒科，为单链 RNA 病毒，分为 HIV-1 和 HIV-2 两个亚型。患者和无症状病毒携带者是本病的传染源。HIV 主要存在于宿主血液、精液、子宫、阴道分泌物和乳汁中。AIDS 的传播途径包括：①性接触传播，HIV 感染大约75%是通过性接触传播的。同性恋或双性恋男性曾是高危人群，占报道病例的60%以上。但目前经异性性传播已成为世界 HIV 流行的普遍规律。②血液传播，包括使用被病毒污染的针头作静脉注射、含有病毒血液和血制品的应用。③垂直传播，即母婴传播，母体病毒经胎盘感染胎儿或通过哺乳、黏膜接触等方式感染婴儿。

2. 发病机制　HIV 感染 $CD4^+T$ 细胞：CD4 分子是 HIV 的主要受体。HIV 进入人体后，与 $CD4^+T$ 细胞膜上 CD4 受体结合，进入细胞内，与宿主基因组整合。整合后的环状病毒 DNA 称为前病毒（provirus），此时病毒处于潜伏状态。经数月至数年的临床潜伏期，前病毒可被某些因子激活（如 TNF、IL-6 等），开始不断复制，在细胞内装配成新病毒并以芽生方式释放入血，释出后的病毒再侵犯其他靶细胞。病毒复制的同时可直接导致受感染 CD4$^+$T 细胞破坏、溶解。因 CD4$^+$T 细胞在免疫应答中起核心作用,此细胞大量破坏、功能受损,导致细胞免疫缺陷,从而引起各种严重的机会性感染和恶性肿瘤的发生。

(二)病理变化

1. 淋巴组织的变化　早期,淋巴结肿大。镜下观察见淋巴滤泡明显增生,髓质内有较多浆细胞。随着病变的发展,滤泡外层淋巴细胞减少或消失,小血管增生,生发中心被分割。副皮质区 CD4$^+$T 细胞进行性减少,代之以浆细胞浸润。晚期的淋巴结病变,往往在尸体解剖检查时才能看到。淋巴结呈现一片荒芜,淋巴细胞几乎消失殆尽,仅残留少许巨噬细胞和浆细胞。

2. 继发性感染　多发机会性感染是本病的另一特点。其感染范围广泛,可累及各器官,以中枢神经系统、肺、消化道受累最为常见。由于严重的免疫缺陷,感染所致的炎症反应往往轻而不典型。如肺部结核菌感染,很少形成典型的肉芽肿性病变,而病灶中的结核分枝杆菌却甚多。

70%～80% 的患者可经历一次或多次肺孢子虫感染,在艾滋病因机会感染而死亡的病例中,约一半死于肺孢子虫感染,因而对诊断本病有一定参考价值。

约 70% 的病例有中枢神经系统受累,其中继发性机会感染有弓形虫或新型隐球菌感染所致的脑炎或脑膜炎;巨细胞病毒和乳头状瘤空泡病毒感染所致的进行性多灶性白质脑病等。由 HIV 直接引起的疾病有脑膜炎、亚急性脑病及痴呆等,提示除淋巴细胞、巨噬细胞外,神经系统也是 HIV 感染的靶组织。

3. 恶性肿瘤　约 30% 的患者可发生卡波西肉瘤。其他常见的伴发肿瘤为恶性淋巴瘤。

(三)病理与临床联系

本病潜伏期较长,一般认为可经数月至 10 年或更长时间才发展为 AIDS。根据世界卫生组织和美国疾病控制中心修订的 HIV 感染的临床分类,可将其分为三大类。①A 类:包括急性感染、无症状感染和持续性全身淋巴结肿大综合征。②B 类:包括免疫功能低下时出现的 AIDS 相关综合征、继发细菌感染、病毒感染和发生恶性淋巴瘤等。③C 类:患者已有严重免疫缺陷,出现各种机会性感染、继发性肿瘤以及神经系统症状等 AIDS 表现。

AIDS 按病程可分为三个阶段。①早期:或称为急性期,感染 HIV 3～6 周后,可表现出咽痛、发热、肌肉酸痛等非特异性症状。病毒在体内复制,但由于患者尚有较好的免疫反应能力,2～3 周后这些症状可自行缓解。②中期:或称为慢性期,机体的免疫功能与病毒之间处于相互抗衡阶段,在某些病例此期可长达数年或不再进入末期。此期病毒复制持续处于低水平,临床可无明显症状或出现明显的全身淋巴结肿大,常伴发热、乏力、皮疹等。③后期:或称为危险期,机体免疫功能全面崩溃,临床表现为持续发热、乏力、消瘦、腹泻,并出现神经系统症状,明显的机会性感染及恶性肿瘤,血液检查淋巴细胞明显减少,尤以 CD4$^+$T 细胞减少为著,细胞免疫反应丧失殆尽。

本病预后差,大力开展预防,对防止 AIDS 流行至关重要。

四、尖 锐 湿 疣

尖锐湿疣（condyloma acuminatum）是由人乳头瘤病毒（human papillomavirus，HPV）（主要是HPV 6型和11型）引起的性传播疾病。

（一）病因及发病机制

尖锐湿疣最常发生于20～40岁年龄段。主要通过性接触传播，但也可以通过非性接触的间接感染而致病。本病潜伏期通常为3个月。

（二）病理变化

好发于潮湿温暖的黏膜和皮肤交界部位。男性常见于阴茎冠状沟、龟头、系带、尿道口或肛门附近。女性多见于阴蒂、阴唇、会阴部及肛周。亦可发生于身体的其他部位如腋窝等。

1. 肉眼观察　初起为小而尖的突起，逐渐扩大。淡红或暗红，质软，表面凹凸不平，呈疣状颗粒。有时较大呈菜花状生长，顶端可有感染溃烂，触之易出血。

2. 镜下观察　镜下见表皮角质层轻度增厚，几乎全为角化不全细胞，棘层肥厚，有乳头状瘤样增生，表皮钉突增粗延长，偶见核分裂。表皮浅层挖空细胞（koilocyte）出现有助于诊断。挖空细胞较正常细胞大，核增大居中，圆形、椭圆形或不规则形，染色深，可见双核或多核，核周胞质空化或有空晕。真皮层可见毛细血管及淋巴管扩张，大量慢性炎症细胞浸润（图14-9）。

左上为挖空细胞，左下为HPV外壳蛋白免疫组织化学染色阳性。

图14-9　尖锐湿疣

（崔丽萍）

第七节　狂 犬 病

工作情景与任务

导入情景

患者，男，15岁，3个月前曾被狗咬过，自觉不重，仅做简单包扎。近2d出现厌食、疲劳、头痛、发热等症状,后逐渐无端恐惧、焦虑、激动、易怒。送医检查,发现患者恐水、怕风,有发作性咽肌痉挛、呼吸困难及多汗、流涎等表现。

工作任务:

1. 患者为什么会有上述表现?

2. 患者所患疾病的病理学诊断依据?

狂犬病(rabies)是由狂犬病病毒侵犯中枢神经系统引起的一种急性传染病。临床表现为特有的狂躁、恐惧不安、怕风、流涎和咽肌痉挛,其特征性症状是恐水现象,故又名"恐水症"。狂犬病病死率极高,一旦发病几乎全部死亡。被狂犬咬伤后,及时进行预防注射,是避免发病的有效措施。

一、病因及发病机制

狂犬病的病原体是狂犬病病毒。病毒主要通过咬伤传播,病犬是主要传染源,猫、猪及牛、马等家畜和野狼等温血动物也可传播本病。带毒动物抓咬伤人后亦可引起人的发病。

狂犬病的潜伏期从10d到几年不等,一般为31~60d,15%发生在3个月以后,视被咬伤部位和神经系统远近、咬伤的程度、咬伤后的处理、感染病毒的剂量以及患者的全身状况而定。狂犬病病毒对神经组织有特强的亲和力,自咬伤部位侵入人体,主要通过神经逆向性向中枢传播,再从中枢神经向各器官扩散而引起临床症状。病毒一般不入血。

二、病 理 变 化

狂犬病的病理学特征是在神经细胞胞质内见到嗜酸性病毒包涵体,即内基(Negri)小体。以大脑海马回、延髓、小脑浦肯野细胞内较多见。包涵体在神经细胞内一个或数个,平均体积比红细胞稍大,圆形或卵圆形,苏木精-伊红染色为红色,周围可有空晕(图14-10)。甲苯胺蓝染色呈淡蓝色,吉姆萨(Giemsa)染色染成紫红色。内基小体对狂犬病诊断具有决定性意义。

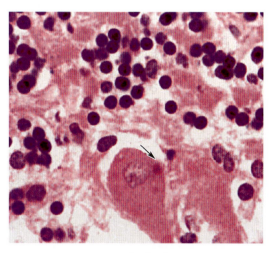

图14-10 狂犬病患者神经细胞胞质内的内基小体(箭头示)

三、病理与临床联系

狂犬病的临床表现可分为前驱期、兴奋期和麻痹期。兴奋期出现的恐水症状是本病的特征性表现，典型者饮水、思水以致听到水声、提及饮水均可引起严重的咽喉肌痉挛。患者极渴但又不敢饮水，即使饮水也不敢下咽，常伴有脱水。上述典型症状并非每例都有。

（崔丽萍）

章末小结

本章主要讲授了结核病、流行性乙型脑炎、流行性脑脊髓膜炎、细菌性痢疾、手足口病、性传播疾病、狂犬病等常见传染病。其中各型传染病的基本病理变化是本章的重点内容。

结核病是由结核分枝杆菌引起的慢性传染病，特征性病变是结核结节形成和干酪样坏死。流行性乙型脑炎是由乙型脑炎病毒引起的急性传染病，病变特征是神经细胞变性、坏死，胶质细胞增生和血管周围炎症细胞浸润，属变质性炎。流行性脑脊髓膜炎是由脑膜炎奈瑟菌感染引起的急性化脓性炎。细菌性痢疾是由痢疾杆菌引起的一种假膜性肠炎，伴有"地图状"溃疡形成。手足口病是由肠道病毒引起的急性发热出疹性疾病，主要病理变化是手、足、口部出现斑丘疹或疱疹。梅毒是由梅毒螺旋体引起的慢性性传播疾病，主要病理变化是闭塞性动脉内膜炎和小血管周围炎以及树胶样肿。淋病是由淋球菌感染引起的急性化脓性炎。艾滋病是由 HIV 感染所引起，病理变化主要有淋巴组织的变化、继发性感染和恶性肿瘤。尖锐湿疣是由人乳头瘤病毒引起的性传播疾病，易在外阴处形成疣状颗粒突起，表皮浅层的挖空细胞具有诊断价值。狂犬病是由狂犬病病毒侵犯中枢神经系统引起的一种急性传染病，狂犬病的病理学特征是在神经细胞胞质内见到嗜酸性病毒包涵体，即内基小体。内基小体对狂犬病诊断具有决定性意义。

本章还介绍了各型传染病的病理与临床联系，从病理变化的角度来阐释疾病的临床表现，进一步揭示疾病的本质，该部分内容要求学生熟悉。本章介绍的传染病的病因和发病机制对于各型传染病的预防和治疗具有重要意义，也是需要学生了解的内容。

? 思考与练习

一、简答题

1. 简述结核病的基本病理变化。

2. 简述原发性肺结核与继发性肺结核的区别。

3. 简述流行性乙型脑炎与流行性脑脊髓膜炎的区别。

4. 简述后天性梅毒各期的病理变化。

5. 简述艾滋病的基本病理变化。

二、案例分析题

1. 患者，男，30岁。患者海边游泳后，进不洁饮食，还喝了大量冷饮；当日夜里开始腹痛、腹泻，水样便，10余次，后转为黏液脓血便，伴有排便不尽的坠胀感，遂入院。医院化验粪便，提示痢疾杆菌阳性。

请思考：

（1）患者的疾病诊断是什么？

（2）该病的病变性质和基本病理变化是什么？

2. 患者，男，22岁。患者于1周前皮肤、黏膜广泛出疹，并伴发全身性非特异性淋巴结肿大。到医院检查，血清梅毒螺旋体特异性抗体及反应素阳性，自述约3个月以前外阴部出现过类似增生突起物，有糜烂和溃疡形成，后自行消失。

请思考：

（1）患者目前处于疾病的哪一期，该期的主要病变是什么？

（2）患者自述的"类似增生突起物"是什么病变，出现于该疾病的哪一期？

附　录

实　验　指　导

实验一　组织细胞的适应、损伤与修复

【目标与要求】

1. 学会观察各种类型适应、变性、坏死的大体形态特点。

2. 学会观察肾小管上皮细胞水肿、肝脂肪变性、肉芽组织的镜下结构。

3. 能用本章所学理论知识指导本次实验,并通过本次实验加深对所学理论知识的理解和记忆,做到理论实践相结合。

4. 培养认真、仔细观察病变的能力,提高自身的鉴别力和洞察力。

【实验准备】

1. 物品　大体标本、组织切片(数字扫描切片)

2. 仪器　显微镜、显微摄像系统、计算机、师生互动软件系统

【实验学时】

1学时。

【内容及方法】

任务一　讲解及观察大体标本

1. 肾压迫性萎缩　肾颜色灰白,肾盂和肾盏显著扩张,肾实质受压萎缩变薄。

2. 心褐色萎缩　心体积变小,重量减轻,心尖变尖,心外膜下冠状动脉迂回。切面心肌呈棕褐色,心室壁变薄。

3. 心肌肥厚　心体积增大,重量增加,心室壁增厚,乳头肌及梁状肌增粗,心室腔未见明显扩张。

4. 前列腺增生　前列腺体积增大,表面呈结节状,左右不对称。切面见实性及囊性增生,可呈结节状,结节周围有纤维组织增生。

5. 肝脂肪变性　肝体积增大,重量增加,被膜紧张,边缘变钝,表面及切面呈淡黄色,质软,有油腻感。

6. 脾、肾凝固性坏死　脾、肾切面见楔形灰黄色坏死灶,与周围组织分界清楚,坏死灶边缘有充血出血带。

7. 脑液化性坏死　脑实质内见大小不等的囊腔,液化性坏死物多已流失。

8. 足干性坏疽　足呈黑褐色,干缩僵硬,坏死组织与正常组织分界清楚。

任务二　讲解及观察组织切片

1. 肝、肾小管上皮细胞水肿　细胞体积增大，胞质疏松淡染，胞质内有红染细小颗粒状物，严重水肿时，肝细胞胞质或肾小管上皮细胞胞质透亮，呈气球样。

2. 肝脂肪变性　肝细胞体积增大，胞质内可见大小不等的透亮空泡，边缘整齐，部分空泡融合变大将肝细胞核挤向一侧。

3. 肾凝固性坏死　坏死区肾单位的轮廓尚存，坏死组织的细胞结构消失，可见细胞核固缩、碎裂或消失，坏死组织与正常组织交界处可见充血、出血，坏死组织内无明显出血。

4. 肉芽组织　其可见大量新生的毛细血管、成纤维细胞，并伴炎症细胞浸润；毛细血管互相平行排列，与创面垂直，在接近表面时，毛细血管互相吻合呈袢状弯曲。毛细血管周围见多量成纤维细胞，细胞呈圆形、椭圆形或多边形，胞质丰富淡染有突起，核呈圆形或椭圆形，可见 1~2 个小核仁。炎症细胞数量多少不等，种类不同，主要为中性粒细胞、巨噬细胞、淋巴细胞、浆细胞等。

任务三　实　验　报　告

绘出肉芽组织的镜下结构图。

（夏慧慧）

实验二　局部血液循环障碍

【目标与要求】

1. 学会观察并描述淤血、血栓形成、梗死的肉眼及镜下病变特征。

2. 学会观察、描述并能绘制肺淤血、肝淤血、混合血栓的镜下结构图。

3. 能用所学的理论知识指导本次实验，并通过本次实验加深对所学理论知识的理解和记忆，做到理论实践相结合。

4. 培养认真、仔细观察病变的能力，提高自身鉴别力和洞察力。

【实验准备】

1. 物品　大体标本、组织切片（数字扫描切片）

2. 仪器　显微镜、显微摄像系统、计算机、师生互动软件系统

【实验学时】

1学时。

【内容及方法】

任务一　讲解及观察大体标本

1. 慢性肺淤血　肺体积增大，重量增加，被膜紧张，边缘变钝，颜色暗红，质地变实，切割挤压有暗红色泡沫状液体溢出。晚期肺体积缩小，重量减轻，质地变硬，表面及切面呈棕褐色，称为肺褐色硬化。

2. 慢性肝淤血　肝体积增大，重量增加，被膜紧张。表面及切面可见红黄相间的花纹，似槟榔，称为槟榔肝。暗红色是淤血区，黄色是脂肪变性区。晚期肝体积缩小，质地变硬，称为淤血性肝硬化。

3. 慢性脾淤血　脾体积增大，重量增加，被膜紧张，边缘变钝，表面及切面呈暗红色。晚期脾体积缩小，质地较硬，切面可见增生的纤维组织呈灰白色条索状。

4. 静脉内混合血栓　血栓呈暗红色，圆柱状，部分区域呈灰白、暗红相间，表面干燥、粗糙。

5. 脾贫血性梗死　脾切面可见单个或多个梗死区，呈楔形（三角形），其尖端指向脾门，底部靠近被膜，梗死区呈灰白色、干燥、质地坚实，梗死区与正常组织交界处见有暗红色的充血出血带，边界清楚。

6. 脑贫血性梗死　梗死区脑组织溶解液化、坏死，可形成腔，腔内可见液化的坏死物，若梗死区位于脑实质表面，梗死区脑组织溶解液化、流失，局部形成缺损，故脑贫血性梗死属于液化性坏死。

7. 肠出血性梗死　肠管呈节段性坏死。病变肠壁肿胀增厚，颜色呈暗红色，质地脆，易穿孔。

8. 脑出血　大脑冠状切面标本，内囊及基底节区见一较大范围出血区，并伴有侧脑室腔积血，侧脑室腔扩大，室腔内充满血液，出血区呈暗红色，周围脑组织受压。

任务二　讲解及观察组织切片

1. 慢性肺淤血　肺泡壁毛细血管和小静脉高度扩张，其内充满红细胞；多数肺泡腔内充满淡红色水肿液和气泡；部分肺泡腔内可见红细胞、巨噬细胞和吞噬含铁血黄素颗粒的巨噬细胞（又称为心力衰竭细胞）；晚期，肺间质纤维组织增生，含铁血黄素沉积。

2. 慢性肝淤血　肝小叶中央静脉及其周围肝窦扩张，其内充满红细胞；小叶中央部的肝细胞萎缩、变性、坏死，甚至消失，小叶周边部的肝脂肪变性，胞质内可见大小不等的脂肪空泡（脂滴被制片过程中的有机溶剂溶解所致），肝细胞核居中或偏位；汇管区间质纤维组织、小胆管增生，慢性炎症细胞浸润。

3. 静脉内混合血栓　血栓内部可见血小板析出、沉积形成的血小板小梁，呈淡粉红染色，可为片状、条索状、梁状或不规则型，小梁表面附有少量白细胞；小梁之间为纤维蛋白网和网罗的红细胞。

任务三　实　验　报　告

绘出慢性肺淤血、慢性肝淤血、混合血栓的镜下结构图（任选其一）。

（郭　静）

实验三　炎　　症

【目标与要求】

1. 学会观察并描述各种类型（变质性、渗出性、增生性）炎症的大体形态特点。

2. 学会观察、描述并能绘出各种炎症细胞的镜下形态结构。

3. 能用所学炎症的理论知识指导本次实验，并通过本次实验加深对所学理论知识的理解和记忆，做到理论实验相结合。

4. 培养认真、仔细观察病变的能力，提高对各种病变的观察能力和鉴别能力。

【实验准备】

1. 物品　大体标本、组织切片（数字扫描切片）

2. 仪器　显微镜、显微摄像系统、计算机、师生互动软件系统

【实验学时】

1学时。

【内容及方法】

任务一 讲解及观察大体标本

（一）变质性炎

1. 急性重型病毒性肝炎 肝体积缩小，重量减轻，被膜皱缩，质地变软，切面均匀细腻，呈土黄色，又可称为急性黄色肝坏死。

2. 流行性乙型脑炎 脑膜血管扩张充血，脑组织水肿，脑回增宽，脑沟变窄变浅。切面可见软化灶形成。

（二）渗出性炎

1. 浆液性炎 皮肤Ⅱ度烫伤形成的水疱，水疱内见有大量淡黄色清亮液体（浆液）。

2. 纤维蛋白性炎 纤维蛋白性炎好发于黏膜、浆膜和肺。

（1）黏膜的纤维蛋白性炎：又可称为假膜性炎。常见的有白喉、细菌性痢疾等。白喉：可见咽喉部、气管及支气管的黏膜表面有大片状的灰白色假膜覆盖。咽白喉的假膜与黏膜粘连牢固，不易脱落；气管及支气管白喉的假膜与黏膜粘连不牢固，易发生脱落，阻塞气道可引起窒息死亡。细菌性痢疾：在肠黏膜表面可见多发散在的、灰白色糠皮样假膜，假膜脱落，形成多发散在的、小浅不规则的溃疡。

（2）浆膜的纤维蛋白性炎：多见于心包膜、胸膜和腹膜。累及心包：在心包脏、壁两层之间见有大量的纤维蛋白渗出，随心脏的收缩、舒张牵拉，形成绒毛状，又称为绒毛心。累及胸膜：胸膜表面有渗出的纤维蛋白覆盖，渗出的纤维蛋白过多，不能完全吸收，可发生机化，导致脏壁胸膜粘连。累及腹膜：在肠壁浆膜表面，见有渗出的纤维蛋白覆着，渗出的纤维蛋白过多，不能完全吸收，可发生机化，导致肠粘连。

（3）肺的纤维蛋白性炎：在肺泡腔内有大量的纤维蛋白渗出，使肺组织质地变实。病变累及一个肺段或一个肺大叶，故又称为大叶性肺炎（见呼吸系统实验）。

3. 化脓性炎 常见的类型有表面化脓和积脓、蜂窝织炎、脓肿。

（1）阑尾表面化脓和积脓：阑尾腔扩张，腔内充满黄白色脓液。

（2）阑尾蜂窝织炎：阑尾明显肿胀增粗，浆膜面血管扩张充血，可见大量的黄白色脓性渗出物覆盖，切面阑尾腔内可见脓性渗出物。

（3）脓肿（肝、肺、脑等）：切面可见单个或多个脓腔，腔内脓液已流失，脓肿壁内面可见少量的脓性渗出物覆着，脓肿壁的厚薄与形成的时间有关。

（三）增生性炎

1. 一般增生性炎 较常见，如慢性扁桃体炎、慢性胆囊炎等。

（1）慢性扁桃体炎：扁桃体肿大，质地变硬。

（2）慢性胆囊炎：胆囊体积增大，腔扩张，腔内常见结石，胆囊壁变薄，黏膜粗糙不平，呈细绒毯状。

2. 炎性息肉 常见的炎性息肉有鼻息肉、子宫颈息肉。息肉底部有蒂与正常组织相连。切面息肉呈灰红色，质地较软，表面可见充血、出血或糜烂。

3. 炎性假瘤 其好发于肺。在肺内形成结节，无包膜，与周围组织分界尚清楚，切面呈灰白色，质地较硬，似肺癌，易误诊为肺癌。

4. 肉芽肿性炎 常见的有结核结节、伤寒小体、麻风小结等。

肺粟粒性结核：肺表面及切面可见多发散在的结节，呈灰白色，质地硬，界限清楚。

观察各种炎症细胞的形态结构。常见的炎症细胞:

1. 中性粒细胞 呈圆形或椭圆形,胞质丰富淡粉染。核蓝染,可分2～5叶,分叶越多越成熟。

2. 嗜酸性粒细胞 与中性粒细胞相似或略小,胞质呈鲜红色,可见粗大嗜酸性颗粒。核蓝染,可分2～3叶,分叶越多越成熟。

3. 单核巨噬细胞 体积较大,胞质丰富淡粉染,有突起。核圆形、椭圆形或肾形,蓝染。因其吞噬物不同可形成不同的形态。吞噬大量脂质时,胞质呈泡沫状,称为泡沫细胞。吞噬大量磷脂后可转变为类上皮细胞,多个类上皮细胞融合,可形成朗汉斯巨细胞,细胞体积巨大,胞质丰富多核,常排列在细胞质的周边部,呈花环状或马蹄形。巨噬细胞吞噬较大的异物时,多个巨噬细胞融合,形成多核异物巨细胞。

4. 淋巴细胞 体积较小,胞质极少,核大圆,染色深。

5. 浆细胞 呈椭圆形,胞质略嗜碱性,核偏位,核内染色质在核膜上堆积呈车轮状,核周可见亮晕。

任务三 实 验 报 告

绘出常见类型炎症细胞的镜下结构图。

(黄晓红)

实验四 肿 瘤

【目标与要求】

1. 学会观察并描述肿瘤的一般形态、生长方式、转移途径及常见肿瘤的一般形态特点。

2. 学会观察并描述肿瘤的异型性、常见肿瘤的镜下形态结构。

3. 能绘出鳞状细胞癌、腺癌或纤维肉瘤的镜下结构图。

4. 做到理论实践相结合。

5. 培养认真、仔细观察病变的能力,提高自身鉴别力和洞察力。

【实验准备】

1. 物品 肿瘤大体标本、组织切片(数字扫描切片)

2. 仪器 显微镜、显微摄像系统、计算机、师生互动软件系统

【实验学时】

1学时。

【内容及方法】

任务一 讲解及观察大体标本

(一)肿瘤的一般形态

肿瘤的一般形态包括肿瘤的形状、大小、数目、质地、颜色、包膜

(二)肿瘤的生长方式

肿瘤的生长方式包括膨胀性生长、浸润性生长、外生性生长

(三)肿瘤的转移途径

肿瘤的转移途径包括淋巴道转移、血道转移、种植性转移

（四）常见肿瘤的特点

1. 脂肪瘤　黄色脂肪样分叶状肿块，质软，有包膜。

2. 子宫平滑肌瘤　多个大小不一球形肿块，切面灰白色、质韧、编织状、膨胀性生长，无包膜，但分界清楚。

3. 纤维瘤　球形或椭圆形结节，有完整包膜，质韧，切面呈灰白色、编织状。

4. 乳腺癌　乳头下陷，乳头周围皮肤呈橘皮样外观，切面呈灰白色，干燥、质地硬，浸润性生长，与周围组织分界不清。

5. 原发性肝癌　肝右叶见一个巨大肿块，质较硬，切面灰白，与周围分界不清，肿块周围有数个散在的灰白色小结节。

6. 转移性肺癌　多个癌结节，散在分布于双肺，结节呈灰白色，无包膜，分界不清。

7. 食管癌　癌组织突入食管腔，表面坏死、溃疡形成，切面灰白色，质硬，浸润性生长。

8. 卵巢畸胎瘤　肿瘤呈圆形、椭圆形，表面光滑，切面囊性，单房或多房，囊内含皮脂、毛发、骨骼、牙齿等。

（五）常见的癌前病变

常见的癌前病变包括黏膜白斑、纤维囊性乳腺病、结肠息肉状腺瘤、慢性萎缩性胃炎和胃溃疡、皮肤慢性溃疡、膀胱乳头状瘤、肝硬化。

任务二　讲解及观察组织切片

1. 皮肤乳头状瘤　见多个乳头突起。乳头表面被覆增生的肿瘤细胞，乳头中心为纤维组织、脉管；瘤细胞分化成熟，呈多边形，层次清楚，可有细胞间桥，异型性小。

2. 鳞状细胞癌　癌细胞呈大小不等的团块状和条索状，癌巢中央为同心圆状的角化珠。癌细胞大小不等、形态多样、核大深染，可见病理性核分裂。

3. 腺癌　癌细胞排列成大小不等、形态不规则腺管状结构，腺管有共壁和背靠背现象。癌细胞层次多，核大深染，可见病理性核分裂。

任务三　实验报告

绘出鳞状细胞癌或腺癌的镜下结构图。

（樊　欣）

实验五　呼吸系统疾病

【目标与要求】

1. 学会观察并描述大叶性肺炎、小叶性肺炎、肺气肿、支气管扩张症、硅沉着病、鼻咽癌及肺癌大体标本的形态特点。

2. 学会观察并描述小叶性肺炎、硅沉着病镜下病变特点。

3. 学会观察、描述并能绘出大叶性肺炎（灰色肝样变期）的镜下病变特点。

4. 能用所学呼吸系统疾病的理论知识指导本次实验，并通过本次实验加深对所学理论知识的理解和记忆，做到理论实践相结合。

5. 培养认真、仔细观察病变的能力，提高自身鉴别力和洞察力。

【实验准备】

1. 物品　大体标本、组织切片（数字扫描切片）
2. 仪器　显微镜、显微摄像系统、计算机、师生互动软件系统

【实验学时】

1学时。

【内容及方法】

任务一　讲解及观察大体标本

1. 大叶性肺炎（灰色肝样变期）　病变肺叶体积增大、灰白色、实变，切面干燥，略呈颗粒状外观，质实如肝，故称为灰色肝样变期。

2. 小叶性肺炎　病变呈多发性、灶状分布于两肺各叶，以下叶和背面严重。病灶大小不一，形态不规则，部分病灶融合成片状，呈灰黄色，形成融合性小叶性肺炎。

3. 支气管扩张症　标本为一片肺组织，切面可见肺内支气管广泛地呈管状及囊性扩张，呈大小不一的圆形，支气管管壁增厚，灰白色、半透明，已发生玻璃样变性。

4. 肺气肿　病变肺叶由于过度充气而膨胀，切面观呈海绵状、囊状或蜂窝状。

5. 硅沉着病　肺切面上见较多散在的、灰白色、粟粒大小或稍大的结节，即为硅结节。多数硅结节境界清楚，有的融合为大片状灰白色区。在结节周围及结节之间有致密的纤维组织，致使全肺硬度增加，有时可见到叶间胸膜肥厚。

6. 鼻咽癌　见结节状癌组织占据整个鼻咽部并侵犯颅骨，癌组织中央有溃疡形成。

7. 肺癌　肺切面上，见肺门附近有灰白色较大的癌结节，该处肺组织完全破坏，癌组织与周围组织境界不清。

任务二　讲解及观察组织切片

1. 大叶性肺炎　低倍镜观察：本切片中大部分病变为灰色肝样变期。镜下能辨认出肺组织轮廓，肺泡腔内充满渗出物，有大量有核细胞，肺泡壁毛细血管看不清（呈贫血状）。高倍镜观察：肺泡腔内的渗出物主要是染成红色的纤维蛋白，呈网状，网中有大量的中性粒细胞，少量红细胞和巨噬细胞。

2. 小叶性肺炎　低倍镜观察：镜下可找到细支气管，管腔内有大量炎性渗出物，管壁充血及炎症细胞浸润，该细支气管周围的肺组织内也充满了炎性渗出物。病灶附近的肺组织充血水肿，部分肺泡过度扩张，呈代偿性肺气肿。高倍镜观察：病灶中少数细支气管黏膜上皮已被损坏，并脱落至管腔中，其中可见大量中性粒细胞和脓细胞，周围肺泡腔内也充满中性粒细胞和脓细胞。

3. 硅沉着病　肺组织内见硅结节，由漩涡状排列的纤维结缔组织构成，并见玻璃样变。肺胸膜呈纤维性增厚。

任务三　实　验　报　告

绘出大叶性肺炎（灰色肝样变期）的镜下结构图。

（周士珍）

实验六　心血管系统疾病

【实验目的】

1. 学会观察和描述主动脉粥样硬化、冠状动脉粥样硬化、心肌梗死、左心室向心性肥大、原发性

颗粒性固缩肾、脑出血、风湿性心内膜炎、亚急性感染性心内膜炎、二尖瓣狭窄的大体形态特点。

2. 学会观察和描述主动脉粥样硬化、原发性颗粒性固缩肾、风湿性心肌炎、亚急性感染性心内膜炎的镜下病变特点，并能绘出风湿性心肌炎的镜下结构图。

3. 能用所学心血管系统疾病的理论知识指导本次实验，并通过本次实验加深对所学理论知识的理解和记忆，做到理论实践相结合。

4. 培养认真、仔细观察病变的能力，提高自身鉴别力和洞察力。

【实验准备】

1. 物品 大体标本、组织切片（数字扫描切片）
2. 仪器 显微镜、显微摄像系统、计算机、师生互动软件系统

【实验学时】

1学时。

【内容及方法】

任务一 讲解及观察大体标本

1. 主动脉粥样硬化 主动脉内膜凹凸不平，可见许多黄白色斑点条纹、蜡滴样纤维斑块、粥样斑块，大小形状不规则，尤以动脉分支开口处明显，部分斑块表面破溃，有溃疡形成。

2. 冠状动脉粥样硬化 冠状动脉管壁不均匀增厚、变硬，横切面可见斑块向腔内明显突起，管腔呈明显偏心性狭窄。

3. 心肌梗死 在左心室壁可见灰白色坏死病灶，形状不规则，边界清晰。

4. 左心室向心性肥大 心脏体积增大，重量增加，左心室壁明显增厚，乳头肌和肉柱明显增粗，心腔相对缩小。

5. 原发性颗粒性固缩肾 肾体积缩小，重量减轻，质地变硬，表面凹凸不平，呈细颗粒状。切面皮质变薄，皮质、髓质界限不清。

6. 脑出血 出血区脑组织完全被破坏，形成囊腔状，其内充满坏死的脑组织和血凝块。

7. 风湿性心内膜炎 在二尖瓣闭锁缘上，可见单行、粟粒大小的灰白色疣状赘生物（白色血栓），呈串珠状排列，与瓣膜紧密粘连。

8. 亚急性感染性心内膜炎 病变瓣膜上有溃疡、缺损、穿孔及在此基础上形成的赘生物，赘生物呈息肉状或菜花状，质松脆，易脱落。

9. 二尖瓣狭窄 心脏体积增大，二尖瓣显著增厚、变硬，瓣叶广泛粘连，使瓣膜口狭窄呈鱼口状。

任务二 讲解及观察组织切片

1. 主动脉粥样硬化 病变表层为纤维帽，常发生玻璃样变性。深层为粉染的粥样坏死物质，其中有许多针状或菱形空隙（胆固醇结晶），可见少量钙盐（蓝染颗粒状）沉着。边缘和底部可见肉芽组织、少量淋巴细胞和泡沫细胞。

2. 原发性颗粒性固缩肾 肾入球动脉玻璃样变，管壁增厚，管腔狭窄。大量的肾小球萎缩、纤维化及玻璃样变，所属的肾小管萎缩甚至消失，病变相对轻的肾小球代偿性肥大，肾小管扩张，肾小管腔内可见红染的蛋白管型。间质纤维组织增生和淋巴细胞浸润。

3. 风湿性心肌炎 低倍镜下心肌间质内多位于小血管周围，可见典型的风湿小体，呈圆形或梭形，由纤维蛋白样坏死物和多量的风湿细胞及少量的淋巴细胞和浆细胞构成。高倍镜下风湿

细胞体积大,胞质丰富,核大,核膜清晰,染色质常集于中央,横切面上呈枭眼状,纵切面上呈毛虫状。

4. 亚急性感染性心内膜炎　赘生物由血小板、纤维蛋白、坏死组织、中性粒细胞和蓝染的细菌菌落组成。

任务三　实 验 报 告

绘制风湿性心肌炎的镜下结构图。

(曹冬霞)

实验七　消化系统疾病

【目标与要求】

1. 学会识别消化性溃疡、各型病毒性肝炎、肝硬化、食管癌、胃癌、大肠癌、肝癌病变特点。

2. 能用所学理论知识指导本次实验,并通过本次实验加深对所学理论知识的理解和记忆,做到理论实践相结合。

3. 培养认真、仔细观察病变的能力,提高自身鉴别力和观察力。

【实验准备】

1. 物品　大体标本、组织切片(数字扫描切片)

2. 仪器　显微镜、显微摄像系统、计算机、师生互动软件系统

【实验学时】

1学时。

【内容及方法】

任务一　讲解及观察大体标本

1. 胃溃疡　胃小弯近幽门侧可见一直径2cm大小近圆形的溃疡病灶,溃疡与周围组织界限清楚,溃疡边缘整齐,黏膜皱襞呈放射状向溃疡集中,溃疡底部平坦。

2. 急性重型病毒性肝炎　肝体积明显缩小,重量减轻,被膜皱缩,边缘薄而锐。切面呈土黄色或红褐色,部分区域呈红黄相间。

3. 门脉性肝硬化　肝体积缩小,重量减轻,质地坚韧,表面呈结节状,多数结节为小绿豆大。切面也可见大量圆形或小圆形的小结节,大小相仿,小结节的周围有细窄的灰白色结缔组织包绕,有的结节呈浅褐黄色,系为胆色素着色。

4. 食管癌(髓质型)　肿瘤组织在食管壁内浸润性生长,累及食管全周或大部分,管壁增厚、管腔狭窄。切面呈灰白色,质地较软,似脑髓,表面常有溃疡。

5. 胃癌(溃疡型)　癌组织坏死脱落,形成边缘隆起的似火山口状或皿状的较深溃疡,直径多大于2cm,边界不清,溃疡底部污秽、凹凸不平。

6. 大肠癌(隆起型)　肿瘤呈菜花状向肠腔内突起,伴表浅溃疡、出血,可见坏死物。

7. 肝癌(结节型)　肿瘤形成多个圆形或椭圆形的结节,散在分布,大小不等,直径一般在5cm以下。

任务二　讲解及观察组织切片

1. 胃溃疡　溃疡底部自表面向深部逐层观察,分为四层结构。①渗出层:为表面渗出的纤维蛋白及中性粒细胞。②坏死层:由红染无结构的坏死组织构成。③肉芽组织层:由大量新生的毛细血

管、成纤维细胞和多少不等的炎症细胞组成。④瘢痕层：由多量胶原纤维及少量的纤维细胞构成，可见增殖性的动脉内膜炎及创伤性神经纤维瘤。

2. 急性普通型肝炎　肝细胞广泛变性，肝细胞索排列紊乱、拥挤，致使肝窦受压变窄，汇管区见少量淋巴细胞及单核细胞浸润。肝小叶内多数肝细胞胞质疏松、淡染，部分肝细胞体积大，圆形，胞质气球样变，被膜下少数肝细胞嗜酸性变，小叶内也可见散在肝细胞坏死灶，其内可见中性粒细胞浸润。

3. 门脉性肝硬化　肝小叶结构破坏，有假小叶形成。假小叶内肝细胞排列紊乱，中央静脉缺如或偏位，甚至出现汇管区。假小叶周围纤维间隔较狭窄，有淋巴细胞浸润。

4. 肝癌　分化高者癌细胞异型性小，癌细胞排列呈巢状，血管多（似肝血窦），间质少。分化低者异型性明显，癌细胞大小不一，形态各异，可见瘤巨细胞或小癌细胞。

任务三　实验报告

绘制胃溃疡、急性普通型肝炎和门脉性肝硬化的镜下结构图（任选其一）。

（蔺媛媛）

实验八　泌尿系统疾病

【目标与要求】

1. 学会观察并描述常见类型肾小球肾炎、肾盂肾炎和泌尿系统常见肿瘤的大体形态特点。

2. 学会观察并描述毛细血管内增生性肾小球肾炎、硬化性肾小球肾炎和急、慢性肾盂肾炎的镜下组织学结构。

3. 能运用所学泌尿系统疾病的理论知识指导实验，并通过本次实验加深对所学理论知识的理解。

4. 具有熟练、规范的实践操作意识和严谨细致的工作态度。

【实验准备】

1. 物品　大体标本、组织切片（数字扫描切片）

2. 仪器　显微镜、显微摄像系统、计算机、师生互动软件系统

【实验学时】

1学时。

【实验内容及方法】

任务一　讲解及观察大体标本

1. 毛细血管内增生性肾小球肾炎　肾体积增大，表面光滑，颜色较红，故称为"大红肾"，也可因肾表面和切面有散在的出血点（经福尔马林固定，出血点呈黑褐色小斑点），如蚤咬，称为"蚤咬肾"。切面皮质增厚，超过0.5cm（正常皮质厚0.5cm），皮髓质分界尚清楚。

2. 膜性肾小球肾炎　肾体积增大，重量增加，颜色呈苍白色，称为"大白肾"。切面皮质增厚，皮髓质分界不清。

3. 硬化性肾小球肾炎（继发性颗粒性固缩肾）　肾体积明显缩小，重量减轻，质地变硬，颜色苍白，表面呈弥漫性细颗粒状。切面皮质萎缩变薄，皮、髓质分界不清。

4. 急性肾盂肾炎　肾体积增大，表面及切面均有黄白色脓肿。肾盂黏膜充血水肿。

5. 慢性肾盂肾炎　双肾不对称，病变肾体积缩小，质硬，形态不规则，表面有大小不等的凹陷性

瘢痕。肾被膜增厚且与瘢痕粘连。切面可见皮髓质界限不清,肾盂、肾盏因瘢痕收缩而变形。

6. 肾细胞癌　癌组织切面呈淡黄色或灰白色或多彩外观,质软而脆。肿瘤无包膜或有假包膜,界限尚清。

7. 膀胱癌　肿瘤呈乳头状,有蒂与膀胱黏膜相连。位于膀胱三角区,呈不同程度的浸润。

任务二　讲解及观察组织切片

1. 毛细血管内增生性肾小球肾炎　低倍镜观察:认识肾组织,区别肾皮质(有肾小球)、肾髓质(无肾小球,主要为集合管),重点观察皮质部分。见大部分肾小球体积增大,肾小球内细胞数目增多,肾小管上皮细胞肿胀,管腔内可见各种管型。间质充血、水肿,有少量炎症细胞浸润。高倍镜观察:增生肿大的肾小球细胞数目增多(光镜下难以分清毛细血管内皮细胞、系膜细胞),毛细血管管腔变窄或闭塞,部分肾小囊内有中性粒细胞和浆液渗出。肾小管上皮细胞发生细胞水肿,胞质内充满大量粉红色颗粒。间质内有少量中性粒细胞、淋巴细胞及单核细胞浸润。

2. 硬化性肾小球肾炎　首先观看全片,然后着重观察肾皮质的各种变化。可见大部分肾小球纤维化(肾小球体积缩小),伴有玻璃样变性,严重者整个肾小球成为红染的无结构玻璃样小团(玻璃球),周围所属肾小管萎缩。部分肾小球体积增大,相应肾小管扩张。间质纤维组织增生,淋巴细胞浸润,部分细小动脉管壁增厚、管腔狭窄。

3. 急性肾盂肾炎　肾盂黏膜充血水肿,黏膜表面可见有较多的纤维蛋白、中性粒细胞渗出。肾间质内可见多发散在的病灶,病灶内肾间质充血水肿,较多的中性粒细胞浸润,并伴有脓肿形成。

4. 慢性肾盂肾炎　部分肾小球纤维化、玻璃样变,所属肾小管萎缩、消失;部分肾小球呈代偿性肥大,肾小管呈代偿性扩张,上皮细胞变扁平,管腔内见均匀红染的蛋白管型;间质纤维组织增生,淋巴细胞、浆细胞浸润。

任务三　实验报告

绘出硬化性肾小球肾炎的镜下结构图。

(徐威威)

实验九　传　染　病

【目标与要求】

1. 学会观察并描述结核病、流行性乙型脑炎、流行性脑脊髓膜炎、细菌性痢疾、梅毒、尖锐湿疣、狂犬病的大体形态特点。

2. 学会观察、描述结核结节、尖锐湿疣等重要传染病的镜下形态结构。

3. 能够应用所学传染病的理论知识指导本次实验,并通过本次实验加深对所学理论知识的理解和记忆,做到理论实践相结合。

4. 培养认真、仔细观察病变的能力,提高自身鉴别力和洞察力。

【实验准备】

1. 物品　大体标本、组织切片(数字扫描切片)

2. 仪器　显微镜、显微摄像系统、计算机、师生互动软件系统

【实验学时】

1学时。

【内容及方法】

任务一　讲解及观察大体标本

1. 原发性肺结核　儿童肺，右肺上叶近胸膜处有约 1.5cm 的原发病灶，同侧肺门淋巴结肿大，并有干酪样坏死。

2. 慢性纤维空洞型肺结核　肺内可见多个厚壁空洞，以肺上叶较多。空洞大小不一，形态不规则，洞壁厚，壁内有干酪样坏死灶。近胸膜处空洞突破胸膜，引起气胸。可见右肺纤维化及肺不张。

3. 流行性乙型脑炎　脑膜血管扩张充血，脑回变宽、脑沟变窄变浅；脑实质切面可见散在的点状出血，亦可见散在的粟粒状、半透明的软化灶。

4. 流行性脑脊髓膜炎　脑脊髓膜血管高度扩张、充血。蛛网膜下腔充满灰黄色脓性渗出物，并覆盖脑沟及脑回，特别是脑沟，使之结构模糊。以大脑额叶、顶叶面最为明显。

5. 细菌性痢疾　乙状结肠一段。肠黏膜表面有一灰白色膜状物，粗糙、无光泽，即假膜。病变范围广泛，部分假膜脱落，形成表浅溃疡。

6. 晚期梅毒　梅毒患者心脏。主动脉瓣膜变形，瓣膜关闭不全。主动脉内膜粗糙，局部突起，动脉瘤形成。

7. 尖锐湿疣　肛周皮肤一块。其上有暗红色，质软，表面凹凸不平的疣状颗粒突起，顶端有溃烂。

任务二　讲解及观察组织切片

1. 结核结节　组织中有大量结节状病灶，结节状病灶中央可见红染颗粒状无结构的干酪样坏死物及朗汉斯巨细胞。巨细胞胞质丰富，其中有多个细胞核，细胞核呈马蹄状或环状排列。结节外围还可见大量的类上皮细胞、成纤维细胞和淋巴细胞。

2. 流行性乙型脑炎　脑实质内见散在分布的液化性坏死病灶，坏死灶境界清楚，染色浅，圆形或卵圆形，其中还残留神经纤维和少数胶质细胞（筛状软化灶）。

3. 流行性脑脊髓膜炎　蛛网膜血管高度扩张、充血，蛛网膜下腔增宽，其内可见大量中性粒细胞、纤维蛋白和少量单核细胞、淋巴细胞等。

4. 细菌性痢疾　结肠黏膜层坏死，并与渗出的大量纤维蛋白、中性粒细胞等混合在一起形成假膜，覆盖于肠壁表面。黏膜下层血管充血、水肿及中性粒细胞浸润。

5. 三期梅毒树胶样肿　颇似结核结节，中央为凝固性坏死，形态类似干酪样坏死，但坏死不如干酪样坏死彻底。坏死灶周围组织中富含淋巴细胞和浆细胞，而上皮样细胞和朗汉斯巨细胞较少，且有闭塞性小动脉内膜炎和动脉周围炎。

任务三　实　验　报　告

绘出结核结节镜下结构图。

（崔丽萍　于琨）

教学大纲（参考）

一、课程性质及任务

病理学基础是中等卫生职业教育护理专业的一门重要的专业基础课程，同时又是护理专业学生学习其他专业课程和岗位课程的基础，发挥着承前启后的桥梁和纽带作用，是中等卫生职业教育护理专业学生的一门必修课。

本课程的主要内容分为总论和各论两部分。主要研究任务：①研究疾病发生的原因、条件；②研究疾病的发生机制；③研究疾病发生、发展过程中机体在形态结构和功能代谢上出现的一系列变化；④研究疾病的经过和转归。其目的是揭示疾病发生发展过程中的基本规律，为临床预防、诊断和治疗疾病提供理论依据。

本课程的宗旨：依据卫生职业教育对技能型人才培养目标和要求，通过本门课程的学习，为医疗卫生机构培养德、智、体、美、劳全面发展的、具有高水平和操作能力的实用型专业人才，使其尽快适应临床工作岗位需求，促进全民医疗卫生事业与健康水平的提高和发展。

二、课程目标及要求

要求学生通过对本课程的学习，能够达成以下三级课程目标及要求：

（一）知识目标

1. 掌握病理学基础中的基本概念；基本病理变化；常见疾病的病变、结局和并发症。
2. 熟悉常见疾病的病理与临床联系。
3. 了解常见疾病的病因和发病机制。

（二）技能目标

1. 熟练掌握常见病变、常见疾病的大体变化和镜下变化。
2. 学会显微镜的使用、维护及使用过程中的注意事项。

（三）职业素养及情感目标

1. 具有高度的责任心　恪于职守，无私奉献。
2. 具有强烈的同情心　关心、体贴、关爱每一位患者。
3. 具有良好的服务意识　处处为患者着想，尊重患者的人格，保守患者的隐私。
4. 具有良好的人际沟通能力　能与患者、家属及医务人员进行有效沟通。
5. 具有终身学习和不断创新的精神　不断提高自学能力和创新能力。
6. 具有良好的工作态度　培养严肃认真、耐心细致和严谨求实的工作作风。

三、学时分配

章次	教学内容	学时数		
		理论	实践	合计
	绪论	1		1
一	疾病概论	3		3
二	组织细胞的适应、损伤与修复	6	1	7
三	局部血液循环障碍	6	1	7
四	水肿	2		2
五	炎症	6	1	7

章次	教学内容	学时数		
		理论	实践	合计
六	发热	2		2
七	休克	2		2
八	缺氧	2		2
九	肿瘤	6	1	7
十	呼吸系统疾病	4	1	5
十一	心血管系统疾病	4	1	5
十二	消化系统疾病	6	1	7
十三	泌尿系统疾病	3	1	4
十四	传染病	6	1	7
	合计	59	9	68

四、教学内容和要求

序号	章次	课程内容	教学要求	活动设计建议	参考课时（理论：实践）
1	绪论	一、病理学的概念及任务 二、病理学在医学中的地位 三、病理学的内容及范围 四、病理学的常用研究方法 五、病理学的常用观察方法 六、病理学发展史 七、病理学的学习方法	熟悉 熟悉 熟悉 掌握 熟悉 了解 了解	项目教学 案例教学 情景教学 演示教学 临床见习 理论讲授 多媒体课件展示 讨论 比较 举例	1：0
2	第一章 疾病概论	第一节　健康与疾病 一、健康的概念 二、疾病的概念 三、亚健康的概念 第二节　病因学 一、原因和条件 二、常见的病因 第三节　发病学 一、疾病发展过程中的一般规律 二、疾病发生的基本机制	 了解 了解 了解 了解 了解 掌握 了解	项目教学 案例教学 情景教学 演示教学 理论讲授 多媒体课件展示 讨论 比较	3：0

序号	章次	课程内容	教学要求	活动设计建议	参考课时（理论：实践）
2		第四节　疾病的经过和转归 一、经过 （一）潜伏期 （二）前驱期 （三）症状明显期 （四）转归期 二、转归 （一）康复 （二）死亡	掌握 掌握	举例 病例分析、讨论	
3	第二章 组织细胞 的适应、损 伤与修复	第二章　组织细胞的适应、损伤 与修复 第一节　组织细胞的适应 一、萎缩 （一）概念 （二）萎缩的原因及分类 （三）病理变化 （四）影响及结局 二、肥大 （一）概念 （二）原因及分类 （三）病理变化 （四）影响及结局 三、增生 （一）概念 （二）原因及分类 （三）病理变化 （四）影响及结局 四、化生 （一）概念 （二）常见类型及病理变化 （三）对机体的影响 第二节　组织细胞的损伤 一、变性 （一）变性的概念 （二）变性的常见类型	 熟悉 了解 熟悉 了解 熟悉 了解 了解 了解 熟悉 了解 了解 了解 掌握 熟悉 熟悉 掌握	项目教学 案例教学 情景教学 演示教学 理论讲授 多媒体课件展示 讨论 比较 举例 病例分析、讨论 实验	6：1

246

序号	章次	课程内容	教学要求	活动设计建议	参考课时 （理论∶实践）
3		1. 细胞水肿	掌握	显微摄像系统	
		2. 脂肪变性	掌握	讲解及演示	
		3. 玻璃样变性	掌握	示教	
		二、细胞死亡			
		（一）细胞坏死		讲解观察大体标本	
		1. 坏死的原因	了解	组织切片讲解观察	
		2. 坏死组织局部基本病变	掌握	数字扫描切片	
		3. 坏死的类型	掌握	实验指导	
		4. 坏死组织的结局	掌握		
		（二）细胞凋亡	了解	作业：实验报告 绘图	
		第三节　组织细胞的修复			
		一、再生			
		（一）再生的概念及类型	了解		
		（二）各种组织的再生能力	熟悉		
		（三）各种组织的再生过程	了解		
		二、纤维性修复			
		（一）肉芽组织	掌握		
		（二）瘢痕组织	熟悉		
		三、创伤愈合			
		（一）皮肤创伤愈合	熟悉		
		（二）骨折愈合	掌握		
		四、影响创伤愈合的因素	了解		
4	第三章 局部血液 循环障碍	第一节　充血		项目教学	6∶1
		一、充血的概念	掌握	案例教学	
		二、充血的类型		情景教学	
		（一）动脉性充血	了解	演示教学	
		（二）静脉性充血	掌握		
		第二节　出血			
		一、出血的概念	熟悉	理论讲授	
		二、出血的原因及类型	熟悉	多媒体课件展示	
		三、出血的病理变化	熟悉	讨论	
		四、出血的后果及影响	熟悉	比较	
		第三节　血栓形成		举例	
		一、血栓形成的概念	掌握	病例分析、讨论	

序号	章次	课程内容	教学要求	活动设计建议	参考课时（理论：实践）
4		二、血栓形成的因素和机制	掌握		
		三、血栓形成的过程和类型	了解		
		四、血栓形成的结局	掌握		
		五、血栓形成对机体的影响	熟悉		
		第四节 栓塞			
		一、栓塞的概念	掌握	实验	
		二、栓子的运行途径及栓塞部位	熟悉	显微摄像系统	
		三、栓塞的类型及对机体的影响	掌握	讲解及演示	
		（一）血栓栓塞		示教	
		（二）脂肪栓塞			
		（三）气体栓塞		讲解观察大体标本	
		（四）羊水栓塞		组织切片讲解观察	
		（五）其他栓塞		数字扫描切片	
		第五节 梗死	掌握	实验指导	
		一、梗死的概念	熟悉		
		二、梗死的原因和条件		作业：实验报告	
		三、梗死的类型及病变	掌握	绘图	
		（一）贫血性梗死	掌握		
		（二）出血性梗死	了解		
		（三）败血性梗死	了解		
		四、梗死对机体的影响			
5	第四章 水肿	第一节 水肿的概念及分类	熟悉	项目教学	2：0
		第二节 水肿的发生机制		案例教学	
		一、血管内外液体交换失平衡——组织间液生成大于回流	掌握	情景教学	
				演示教学	
		（一）毛细血管内压增高			
		（二）血浆胶体渗透压降低			
		（三）微血管壁通透性增加		理论讲授	
		（四）组织间液渗透压增加		多媒体课件展示	
		（五）淋巴回流受阻	掌握	讨论	
		二、体内外液体交换失平衡——钠水潴留		比较	
				举例	
		（一）肾小球滤过率降低		病例分析、讨论	
		（二）肾小管重吸收钠水增多			
		第三节 常见类型水肿的临床特点及发生机制	熟悉		

序号	章次	课程内容	教学要求	活动设计建议	参考课时 （理论∶实践）
5		一、心性水肿 （一）临床特点 （二）发生机制	熟悉		
		二、肝性水肿 （一）临床特点 （二）发生机制	熟悉		
		三、肾性水肿 （一）临床特点 （二）发生机制	熟悉		
		四、脑水肿 （一）临床特点 （二）发生机制	熟悉		
		五、肺水肿 （一）临床特点 （二）发生机制	熟悉		
		六、皮肤水肿 （一）临床特点 （二）发生机制	熟悉		
		第四节 水肿的病理变化 1.肉眼观察 2.镜下观察 第五节 水肿对机体的影响 1.有利意义 2.不利影响	熟悉		
6	第五章 炎症	第一节 炎症的概念 第二节 炎症的原因 一、致炎因子的概念 二、常见的致炎因子 第三节 炎症介质 一、炎症介质的概念和作用 二、炎症介质的来源及类型 第四节 炎症局部的基本病理变化 一、变质 二、渗出 三、增生 第五节 炎症的类型及病变	熟悉 了解 熟悉 掌握	项目教学 案例教学 情景教学 演示教学 理论讲授 多媒体课件展示 讨论 比较 举例 病例分析、讨论	6∶1

序号	章次	课程内容	教学要求	活动设计建议	参考课时（理论：实践）
6		一、炎症的分类 二、常见类型及病变 （一）急性炎症 1. 变质性炎 2. 渗出性炎 （1）浆液性炎 （2）纤维蛋白性炎 （3）化脓性炎 （4）出血性炎 （5）卡他性炎 （二）慢性炎症 1. 一般慢性（增生性）炎症 2. 炎性息肉 3. 炎性假瘤 4. 肉芽肿性炎 第六节　炎症的临床表现 一、炎症的局部表现 二、炎症的全身反应 第七节　炎症的结局 一、痊愈 二、迁延不愈转为慢性炎症 三、蔓延播散	了解 掌握 熟悉 掌握 了解	实验 显微摄像系统 讲解及演示 示教 讲解观察大体标本 组织切片讲解观察 数字扫描切片 实验指导 作业：实验报告 绘图	
7	第六章 发热	第一节　发热的概念及生物学意义 一、概念 二、生物学意义 第二节　发热的原因及发生机制 一、原因 二、发生机制 第三节　发热的分期、分型 一、分期及特点 二、分型 第四节　发热时机体代谢和功能变化 一、代谢变化 二、功能变化	 熟悉 了解 熟悉 熟悉 熟悉 了解 熟悉	项目教学 案例教学 情景教学 理论讲授 多媒体课件展示 讨论 比较 举例 病例分析、讨论	2：0

序号	章次	课程内容	教学要求	活动设计建议	参考课时 （理论：实践）
8	第七章 休克	第一节　休克的概念 第二节　休克的原因及分类 一、休克的原因 二、休克的分类 第三节　休克的发展过程及发生 机制 一、休克初期 （一）微循环变化 （二）微循环变化的代偿意义 （三）临床表现 二、休克期 （一）微循环变化 （二）临床表现 三、休克晚期 （一）微循环变化 （二）临床表现 第四节　休克时机体代谢和功能 变化 一、代谢变化 二、功能变化 （一）脑功能变化 （二）心功能变化 （三）肺功能变化 （四）肾功能变化 （五）胃肠道功能变化 （六）多器官功能障碍 第五节　休克的防治原则	掌握 了解 掌握 掌握 掌握 熟悉 了解	项目教学 案例教学 情景教学 理论讲授 多媒体课件展示 讨论 比较 举例 病例分析、讨论	2：0
9	第八章 缺氧	第一节　缺氧的概念 第二节　常用血氧指标及其意义 第三节　缺氧的类型 一、低张性缺氧 二、血液性缺氧 三、循环性缺氧 四、组织性缺氧 第四节　缺氧时机体代谢和功能 变化	掌握 熟悉 掌握 熟悉	项目教学 案例教学 情景教学 理论讲授 多媒体课件展示	2：0

序号	章次	课程内容	教学要求	活动设计建议	参考课时（理论：实践）
9		一、心血管系统的变化 二、呼吸系统的变化 三、血液系统的变化 四、中枢神经系统的变化 五、组织细胞和代谢的变化		讨论 比较 举例 病例分析、讨论	
10	第九章 肿瘤	第一节　肿瘤的概述 一、肿瘤的发生与诊治情况 二、肿瘤的概念 三、肿瘤性增生与非肿瘤性增生的区别 第二节　肿瘤的特征 一、肿瘤的一般形态和组织结构 二、肿瘤的异型性 三、肿瘤的生长 四、肿瘤的扩散 五、肿瘤的代谢 六、肿瘤的复发 第三节　肿瘤对机体的影响 第四节　良性肿瘤与恶性肿瘤的区别 第五节　肿瘤的命名与分类 一、肿瘤的命名 二、肿瘤的分类 第六节　常见肿瘤 一、上皮组织肿瘤 二、间叶组织肿瘤 三、淋巴造血组织肿瘤 四、其他类型肿瘤 第七节　癌前病变、原位癌及上皮内瘤变 一、癌前病变 二、原位癌 三、上皮内瘤变 四、早期浸润癌 第八节　肿瘤的分级与分期 一、肿瘤的分级	了解 了解 了解 熟悉 掌握 熟悉 掌握 熟悉 了解 掌握 熟悉	项目教学 案例教学 情景教学 演示教学 理论讲授 多媒体课件展示 讨论 比较 举例 病例分析、讨论 实验 显微摄像系统 讲解及演示 示教 讲解观察大体标本 组织切片讲解观察 数字扫描切片 实验指导	6∶1

序号	章次	课程内容	教学要求	活动设计建议	参考课时（理论：实践）
10		二、肿瘤的分期 第九节 肿瘤的病因及发生机制 一、肿瘤的病因 二、肿瘤的发生机制 第十节 肿瘤的防治原则 第十一节 肿瘤患者的护理原则	了解 了解 了解	作业：实验报告 绘图	
11	第十章 呼吸系统 疾病	第一节 慢性支气管炎 一、病因及发病机制 二、病理变化 三、病理与临床联系 四、结局及并发症 第二节 肺炎 一、概述 二、肺炎常见类型 （一）细菌性肺炎 1.大叶性肺炎 2.小叶性肺炎 （二）病毒性肺炎 （三）支原体肺炎 第三节 硅沉着病 一、病因及发病机制 二、病理变化 三、病理与临床联系 四、常见并发症 第四节 慢性肺源性心脏病 一、概念 二、病因及发病机制 三、病理变化 四、病理与临床联系 第五节 呼吸系统常见肿瘤 一、鼻咽癌 （一）病因及发病机制 （二）病理变化 （三）转移与扩散 （四）病理与临床联系 二、肺癌	 了解 掌握 掌握 熟悉 了解 掌握 掌握 熟悉 熟悉 了解 熟悉 熟悉 熟悉 掌握 熟悉 熟悉 熟悉 了解 掌握 熟悉 了解	项目教学 案例教学 情景教学 演示教学 理论讲授 多媒体课件展示 讨论 比较 举例 病例分析、讨论 实验 显微摄像系统 讲解及演示 示教 讲解观察大体标本 组织切片讲解观察 数字扫描切片 实验指导	4：1

序号	章次	课程内容	教学要求	活动设计建议	参考课时（理论：实践）
11		（一）病因及发病机制 （二）病理变化 （三）转移与扩散 （四）病理与临床联系	了解 掌握 熟悉 了解	作业：实验报告 绘图	
12	第十一章 心血管系 统疾病	第一节　动脉粥样硬化 一、病因及发病机制 （一）致病因素 （二）发病机制 二、基本病理变化 （一）基本病变分期 （二）继发改变 三、重要器官的动脉粥样硬化 （一）主动脉粥样硬化 （二）冠状动脉粥样硬化 （三）脑动脉粥样硬化 （四）肾动脉粥样硬化 （五）四肢动脉粥样硬化 第二节　冠状动脉粥样硬化及冠心病 一、冠状动脉粥样硬化 二、冠状动脉性心脏病 （一）心绞痛 （二）心肌梗死 （三）心肌纤维化 （四）冠状动脉性猝死 第三节　原发性高血压 一、病因及发病机制 二、分型、分期及病理变化 第四节　风湿病 一、病因及发病机制 二、基本病理变化 （一）变质渗出期 （二）增生期（肉芽肿期） （三）纤维化期 三、风湿性心脏病 （一）风湿性心内膜炎	熟悉 了解 掌握 掌握 熟悉 掌握 熟悉 了解 了解 掌握 掌握 了解 掌握 了解 掌握 熟悉	项目教学 案例教学 情景教学 演示教学 理论讲授 多媒体课件展示 讨论 比较 举例 病例分析、讨论 实验 显微摄像系统 讲解及演示 示教 讲解观察大体标本 组织切片讲解观察	4：1

序号	章次	课程内容	教学要求	活动设计建议	参考课时（理论：实践）
12		（二）风湿性心肌炎 （三）风湿性心包炎 四、其他部位的风湿病变 （一）风湿性关节炎 （二）皮肤风湿病变 （三）风湿性动脉炎 （四）风湿性脑病 第五节　感染性心内膜炎 一、急性感染性心内膜炎 （一）病因及发病机制 （二）病理变化 （三）病理与临床联系 二、亚急性感染性心内膜炎 （一）病因及发病机制 （二）病理变化 （三）病理与临床联系 第六节　慢性心瓣膜病 一、概述 二、二尖瓣狭窄 （一）心脏及血流动力学改变 （二）病理与临床联系 三、二尖瓣关闭不全 （一）心脏及血流动力学改变 （二）病理与临床联系 四、主动脉瓣狭窄 （一）心脏及血流动力学改变 （二）病理与临床联系 五、主动脉瓣关闭不全 （一）心脏及血流动力学改变 （二）病理与临床联系	了解 了解 熟悉 熟悉 了解 熟悉 熟悉 熟悉 掌握 熟悉 掌握 熟悉 熟悉 掌握 熟悉 掌握	数字扫描切片 实验指导 作业：实验报告 绘图	
13	第十二章 消化系统 疾病	第一节　慢性胃炎 一、病因及发病机制 二、类型及病理变化 三、病理与临床联系 第二节　消化性溃疡 一、病因及发病机制 二、病理变化	 了解 熟悉 熟悉 了解 掌握	项目教学 案例教学 情景教学 演示教学 理论讲授	6：1

序号	章次	课程内容	教学要求	活动设计建议	参考课时 （理论：实践）
13		三、结局及并发症	熟悉	多媒体课件展示	
		四、病理与临床联系	熟悉	讨论	
		第三节 病毒性肝炎		比较	
		一、病因及发病机制	了解	举例	
		二、病理变化	掌握	病例分析、讨论	
		三、类型、病变特点、病理与临床联系	熟悉		
		第四节 肝硬化			
		一、门脉性肝硬化			
		（一）病因及发病机制			
		（二）病理变化	了解		
		（三）病理与临床联系	掌握		
		二、坏死后肝硬化	熟悉		
		（一）病因及发病机制			
		（二）病理变化	了解		
		（三）病理与临床联系	掌握		
		第五节 消化系统常见肿瘤	熟悉		
		一、食管癌			
		（一）病因及发病机制	了解	实验	
		（二）类型及各型病理变化	掌握	显微摄像系统	
		（三）转移与扩散	了解	讲解及演示	
		（四）病理与临床联系	了解	示教	
		二、胃癌			
		（一）病因及发病机制	了解	讲解观察大体标本	
		（二）类型及各型病理变化	掌握	组织切片讲解观察	
		（三）转移与扩散	了解	数字扫描切片	
		（四）病理与临床联系	了解	实验指导	
		三、大肠癌			
		（一）病因及发病机制	了解	作业：实验报告	
		（二）类型及各型病理变化	掌握	绘图	
		（三）转移与扩散	了解		
		（四）病理与临床联系	了解		
		四、原发性肝癌			
		（一）病因及发病机制	了解		
		（二）类型及各型病理变化	掌握		
		（三）转移与扩散	了解		
		（四）病理与临床联系	了解		

序号	章次	课程内容	教学要求	活动设计建议	参考课时（理论：实践）
14	第十三章 泌尿系统 疾病	第一节　肾小球肾炎 一、病因及发病机制 二、类型、病变、病理与临床联系 第二节　肾盂肾炎 一、病因及发病机制 二、类型、病变、病理与临床联系 第三节　泌尿系统常见肿瘤 一、肾细胞癌 （一）病因及发病机制 （二）类型及各型病理变化 （三）病理与临床联系 （四）转移与扩散 二、膀胱癌 （一）病因及发病机制 （二）类型及各型病理变化 （三）病理与临床联系 （四）转移与扩散	了解 掌握 了解 掌握 了解 掌握 熟悉 熟悉 了解 掌握 熟悉 熟悉	项目教学 案例教学 情景教学 演示教学 理论讲授 多媒体课件展示 讨论 比较 举例 病例分析、讨论 实验 显微摄像系统 讲解及演示 示教 讲解观察大体标本 组织切片讲解观察 数字扫描切片 实验指导 作业：实验报告 绘图	3：1
15	第十四章 传染病	第一节　结核病 一、概述 （一）病因及发病机制 （二）基本病理变化 （三）基本病变转归 二、肺结核病 （一）原发性肺结核 （二）继发性肺结核 第二节　流行性乙型脑炎 一、病因及发病机制 二、病理变化 三、病理与临床联系	 了解 掌握 掌握 掌握 掌握 了解 熟悉 熟悉	项目教学 案例教学 情景教学 演示教学 理论讲授 多媒体课件展示 讨论 比较 举例 病例分析、讨论	6：1

序号	章次	课程内容	教学要求	活动设计建议	参考课时 （理论：实践）
15		第三节　流行性脑脊髓膜炎			
		一、病因及发病机制	了解		
		二、病理变化	熟悉		
		三、病理与临床联系	熟悉		
		第四节　细菌性痢疾			
		一、病因及发病机制	了解		
		二、类型及病理变化	掌握		
		三、病理与临床联系	熟悉		
		第五节　手足口病		实验	
		一、病因及发病机制	了解	显微摄像系统	
		二、病理变化	熟悉	讲解及演示	
		三、病理与临床联系	熟悉	示教	
		第六节　性传播疾病			
		一、梅毒		讲解观察大体标本	
		（一）病因及发病机制	了解	组织切片讲解观察	
		（二）基本病理变化	掌握	数字扫描切片	
		（三）类型、分期及各期病理变化	掌握	实验指导	
		（四）病理与临床联系	熟悉		
		二、淋病	熟悉	作业：实验报告	
		三、艾滋病		绘图	
		（一）病因及发病机制	了解		
		（二）病理变化	掌握		
		（三）病理与临床联系	熟悉		
		四、尖锐湿疣			
		（一）病因及发病机制	了解		
		（二）病理变化	熟悉		
		第七节　狂犬病			
		一、病因及发病机制	了解		
		二、病理变化	熟悉		
		三、病理与临床联系	熟悉		

五、说明

（一）教学安排

本教学大纲主要供中等卫生职业教育护理专业教学使用，开设时间为第二学期，总学时为68学时，其中理论教学59学时，实验教学9学时。学分为4学分。

（二）教学要求

1. 本课程理论部分的教学要求分为掌握、熟悉、了解三个层次。掌握：指对病理学基础中基本概念、基本病变、结局和并发症等重点内容有深刻的理解和认识，并能运用所学的病理知识分析和解决临床上的实际问题。熟悉：指对病理学基础中的某些不易理解的、重点内容，如某些重要疾病的发生机制、病理与临床联系等内容，要求学生能够有初步理解和认识。了解：指对病理学基础中某些比较深奥的、理论性很强的非重点内容，要求学生能有所知即可。

2. 本课程实验部分的教学要求分为熟练掌握、熟练、能（会）三个层次。熟练掌握：指对病理大体标本、组织切片观察和各项基本操作能独立完成并融会贯通；熟练：指能独立完成病理大体标本、组织切片观察和各项基本操作；能（会）：指在教师的指导下，能初步完成对病理大体标本、组织切片的观察和各项基本操作。

（三）教学建议

1. 改进教学方法　根据护理专业的培养目标、教学指导方案、教学内容、学生的学习特点以及全国护士执业资格考试要求，强化理实一体化教学模式，突出以"学生为主体"和"做中学、学中做、边学边做"的职业教育特色，提倡开展情景教学、案例教学、项目教学、多媒体演示教学、虚拟仿真、线上-线下融合式等丰富多彩的教学方法和教学手段。

2. 共享教学资源　充分利用网络资源和各学校的名师、名课等资源，通过优化和共享优秀的教学资源和教师资源，为学生创造最佳的学习环境和学习条件，获取最佳的教学资源，取得最佳的教学效果。

3. 提升学习方法　通过教师精心设计和良好实施整个教学过程，开展形式多样、智慧、趣味的学习方式，将学生的自主学习与分组讨论、你问我答、互帮互助等多途径、多方位的合作式学习方法有机地结合起来，让学生们在学习中培养兴趣，在兴趣中积极创新。

4. 完善实验教学　病理学基础是一门形态学科，只注重理论课的学习是不够的，是无法完成教学培养方案和教学大纲的。加强实验课教学是学好病理学基础的前提。建议各中职学校要加强病理学科建设，改善病理教学条件，建立健全现代化数字互动形态学实训室，并配置显微镜、电脑、显微摄像系统、数字互动软件等。

5. 健全评价体系　建议逐步建立健全一套全过程客观评价体系，主要包括：

（1）理论课评价体系：包括过程性评价和终结性评价。过程性评价：主要包括教学过程中考勤情况；布置预习、作业完成情况；提问、课后练习、测验、阶段考试等。总结性评价：主要包括期中、期末理论考试成绩。

（2）实验课评价体系：主要包括过程性评价，包含了实验教学过程中出勤情况、参与情况、操作情况、完成情况及与他人沟通、协作能力、实验报告完成情况等。

建议采用理论课评价与实验课评价、过程性评价和总结性评价、考试性评价与考核性评价、学生自评互评与老师点评相结合的多种评价形式，对学生的学习情况进行综合考评。充分体现评价主体多元化，评价过程多元化，评价方式多元化，评价内容多元化。不仅关注学生对病理知识的理解和掌握情况，更要关注学生对专业岗位实践能力的培养，注重学生职业道德和职业素质的培养。

主要参考文献

[1] 张军荣, 杨怀宝. 病理学基础 [M]. 3 版. 北京: 人民卫生出版社, 2015.

[2] 黄晓红, 谢新民. 病理检验技术 [M]. 北京: 人民卫生出版社, 2017.

[3] 步宏, 李一雷. 病理学 [M]. 9 版. 北京: 人民卫生出版社, 2018.

[4] 裴喜萍, 魏严. 病理学基础 [M]. 北京: 人民卫生出版社, 2018.

[5] 王建枝, 钱睿哲. 病理生理学 [M]. 9 版. 北京: 人民卫生出版社, 2018.

[6] 曾祥麒, 邓颖. 病理学基础 [M]. 4 版. 北京: 高等教育出版社, 2019.

[7] 田晓露, 张俊会. 病理学与病理生理学 [M]. 北京: 人民卫生出版社, 2019.

[8] 吴寿峰, 季丹. 病理学与病理生理学 [M]. 北京: 人民卫生出版社, 2019.

[9] 黄晓红. 病理解剖 [M]. 北京: 人民卫生出版社, 2020.

06